清代反贪大案

张程 著

新华出版社

图书在版编目（CIP）数据

清代反贪大案 / 张程著 . -- 北京 : 新华出版社 , 2024.3

ISBN 978-7-5166-7343-0

Ⅰ . ①清… Ⅱ . ①张… Ⅲ . ①廉政建设 – 案例 – 中国 – 清代 Ⅳ . ① D691 ② K249.05

中国国家版本馆 CIP 数据核字 (2024) 第 060638 号

清代反贪大案

作　　者：张　程

从书策划：徐　光　　　　责任编辑：徐　光　刘宏森
封面设计：今亮後聲 HOPESOUND 2580590616@qq.com · 小九　　　　责任校对：刘保利

出版发行：新华出版社
地　　址：北京市石景山区京原路 8 号　　　　邮　　编：100040
网　　址：http://www.xinhuapub.com
经　　销：新华书店、新华出版社天猫旗舰店、京东旗舰店及各大网店
购书热线：010-63073893　　　　中国新闻书店购书热线：010-63072012

照　　排：今亮後聲 HOPESOUND 2580590616@qq.com
印　　刷：北京明恒达印务有限公司
成品尺寸：165mm × 230mm，1/16
印　　张：20　　　　字　　数：274 千字
版　　次：2024 年 4 月第 1 版　　　　印　　次：2024 年 4 月第 1 次印刷
书　　号：ISBN 978-7-5166-7343-0
定　　价：76.00 元

前言

清朝的腐败与反腐败

清朝是惩治腐败最为严厉的朝代之一，有数据为证：

清朝自1644年至1911年的268年当中，因贪污受贿、走私等各种经济犯罪案件而受到刑事处分的一二品官员，据统计有165人。其中被判处死刑立即执行的71人；判处死缓（斩监候、绞监候）的52人；给予其他刑事处分的42人。统计清代一二品官员经济犯罪案件，留下明确审理时间记载的有53案。其中一百天内审理结案的26案；一百天以上至两百天办理结案的17案；两百天以上至三百六十天判处的6案；一年以上判决结案的4案。[①]可见，清朝对贪腐毫不手软，对暴露出来的高官大案从严、从快处理。中下层官员涉贪，更是毫不留情。

另一方面，清朝终究未能摆脱腐败的旋涡，腐败现象层出不穷，大贪巨蠹前仆后继，从前期的明珠、隆科多，到后期的和珅、奕劻等等。一边是编织制度的藩篱，同时不断杀戮贪官，一边却是贪腐案件如泉涌般出现。晚清是中国古代最腐败的时期之一。杀贪官杀到手软的乾隆皇帝，就在晚年纳闷："朕御极五十余年，尝不时时以整饬官方为务。而贪纵骫法，如恒文、蒋洲、良卿、方世俊、王亶望、国泰、陈辉祖、郝硕诸人，接踵败露。"

为什么高举惩贪廉政大旗的清朝无法遏止贪腐之风？为什么惩贪愈严，贪风愈烈呢？

① 牛创平：《清代审理一二品官经济犯罪案件的经验教训》，载于《明清档案与历史研究文集》，新华出版社2008年1月版。

一、清朝反腐简史

如果把腐败定义为将政府赋予的公权力进行私用、滥用或者不作为，那么，清朝的腐败行为可以对应分为三大类：私用公权力的贪污侵吞、中饱私囊等经济犯罪；滥用公权力的腾挪枉法、胡作非为等行政犯罪；公权力不作为的昏庸无为、侧卧躺平，政治黑暗行为。

经济犯罪比较容易理解。本书提到的乾隆三十四年威宁铅厂亏空案，就是典型的损公肥私、敲诈勒索案件。又比如，咸同年间贵州巡抚张亮基，在巡抚衙门内添设内粮台，凡有解款，先交内粮台，再发军需总局。历年来，湖南解往贵州巡抚衙门的白银有 50 余万，而发往军需总局的仅有 20 余万，张亮基仅此一项就侵渔不下 30 余万两。再比如，贵州绥阳县知县邓尔龚，“初任绥阳即无恶不作，假劝捐为名，肆行搜刮，下至妇女簪珥等物，为之一空，其间侵蚀肥己，数逾巨万。”邓知县所作所为就是赤裸裸的鱼肉百姓，都有敲骨吸髓之嫌了。

清朝建立之初，贪腐案件还集中在经济犯罪领域，比如顺治朝的顺天乡试案、卢慎言贪污案，康熙朝的侵没逆产案、噶礼贪赃案、赵凤诏贪污勒索等等。

康熙皇帝是清朝的圣祖仁皇帝，平三藩定台湾，又南征北战，建立了伟大的功业。统治后期，康熙对吏治趋于疏忽，或者说有心整肃却无力而为。康熙五十三年十二月，皇帝谕大学士等：“朕于大臣官员，每多包容之处，不察于细故也。人当做秀才时，负笈徒步，及登仕，从者数十人，乘马肩舆而行，岂得一一问其所以来耶？”这一问，问得好！一个穷秀才，为什么当官没几年就锦衣玉食前簇后拥，化身富豪了呢？难道当官就能发财，或者就为了发财？这不应该是“细故”，而是隐含着“办案线索”。康熙却有意无意地没有追究这背后的原因。

康熙五十四年十月，康熙皇帝谈到对地方督抚的要求时说：“山西巡抚苏克济、直隶巡抚赵弘燮、山东巡抚蒋陈锡历任俱久，未闻清名，亦无贪迹。而地方安静，年岁丰稔，此等便是好官。”这话，把康熙的晚年心态暴露无遗。只要没有暴露问题，就没有问题。他口中的“安静的好官”，很快就证明都是腐败分子。雍正继位后，查出苏克济亏空官银 450 万两、蒋陈锡亏空 200 多万两、赵弘燮亏空三四十万两。

雍正面临着的是一个吏治疲软，贪腐俨然成风的局面。他强力整肃吏治，刷新政治。登基一个月以后，雍正皇帝就下令在全国范围内清理钱粮。除陕西省以外，其他省限令 3 年，各省总督、巡抚将所属钱粮严行稽查，凡有亏空，无论已经揭发还是没有暴露的，3 年之内务必如数补足。3 年补完之后，再有亏空者，“决不宽贷”。

亏空问题不是一时一刻产生的，不可能用行政命令在一朝一夕间解决。雍正皇帝并没有真正解决清朝官府的亏空问题，但是扭转了府库继续亏空的局面。他有价值的反腐制度创建，是推行了“养廉银”制度。雍正把原先地方通行的、在正税之外征收的耗羡（各地巧立名目的附加费用）“火耗归公”，由各省统一标准、统一征收，再统一分配给地方官员作为“养廉”费用。一来补贴官员行政开支，二来弥补俸禄的微薄，保障官员物质生活。虽然在执行之初，就有声音认为养廉银制度会增加百姓的税负，并不能真正养廉。事实也确实如此。但我们不能否认，养廉银的确缓解了清朝官员的财政压力，更不能否认雍正杜绝贪腐的制度性努力。

雍正的另一项反腐创举是追赔制度。贪腐的不法收入，官员要如数退还，如果不能退还，就抄没家产，再不够数额就勒令其子孙世代赔偿。它的底层逻辑是贪官敛财是为子孙着想，挥霍的财富子孙也多多少少是收益者，或潜在收益者，因此子孙后代有为贪腐长辈赔补的义务。追赔制度在清朝执行了下去，我们就会发现清朝是官员抄家没产最频繁的朝代。官员和朝廷之间，在转移资产与反转移、隐匿财富与挖掘赀财反复攻防，几乎是每一桩贪腐大案的必备曲目。

清朝贪腐与反腐的高潮，出现在乾隆时期。乾隆皇帝坚信：“劣员多留一日则民多受一日之残，国多受一日之蠹”，“斧钺一日未加，则侵贪一日不止。”“重典治吏”，乾隆做得比康熙、雍正都好，更是后世子孙无法比拟的。

乾隆对贪腐官员冷酷无情，处置起来从不手软。王亶望的甘肃冒赈案发后，涉及官员 210 多名。乾隆杀了总督、巡抚、布政使 3 人，道府州县官员 66 人；判处杖刑流放到三千里以外边远地区服苦役的 6 人；发遣戍边的 50 余人。另有 50 多名官员遭革职并追罚银两。

对于高官显贵贪腐犯罪，乾隆不但不留情面，还从严从重判处。比如王亶望案发后，闽浙总督陈辉祖之弟陈严祖是甘肃知县，贪污 3700 两银子；两江总督高晋之子成德也是甘肃知县，贪污 4300 两银子。该案其他知县贪污在 10000 两以下 1000 两以上的都被判死缓，陈严祖二人按律该判死缓，乾隆特意改判为斩立决。乾隆皇帝就是要在全国官民面前宣誓反腐意志，在贪腐问题上任何人都没有法外之恩。

乾隆皇帝时刻留心官员，尤其是高官廉洁与否，费心思考，常常通过一些细节发现贪腐线索，然后深挖下去，株连官员。《清史稿》承认：“高宗谴诸贪吏，身大辟，家籍没，僇及于子孙。凡所连染，穷治不稍贷，可谓严矣！”晚清薛福成说过：“高宗（乾隆）英明，执法未尝不严。当时督抚，如国泰、王亶望、陈辉祖、福崧、伍拉纳、浦霖之伦，赃款累累，屡兴大狱，侵亏公帑，抄没资产动至数十百万之多，为他代所罕睹。”

可叹的是，乾隆时期的贪腐已经超过了简单的经济犯罪，而是在各项制度压力下成为普遍问题、全局现象。高度集权的制度设计，是官员不堪重负，不得不滥用公权力，或自保或营私谋利的根本原因。最典型的莫过于府库亏空案件，在乾隆时期大量出现，且数额巨大。官员挪用、勒派银两，不是简单地追求物质享受，更有弥补制度缺口、开展工作的客观需要。官员挪用钱财，违规操作，也可能与个人品行无关，而是客观所迫。比如，林则徐操守卓越，历任督抚要职，而始终布衣素食，清廉自律。曾国藩曾说："闻林文忠公三子分家，各得钱6000串，督抚20年家产如此，真不可及，吾辈当以为法"（《清朝野史大观》）但是，张集馨在年谱中记载，其任陕西粮道时每年定期向时任陕西巡抚的林则徐奉送礼金数千两。我相信，林文忠公用这笔钱维持巡抚衙门和自己幕府的运转，并未装入私囊。可严格衡量，这是受贿行为。面对如此复杂的现实，乾隆坚持简单处理的逻辑，注定不可能对财政困局有根本性扭转。财政如此，司法制度高压下的地方官员草菅人命、举止失措，更是如此。行政犯罪，已然和经济犯罪交叉混杂。

更糟糕的是，乾隆晚年也犯了和祖父康熙一样"政失于宽"的毛病。精明又贪婪的和珅，就是在其晚年崛起的。和珅的存在，完全可以推翻乾隆朝反贪腐的所有成果。

乾隆之后的嘉庆、道光、咸丰诸位帝王，都是守成之主，同治、光绪、宣统更是不能与康雍乾三位相提并论。后世完全没有康雍乾三人的雄才大略与执政手腕。而后六位帝王面临的局面却远比祖宗复杂困难得多。这注定清朝后期的反贪腐工作一团糟糕。

清朝后期，贪腐在经济犯罪、行政犯罪之上，又加了一层政治黑暗。庸庸碌碌成为官员常态，圆滑敷衍成为他们处事的原则。事已不可为。晚清有某国公使造访总理衙门。寒暄中，公使提到今天天气不错，在场的清朝官员竟然鸦雀无声。过了一会，先是名位最高的亲王点了头，接着排名其后的重臣附和，最后再是一众官员纷纷回答："今儿天气是不错。"如此做派，老态毕现，哪有一点刷新政治的可能？政治黑暗会抹杀革新的萌芽，会打压对公正高效的追求，会掩盖诸多肮脏贪腐，它本身就是最大的腐败。

二、贪腐重因：清朝财政困局

财权是核心权力之一，清代财政管理制度固定僵化，缺乏必要的弹性，是导致清朝诸多行政犯罪的重要原因，也给许多官员的经济犯罪提供了便利。

所谓“国家经费有常”，清朝衙门和官员的开支只有符合特定“例”与“额”才能允许报销。而这些标准，大多定于清朝前期，确定后就恒定不变。可是，社会是发展的，很快“例价不敷”就成为普遍现象。不合标准的开支无法正常报销，不是削足适履伪装账目，就只能以其他名目腾挪资金。又比如强干弱枝，财权操于朝廷，地方上除了官员俸禄外，原则上不能留存其他银两。那么，地方的诸多开支怎么办？向朝廷报销，例价不敷，报销不了。地方官员只能尽可能地筹措资金，左右腾挪了。而随着时间推移、朝廷开支不断膨胀，财政压力骤增，户部又把包袱甩给地方。地方原本就压力巨大，只能越来越苦不堪言。官员个人财务境况也是苦不堪言。明清两代阅世官俸以“低薪”出名，且制定标准后百十年不调升。以七品县令为例，年俸仅为 45 两白银。而清代知县要自行承担个人行政开支；又因为官府编别极少，又不得不雇佣大批幕僚、长随、家丁辅助知县行政，上述人等需官员个人供养。再考虑到官员无疑是家族核心支柱，需要抚养一个大家庭，除非家资殷实雄厚之人，45 两白银完全不足以活下去，更勿论正常工作了。钱粮赋税的亏空，上述原因是重要背景。

乾隆皇帝又给窘迫的官员们压了好几座大山。除了之后会提到的频繁进贡外，还有议罪银制度。议罪银又称“自行议罪银”、“自请认罚银”、“认缴银”、“罚项”等等。相当于官员检讨错误后交纳的罚款，有一定的合理性。但是，议罪银的名目太多，金额太大，显然超过了官员的承受范围。有些议罪银事名目滑稽，不过是以小过获咎。官员不得不认缴巨额银子，向皇上表示主动认错、严以律己的态度。例如，乾隆四十八年河南巡抚何裕城以奏折沾污香灰，遂声言惶惶不可终日，积极要求“请罚银 3 万两”。[①]这种未曾奉旨议罪而主动自请缴银的情况越到乾隆晚年越是普遍。皇帝习以为常，官员完全不堪重负。

缺钱就得筹措。官员们筹资手法各不相同，但根子上是相同的，那就是“取之于民”。火耗、加征、陋规、摊牌、节礼等等，都是官员重要收入来源。官吏们横征暴敛，“私派倍于官征，杂项浮于正额”，同时不惜侵吞、挪用官库钱粮，导致官库亏空。州县官多方筹措资金后，并非全部据为己有，相当一部分又以陋规、节礼等同样的名义奉送给了上司。上下串通，都靠种种法外收入维持着各级行政运转。从某种意义上讲，陋规和贿赂成为了官僚体系和行政机制运转的必需，犹如“润滑剂”。

《大清律例》规定，官吏犯赃，根据“枉法”和“不枉法”分别“计赃科断”，有禄人（月俸一石以上）受赃枉法一两以下者，杖七十；80 两，绞。无禄及月俸不及一石者贪赃 120 两，绞监候。监守自盗是严重的职务犯罪。从《大清律例》的规定看，死刑起点线是白银 40 两，处决方式为斩首。而且，还“不分首从，并赃论罪”。严格按照这个标准执行，清朝中期以后的每个官员，都是罪犯，绝大多数人应该斩首。

清朝上层对财政亏空的处置，存在两种意见。康熙四十八年，康熙皇帝谈到对钱粮亏空的看法，他说:“凡言亏空者，或谓官吏侵蚀，或谓馈送上官，此固事所时有。然地方有清正之督抚而所属官员亏空更多，则又何说？朕听政日久，于各州县亏空根源知之最悉。从前各省钱粮除地丁正项外，杂项钱粮不解京者尚多。自三逆变乱以后，军需浩繁，遂见一切存留项款尽数解部，其留地方者为俸工等项，必不可省之经费，又经节次裁减，为数甚少。此外则一丝一粒无不陆续解送京师，虽有尾次，

① 张世明、王旭:《议罪银新考》，载于《清史研究》2012 年第 1 期。

部中亦令起解，州县有司无纤毫余剩可以动支，因而有那移正项之事，此乃亏空之大根原也。”康熙意识到僵化制度对地方财政实践的负面作用，但他的意见是，只要官员是一心为公，挪用、亏空钱粮可以默许。

雍正皇帝跟他父亲的看法完全不一样。雍正认为：“近日道府州县亏空钱粮者正复不少，揆厥所由，或系上司勒索，或系自己侵渔，岂皆因公挪用？”官员“每恃宽容，毫无畏惧，恣意亏空，动辄盈千累万。督抚明知其弊，曲相容隐，乃至万难掩饰，往往改侵欺为那移，勒限追补，视为故事，而全完者绝少。迁延数载，但存追比虚名，究竟全无着落”。因此，雍正是严厉追查亏空，勒令官员填补窟窿。

概而言之，清朝对财政亏空的查办，摇摆在康熙和雍正两种意见之间。暴露问题以后，朝廷会要求相关官员按照责任、品级、任职时间等复杂的标准分配好赔偿的比例，定期缴纳银两，或者干脆扣罚官员的俸禄、养廉银等来填补亏空。摊捐、分摊、流摊、捐赔等名词，指的就是不同的弥补亏空方法。

随着亏空现象越来越普遍，官员的扣罚俸禄、赔补现象也越来越严重。款项“年增一年，至繁且杂”，以致初习钱谷事务者“每致茫无头绪，难悉源流”。为此，道光初年，江苏布政司书吏特意编纂《捐摊款目》一册，作为财政工作的重要组成部分。道光初年官员何耿绳在官箴中写道，州县官到任交接库项时应饬查“院司道府各衙门按年按季按月应解摊捐”之数额，足见摊捐在州县钱谷事务中的重要性。道光二年，浙江会稽知县禀称：“年例捐摊及奉文特派，并在县应捐各款，几及7000金，核之岁入，并应得养廉之数，已不敷甚多。”也就是说，每年的赔补金额就超过了会稽知县的年俸、养廉银等收入总和，同时期甚至有官员收入“全行坐扣，禄入毫无”的情况，他们只能去开辟额外的资金渠道。金银不会从天而降，官员只能剥削百姓，剥下媚上，层出不穷。

财政困局如此，司法困局也类似。清朝的法律制度及实践同样僵化。

清代法律主要由“律”和“例”两部分构成。律是稳定的法律原则，几乎不变；而例是判例，因时制宜，相对灵活。遇到一件案子，与之相关的例的数量往往多于律，在实践中效用也大于律。此外，圣旨也能成为最新的、最有效的法律。判例和皇帝的旨意不断涌现，新的社会情况又不断出现，千奇百怪的案情不可能和条文完全相符，这就给了法官比附的自由裁量权，也给了上司驳斥的机会。加之，清朝在审级、期限、定罪权等方面的严格限定，导致下级衙门司法压力巨大，既不能应对复杂的现实，又不能满足上司的挑剔和重压。而司法权的集中，同样使得上级机关不堪重负，疲于应付。在上下怨声之中，唯一不受关注的就是原被告的利益和事件的真相。

三、贪腐的“内隐”是皇权

晚清薛福成《庸庵笔记》记载：“（乾隆）诛延愈众，而贪风愈甚。或且惴惴焉，惧罹法网，惟益图攘夺刻剥，多行贿赂，隐为自全之地。非其时人性独贪也，盖有在内隐为驱迫，使不得不贪者也。”[①]到底是什么“内隐”驱赶着清朝官员前仆后继地贪腐呢？

我们先来看几个史实。皇帝的出巡和官员的进贡，是引发贪腐的原因之一。康熙、乾隆两朝巡幸频繁，特别是乾隆皇帝，在位60年各种巡视竟然达到了150多次。地方官员和绅士为了讨得皇上的欢心，不惜耗费巨资、费尽心思接驾。地方官大兴土木翻建行宫、修建园林，打通御道、搜罗古玩。乾隆皇帝晚年也知道：“朕临御六十年，并无失德，惟六次南巡，劳民伤财，作无益害有益。”这些钱肯定不会是官绅们自掏腰包。康熙四十九年的江南亏空案就与康熙的多次南巡有关。这起亏空数额巨

① 薛福成：《庸庵笔记》卷三轶闻。

大却缘由不清。先是两江总督噶礼参奏江苏布政使亏空40多万两，后经钦差大臣查验迟迟出不了结果，最后还是康熙皇帝亲口说出："朕屡次南巡，地方官预备纤夫、修理桥梁、开浚河道，想皆借用帑银。原冀陆续补足。而三次南巡为期相隔不远，且值蠲免灾荒，所征钱粮为数又少，填补不及，遂致亏空如此之多，尔等皆知之而不敢言也。"

而大臣进献贡品，自古有之。但起初只是两相情愿的事情，而且都是一些地方特产（方物）、贡献难度不大。可是，雍正时期，大臣进贡成为一项政治义务，固定了下来。雍正时期，非方物类贡品较之康熙时期大幅度增多。广东等各处海关从海外购进西洋制品进贡。乾隆朝，大臣进贡日趋制度化、系统化。乾隆皇帝本人钟爱贡品，大臣的进贡愈演愈烈，达到顶峰。首先，可以进贡的人数增加，还允许越格进贡。乾隆皇帝也不追究驳回。其次，大臣进贡突破限制。一般说来，端阳、万寿和新年是进贡的常例，但是上元、中秋等节日大臣也要进贡。"非例"直供明显增加。同时，乾隆还会主动要求大臣上贡。比如，乾隆二十二年十二月，广东海关监督李永标、广州将军李侍尧进贡。乾隆皇帝览阅贡品以后，传谕李永标、李侍尧说，此次所进镀金洋景表亭一座"甚好"，"嗣后似此样好的多觅几件，再有此大好者亦觅几件，不必惜价，如觅得时于端阳贡几样来。"你说，李永标、李侍尧两人胆敢不贡？乾隆时期，每年总督按例进贡共计183项，巡抚每年案例进贡共计277项。[①] 由于大量的贡品涌进紫禁城，以至于嘉庆皇帝亲政以后，检阅宫中藏品，内府所存陈设物件极其丰盈，"几无可收贮之处"。

乾隆朝多个贪腐大案都与进贡有关。闽浙总督陈辉祖查抄王亶望家产，事后押送入京。话说，王亶望未出事之前曾向乾隆进贡大批字画。

---

① 卢经:《乾隆中后期的皇权秕政》，载于《明清档案与历史研究文集》，新华出版社2008年1月版。

乾隆按照酌量退还的原则，将部分字画退还王亶望，其中就有宋代米芾的一幅米帖石刻。结果，乾隆在陈辉祖奏报的王家家产中没有发现米芾的这幅作品，进而怀疑陈辉祖贪污，最终揭开了陈辉祖隐匿查抄家产的案子。又有浙江巡抚福崧到任后，命令盐运使柴桢代办玉器、朝珠、手卷、端砚、八音钟等贡品，一次性就花费银子 38000 多两，最后案发处斩。

出巡与纳贡，体现了皇帝的私心。君主专制制度的核心就是皇帝。一切制度和人都围着皇帝运转。而皇帝的地位与享受，来源于皇权。确保皇权巩固，就能守住了皇帝地位与享受的根本。皇帝不能允许对皇权的任何威胁或挑战。在维护皇权这一点上，皇帝是绝对自私的。

乾隆三十七年，云南布政使钱度贪婪勒索案发。刑部侍郎袁守侗奉旨赴云南查办，在贵州截获钱度送京“进贡箱笼”4 只，“内贮金器大小 8 件，称重 400 两零，玉器 11 件”。钱度在布政使任内三四年都停发了养廉银，如果不是贪污勒索，这些财富是哪里来的？袁守侗于是扣押箱笼，准备以此为案件突破口。乾隆得知袁守侗等严讯钱度“金玉器件价值，何处置买，何处打造”后，勃然大怒，严旨诘问袁守侗等人：“将以此为能问事乎，抑别有意见乎？”并不顾九五至尊，亲自上阵：“上年恭逢圣母万寿，各省藩臬职分原不当贡祝，业已通谕饬禁，嗣因福建藩司钱琦代母进贡，曾酌留香锦一二事，然因其列有金器，即降旨申饬，并因督抚中有以金器为贡者，亦明降谕旨，严切申禁，乃中外所共知。至钱度上年亦因其代母恭进，准留如意、藏香等 5 件，以备慈览，余俱发还，其贡单现在，收存之件，有圈可考，并著发去令伊等看，不知该侍郎等沾沾以此为首务，是诚何心？”原来，这是给太后的寿礼，你们也敢动？为此，乾隆责令袁守侗、彰宝等明自回奏，并要求：“各议奏罚来！”[①] 结果，袁

① 《清实录》卷九百七，乾隆三十七年四月。

守侗因为是“新进之人”，不谙事体轻重，取得皇帝的施恩宽宥，侥幸躲过了一劫，而云贵总督彰宝竟则因此被罚了议罪银 10000 两。

雍正皇帝以“实话实说”著称。他对大臣说：“朕说你好，你才得好。”皇帝掌握着臣下的祸福荣辱，所以官员们对皇帝极尽奉迎之能事，法律、制度等等都是一纸空文。只要把皇帝伺候好了，贪腐是次要的；但是把皇帝惹生气了，再清廉也白搭。这就是清朝官员的“内隐”。

这个“内隐”主导了官员的贪腐，也解释了诸多的反贪倡廉行为。我们发现，清朝的许多贪腐大案，从重从严从快处理，并非是严格依法办案，更多的是出自“政治需要”。皇帝要把某件案子作为执政的需要、皇权的宣示，或者干脆就讨厌某个涉案官员，此案就能得到特殊处理。皇权隐藏在所有贪腐大案的幕后。政治办案，超过了依法办案，有时甚至达到了颠倒是非黑白的地步。举个例子：雍正二年，四川巡抚蔡珽和夔州知府程如丝贩卖私盐、毙伤商民造成惨案。蔡珽更是逼令重庆知府蒋兴仁自杀，而谎称自缢。年羹尧对蔡珽和程如丝揭发参奏。雍正看了年羹尧的参奏后，再三审问后经刑部判处蔡珽斩监候。当年年底，雍正皇帝为了利用蔡珽打击年羹尧，将自己亲自审问并判处死缓的蔡珽立即释放，并提拔为都察院左都御史。而程如丝则被雍正帝提拔为四川按察使。有了如此案例，清朝的官员们更加会把皇权放在清廉之前、把忠诚放在实干前面，甘心受到“内隐”的驱使了。

皇权与贪腐的发生难脱干系，同时也主导着反腐事业。乾隆后期，大臣尹壮图上疏议政：“各督抚声名狼藉，吏治废弛。臣经过地方，体察官吏贤否，商民半皆蹙额兴叹。各省风气，大抵皆然。”乾隆看后大怒，先以“挟诈欺公，妄生异议”罪判尹壮图“斩立决”，后为避免成全他的忠谏美名，免去死罪，降职处分。皇帝不让办的贪腐案子，你是突破不了的。

四、贪腐伴随清朝始终

雍正皇帝有言："治天下，首在惩贪治吏。"其父康熙，从另一面表达了相同的意思："国之安危，全在官僚之贪廉。官若忠廉，则贤才向用、功绩获彰，庶务皆得其理，天下何患不治。"贪官能够乱政，清官能够理政。政治得失，首在用人。

官员是最活跃的政治元素，也是最重要的元素。一切政治制度需要官员的驱动运转，所有政治举措离不开官员的贯彻执行。官员的思想观念和道德品行，很大程度上决定了体制的清廉与否，行政的高效与否。

中国传统政治重视官德，讲究对官员的教育。倡廉、勤政等等是其中重要内容。紫禁城太和殿有"正大光明"匾，地方官衙有"尔俸尔禄，民膏民脂；下民易虐，上天难欺"的戒石。各地还有各具特色的对联，或官员自撰格言、官箴。比如，桂林知府的仪门有一副对联："此是公门，裹足莫干三尺法；我无私谒，盟心只凛一条冰。"清代宁波知府衙门对联有云："念厥职非轻，休戚与六邑相关：曰慎，曰清，曰勤敏；求斯心可问，是非唯群言是度：不宽，不猛，不因循。"清代山东金乡县令王玉池曾撰写对联警醒自己："眼前百姓即儿孙，莫言百姓可欺，当留下儿孙地步；堂上一官称父母，漫说一官易做，还尽些父命恩情。"当然了，虽然有了警醒对联，桂林府、宁波府在清朝还是出现了贪腐官员。思想观念固然重要，但仅靠教化官员是不能杜绝贪腐问题的。如前所述，清朝贪腐的重要原因是制度性的重压，而皇权的自私与强悍，也逼迫官员无暇将清廉摆在首位。

纵观清朝历史，虽然历代帝王都强调反腐，也有诸多的制度建设与防范，遗憾的是，皇权没有能够自我克制，没有能够在制度革新和官德教育两方面齐头并进。贪腐问题伴随清朝历史始终，最终拖着清朝沉入了历史的长河之中。

本书围绕清朝的贪腐与反贪主题，选取了清代历史上有代表性的13个案件进行详细分析。为什么清朝府库亏空问题频繁出现？为什么贪腐问题一查就是“窝案”，上下沆瀣一气的怪现象是如何产生的？制度完备的清代司法体系为何冤案频出，又该如何避免？……需要指出的是，这些案子远非清代反贪大案的全部，更不是规模最大或者情节最曲折的13个，况且人世间的事情都是复杂的，都不是只有一面。本书尽量兼顾案件的来龙去脉和当事人的人生轨迹、涉案动机，尽量还原清代社会、制度的背景，希望对大家理解这些案件的前因后果，对思考清朝政治及贪腐问题有所帮助。

目　录

01

孔门互讦案

道德在心不在人

一、道德是攻击的绝佳借口

秦汉以后，中国社会逐渐褪去了贵族制的外衣，贵族社会存在的土壤缓慢消失。隋唐时期，经由科举和战乱，贵族门阀加速衰亡。至北宋，中国社会最终确立平民社会的底色和格局。贵族是中央集权专制的敌人，秦朝创建便取消了贵族世卿世禄特权，中国不再存在世袭贵族阶级。这一点和欧洲国家很不相同。但是，世界历史上延续时间最长的世袭贵族家族却出现在早早实现平民化的中国。那就是山东曲阜孔家。本书的第一个案子，就从一起清朝乾隆年间的孔家腐化事件谈起。

乾隆六年（1741 年）九月初五，孔子第七十代嫡长孙、朝廷敕封衍圣公的孔广棨朝贺乾隆万寿返回。一到曲阜，他便有些情绪激动地对人说："我已经列款参劾了曲阜知县，看他还能作威作福否？"孔子嫡裔、朝廷公爵，为什么如此生气？而时任曲阜知县孔毓琚，还是孔广棨的曾祖父辈尊亲，且是衍圣公保举的知县。孔广棨为什么要弹劾尊亲长辈兼地方父母官呢？

早在八月二十四日，孔广棨确实已经上奏弹劾曲阜知县孔毓琚九条罪状，描绘了一个肮脏不堪的知县形象。

第一，曲阜城乡集市向来征税，程序是由店铺商行的经纪、集头先递手本，经知县批准后再充当集市管理和收税角色。孔毓琚根据行情起落，每一个手本索贿数十串至数百串铜钱不等，装入私囊，然后再收缴正税。而行贿获得资格的人，自然加倍从百姓身上索取，所以曲阜城乡有奉旨恩免、不应收税的，都照征不误。孔毓琚仅此一项就贪赃不下万两白银。

第二，官府对官办事业的差役、雇工有工食银补贴。孔毓琚全部克扣为己有，还勒令差役工人们签字声明已经认领。其中仅禁卒一项，曲阜工食银一年是 96 两，实际每年只发 20 串铜钱。其中差额自然流入了孔毓琚的腰包。

第三，孔毓琚将当地逃户的田亩擅自变价出售，将卖地银两占为己有。

以上三条罪状，孔毓琚涉嫌的还都是贪婪钱财，后面六条则是败坏制度、荒唐无耻，内容一条比一条劲爆。

第四，孔毓琚违规任用亲信家人薛大兴、吕彭龄、李江等人担任曲阜县编制内的书吏，作为爪牙心腹。他还替这些人改名换姓，进一步冒考官员职衔。清代对获取官员资格的身体是有限制的，皂隶、差役、奴仆等不得为官。估计孔毓琚为规避制度，为这些家人舞弊。

第五，曲阜知县和其他地方官一样，按制不得置买本县田产。孔毓琚在承办变卖康熙、雍正年间内阁大学士张鹏翮在曲阜的入官产业时，有一套城隍庙街的房产，原本是孔毓琚家的产业，之前以 500 余两银子的价钱卖给了张家。如今，孔毓琚把此处房产只估价 300 两银子，让子弟出面强行买回。孔毓琚又将张鹏翮在曲阜苗孔庄、防上庄两处的田地，也托子弟出名廉价强买，导致官产流失。

第六，孔毓琚纵容刑房书吏陈辅公、家人吕彭龄等人包揽娼妓，他自己也包养土娼温李氏，在县衙门同居，还生了子女，竟然还与阳谷县知县梁坦结为姻亲。梁坦得知儿媳妇（或女婿）是土娼所生后，扬言要悔婚退婚，不久因子女夭折，事情才没有闹大。此外，孔毓琚还勾搭本县百姓孟黑的妻子，也在县衙门同居。孔毓琚为此还委派孟黑管理自家在苗孔庄的地亩，作为封口的差事。

第七，孔毓琚嗜赌成性，每当有邻近州县官吏到曲阜公干，都强留在衙门内聚赌，令家人轮流放头，暗中分肥。每次输赢都数百两不等。要知道，孔毓琚作为知县，一年俸禄才 45 两银子。

第八，孔毓琚勒令书吏伪造契约，将城西官地占为己有，建造花园，为了灌水需要还擅改河道。

第九，孔毓琚承修少昊[①]陵工程，将应该变价销售的旧石料拉回自己家，

① 少昊：三皇五帝之一，中国神话中的华夏共主。又称白帝，是黄帝长子，母亲为嫘祖。少昊是远古时代华夏部落联盟首领，同时是早期东夷族的首领，定都于今山东日照，后迁都于曲阜。

供私家修造之用。没有用完的石料，现在还存在城隍庙街私宅旁边。

孔广棨揭发的各款罪状，窝娼聚赌，贪腐盘剥，事事都严重违法。孔毓琚事先勾结兖州知府（已革职）沈斯厚，送钱送礼。沈知府包庇孔毓琚，替他周旋遮挡，孔毓琚有了保护伞，更加肆无忌惮，日甚一日。孔广棨总结孔毓琚就是“利欲熏心，营私枉法，纳交府县，朋比为奸”，奏请将他革职，由自己暂时处理曲阜政务，再在族中选贤任能，任命新的合格知县。

为了有助于了解孔毓琚案的前因后果，我们需要插叙一下曲阜孔门的特殊制度。曲阜知县孔毓琚与衍圣公孔广棨到底是什么关系？衍圣公又有什么样的权力与义务，为什么能对曲阜知县的去留拥有那么大的话语权？

生活在春秋时代的孔子，是一位伟大的教育家、思想家，终生致力于改进社会、提升福祉。他的思想被后人整理成儒家学说，成为历朝历代的统治思想。儒家学说深入人心，占据了中国传统社会主流意识形态的牢固地位。孔子本人随之被后世尊为孔圣人、至圣先师、大成至圣文宣王、万世师表等，地位越来越显赫。两千多年来享受尊崇的同时，孔子也成为了帝国的统治工具。这种看似矛盾的角色，集中体现在了衍圣公制度上。

孔氏家族原本是鲁国曲阜的普通民户，随着孔子地位的提升，嫡系后裔的待遇也水涨船高，直至被视为“圣裔”。全社会似乎都迷信孔子后裔拥有超凡的素养和道德水平。统治者则把尊崇孔子后裔作为强化儒家意识形态宣传，彰显自身意识形态合法性的重要举措。说白了，历朝历代都举起孔家的旗帜，替自家王朝摇旗呐喊。西汉初年，刘邦封孔子的九代嫡孙孔腾为“奉祀君”，这是孔门贵族化的开始。北宋至和二年（1055 年），宋仁宗取“圣裔繁衍”之意正式册封孔子嫡系长孙为“衍圣公”。从此，孔门世袭衍圣公爵位直到民国二十四年（1935 年），长达 880 年。如果从奉祀君算起，曲阜孔家保有爵位超过 2100 年，是世界上延续时间最长的世袭贵族。

衍圣公爵位，有一整套制度相配合。首先是，衍圣公严格由孔子嫡长子袭爵，明确大小宗之别。宗法制度是儒家学说的重要内容，也是历朝历代的统治基础之一。它为君君臣臣、父父子子的统治结构提供理论依据。作为孔子圣裔，曲阜孔门自然要是宗法表率。孔氏嫡裔严格执行嫡长子继承制，维护大宗的独尊地位，防止小宗觊觎、窃夺大宗权益。即便是圣裔长子先死，也坚持由长孙继承，不给其他儿子继承机会。1919 年年底衍圣公孔令贻早逝，其妾王氏已经怀有身孕。第二年春，王氏临产。为防偷换婴儿或出现意外，北洋政府派军队包围了产房，山东省省长、一位将军和孟、颜、曾三氏的奉祀官坐镇孔府监督；孔府还把血缘最近的十二府的长辈老太太全部请来，在产房外静坐监产。生下的小婴儿就是末代衍圣公孔德成。我们从中可以看出历代官府对孔府嫡庶长幼的重视。孔门是皇权的映射。对孔门宗法如此费心，推而广之，对皇权更要全力维护了。

孔门嫡长子袭封衍圣公外，朝廷拨款修缮孔府（衍圣公府）、孔庙、孔林，免除孔门嫡裔赋税徭役，还频繁赐予祭田、金银、隆典等。此外授予孔门子弟诸多的世袭官职。清朝，衍圣公次子世袭翰林院五经博士，三子世袭太常寺博士。如果没有次子或三子，衍圣公可以在近支侄子中选人充任。此外，与孔门相关的尼山书院、洙泗书院主管各一人，授予国子监学录职衔；圣庙主管一人，授予国子监学正职衔，都由衍圣公保举族人担任。孔、颜、曾、孟四氏学的学官，也由衍圣公保举。

在诸多的世袭官职中，亲民行政的就是曲阜知县。知县作为朝廷命官，本应回避，不得在家乡任职。“天下州县皆用流官，独曲阜用孔氏世职以宰此邑者，盖以圣人之子孙不使他人统摄之也。”考虑到曲阜当地孔氏家族的意识形态色彩和强大的势力，朝廷在孔氏族人中挑选知县，其实由衍圣公选派。知县为七品官，清朝升曲阜知县为六品，以示尊崇。在实践中，衍圣公选任的曲阜知县，大多是自己的堂兄弟。衍圣公在选任中起决定作用，同时兼任家族的族长，曲阜知县几乎唯衍圣公马首是瞻。衍圣公府给曲阜知县的“移文”完全是下行公文的命令语气。

孔家享受的世职还有，圣庙执事官、林庙举事、司乐、奎文阁典籍、屯田管勾、守卫林庙百户、知印、掌书、书写、奏差等，都有固定的品级和俸禄。曲阜孔家逐渐发展成贵族世家，衍圣公府也官府化了。纪晓岚曾为衍圣公府题写了一副对联，上联是“与国咸休安富尊荣公府第”，下联是“同天并老文章道德圣人家”，称得上是实至名归。如此尊贵地位的背后是历朝历代的强力扶持。

事实上，对儒家圣贤的尊崇并非只有孔氏一族。清朝还授予复圣颜氏、宗圣曾氏、亚圣孟氏、子路仲氏的嫡裔各一人五经博士职衔；授予建安、婺源的朱熹后代各一人五经博士官职。这种意识形态尊崇，还扩展到武圣人关羽的后裔。清朝授予洛阳、解州、江陵关羽后裔各一人世职（详见《清史稿》卷四百八十三儒林四）。

孔广棨参劾孔毓琚的奏折，石破天惊。朝廷尊崇圣裔的本意，是为了发挥他们的标杆和榜样作用，强化意识形态。想不到，圣裔之中竟然也有坏人。榜样没有发挥好作用，坏人的负面影响反而被放大了！乾隆皇帝将孔广棨的奏折交给户部侍郎周学健审理。周学健的工作还没展开，孔毓琚于九月初八封发用印揭帖，反告衍圣公孔广棨贪婪受赃营私等罪状！奏折一并交由周学健办理。原本的弹劾事件，变成了衍圣公孔广棨和曲阜知县孔毓琚互讦事件。

在孔毓琚的笔下，孔广棨同样是一个肮脏不堪的丑角，“鬻爵卖官，乱宗剥民，欺君罔上”。孔毓琚先陈述了曲阜知县的“艰难”。曲阜知县世职，例由衍圣公保题授职。因为衍圣公操生杀予夺实权，所以历任曲阜知县对他莫不曲意奉承、言听计从。曲阜民间一切户婚田产等事，都是衍圣公派家人指示县令执行。孔毓琚形容，曲阜县是非倒置，遭受衍圣公荼毒多年，流传“曲阜无天”的民谣。孔毓琚于雍正三年上任后，认为自己虽然是衍圣公保举，而毕竟是朝廷命官，恩典出自皇帝，下决心不听一情，不受一嘱。雍正四年，衍圣公家人胡嗣信因说情被孔毓琚拒绝，咆哮公堂。孔毓琚禀告山东巡抚，将胡嗣信罚银3000两。经此一事，衍圣公府知道孔毓琚是个异类，从此不再枉法相求，对他恨之入骨。孔毓琚也在历任山东巡抚莅任时，就把衍圣公的劣迹罗列禀报。巡抚忌惮衍圣公是圣裔世爵，从来没有处分，继续曲为优容。九月初五，孔广棨朝贺返乡，公开扬言已经参劾孔毓琚。孔毓琚不得不据理力争，揭发检举孔广棨五大罪状：

第一，雍正时朝廷设置孔庙执事官，从九品到三品，人数共达 30 人，由衍圣公在孔氏子孙内挑选人品端方、威仪娴雅的人，报朝廷任命。衍圣公视为奇货可居，三四品执事官都授予近亲，五品及以下则明码标价出售，价格从 100 两到 400 两不等。12 年来，衍圣公府仅出卖执事官职务，就侵贪数万两银子。

第二，孔庙设有管勾、典籍、司乐等官，负责管理田租、书籍、音律等，也由衍圣公掌握人事实权。衍圣公不仅受贿出售官员，甚至涸泽而渔，借候补的名义广收捐纳，连候补资格都提前卖出去了。结果市井小人都蟒服冠盖，跻身官员行列。衍圣公府是可以行文各省督、抚、府、县衙门的，出卖盖章的空白公文就成了公府的另一条生财之道。每一札公文售价白银四五十两至一二百两不等。

第三，四氏学[①]教授由衍圣公保举贡生、举人授职。现任衍圣公孔广棨保举亲堂弟孔广棣担任教授，而孔广棣年未二十，本身还在学习阶段，谈何为人师表?

第四，孔府设有门官，因曾欺压百姓，经前任两广总督孔毓珣[②]参革撤销。孔广棨巧立名目，新设“启事官”一职，由家丁赵发苞担任。雍正十三年，孔广棨入京。旗人赵六、赵七得知五品执事官孔毓倧是衍圣公的近亲，行贿白银 600 两、马四匹求衍圣公咨部办理两人出旗事宜。孔毓倧没答应。赵六、赵七转而联系赵发苞，贿赂孔广棨，改姓孔氏，冒名申请出旗，被官府

① 四氏学是专门为了孔、颜、曾、孟四氏设立的庙学机构。四氏学学员，比他姓优先入学、入举。

② 孔毓珣：山东曲阜人，孔子六十六世孙。康熙中赐恩贡生，历官知州、道台，广西按察使、四川布政使。雍正元年加授广西总督，后调两广总督、江南河道总督。他是清朝曲阜孔氏在流官系统中的佼佼者。

驳回。赵六等人于乾隆五年十一月潜住曲邑，与赵发苞朝夕往来。孔毓倧斥责三人胡作非为，赵发苞反而殴打侮辱孔毓倧，禀告孔广棨将孔毓倧革去执事官官职。孔毓琚得知后，支持孔毓倧申诉，最后将赵六等人递解回旗。

第五，清朝早就规定摊丁入亩，永不加赋。衍圣公却不遵守朝廷律令，依然在曲阜摊派丁银。曲阜俨然是法外之地，每位百姓还需缴纳一百二三十文不等的丁银。并且，孔府借机编审户籍，挑选面容姣好的殷实人家子弟，逼令为奴，进府当差；不幸被选中的百姓不得不花四五百两银子贿求免祸。孔府的户籍编审行为，蔓延时日、动辄索贿，以致家家户户怨声载道。孔毓琚统计，衍圣公户口名下有人丁不下数万口，都享受免税优待，还每年逼索百姓，欲壑难平。

真如孔毓琚所言，衍圣公府毫无仁义道德可言，违反乱纪、贪婪无度，鱼肉百姓、横行乡里，连最低的做人标准都没有达到，孔广棨等人完全辱没了孔夫子的名号。孔毓琚信誓旦旦五大罪状“所亲知灼见者，如一字涉虚，愿甘反坐”。那么，他说的是否属实呢?

二、衍圣公府那些事

受命查案的周学健是乾隆时代的一名干吏，日后将在治河领域颇有建树。当时，他接到互讦案，颇有凡人看神仙吵架的感觉。且不论事实真伪，单单本应道德无瑕、高高在上受人瞻仰的圣裔曝出丑闻，而且还相互控告，就已经在道德上破产了。涉案的还是占据主流意识形态顶端的孔子嫡系后裔孔广棨，周学健在震惊之余，不得不面对棘手难题。

事实上，周学健可以自由裁量的空间非常小。儒家学说和孔老夫子早已深入人心。历朝历代对孔子的尊崇，反复背书和强化，使得孔子的地位已经无可撼动。朝廷尊儒的国策不会变，衍圣公制度也没有变更的迹象。那么，时年 29 岁且是曲阜孔氏嫡系唯一后裔的孔广棨就不能受到惩处。朝廷既然把孔广棨和孔氏、儒家捆绑在了一起，那么他的地位就不能动摇。周学健剩下的选择，就是如何有理有据地维护孔广棨。

之前也发生过孔氏族人状告衍圣公事件。明朝正德年间，族人孔承章上书弹劾衍圣公孔闻绍以权谋私。朝廷不问是非，将孔承章以“以下犯上”罪谪戍广西。目的是维护衍圣公，也是维护朝廷的形象和权威。也在孔广棨时期，清朝同样处理了一起“威胁”衍圣公的事件。据说，雍正年间孔庙大成殿前的柏树正枝不长而侧枝茂盛，术士就解释是有人念咒所致，还推算出是孔继涑所为。孔继涑是时任衍圣公孔传铎的次子。其兄长孔继濩未等袭爵就病逝了，衍圣公孔传铎就将爵位传给了嫡长孙孔广棨。祖孙交接、叔父强悍、孔广棨地位不稳的敏感时期，恰巧出了孔继涑念咒篡位的“阴谋”，结果被开除族籍，死后不许葬入孔林。孔继涑下葬时还在棺材上锁了三道铁链。[①] 官府在此事上，也是站在孔广棨的一边，维护他的嫡裔地位。

遵循上述思路，周学健从律例中翻出一款：一个官员遭到列款弹劾之后，再出面控告上司的，所告内容不准行，而且要交部治罪。周学健认为孔毓琚是遭到孔广棨弹劾之后再行控告，控诉无效。而且，孔毓琚翻出雍正四年衍圣公家人胡嗣信咆哮公堂的情况说事，查孔广棨是雍正九年才袭爵的，雍正四年还是其祖父孔传铎时期，事隔两代，谈何“怀恨在心”一说。反而暴露出孔毓琚本人心胸狭窄。周学健建议将孔毓琚交部查办，依法处理。

孔广棨地位崇高，非周学健可以议处。而且，皇帝极可能对孔广棨的黑暗嫌疑选择性无视。不过，周学健依然委婉地提出：“物必先腐，而后虫生之。”孔毓琚与衍圣公府近在咫尺，且为官多年，揭发衍圣公府的罪状“亦未必全属子虚，臣实不能保其必无此事”。如果衍圣公孔广棨平时能够洁身自好、严以律下，孔毓琚即便想揭发，也会无法措辞？周学健建议，孔毓琚弹劾

① 邢铁：《明清时期孔府的继承制度》，载于《历史研究》1995 年第 6 期。

奏折参照律例，不予追查，但是请求乾隆皇帝严词训饬可能存在营私扰民行为的孔广棨，饬令他有则改之，无则加勉。至于孔毓琚揭发出来的曲阜县违法征收丁银等现实问题，建议由相关部门查明禁革。

应该说，周学健的意见不愧为稳妥之策。也许考虑到事关孔子、联系大局，乾隆皇帝没有直接批复，而是下令“大学士等密议具奏”。于是，看似简单的孔门互讦案变为了供公卿大臣公议的公共性事件。

乾隆六年九月二十四日，大学士鄂尔泰领衔回奏了内阁对此事的意见。首先，大学士们认可周学健的处理意见，认为孔毓琚在明知遭到弹劾的情况下，挟仇反噬，“此风断不可长”。孔毓琚状告孔广棨一事不予处置，他本人交部处置。关于处理孔广棨的敏感问题，内阁大学士们也认为孔广棨在挑选执事官、四氏学教授及私设启事官等事情上“违例营私”未必子虚乌有，请皇上对他严加训饬，督促他读书修身、遵守礼法，秉公处理衍圣公府事务。至于具体意见：第一，朝廷取消衍圣公府挑选候补官员，向各衙门无端行文的权力。第二，四氏学教授负有训士之责，如果孔广棣真的过于年轻、学问未优，应令孔广棨会同山东巡抚、学政另选合适人选。第三，摊丁入亩是国策，应严禁孔广棨向曲阜各户摊派丁银。如有私征加派，立即查禁。总之，内阁认为孔广棨的理想角色应该是“整躬率下，教导族人，以承先圣诗书之泽，无负皇上教诲成全之意”。这道奏折代表的是朝廷最高行政机关的集体意见，乾隆皇帝当天就批准了。

本案的行政流程算是走完了，但孔广棨涉嫌卖官鬻爵、营私舞弊的消息已经传开。在京官员纷纷发表意见。监察御史卫廷璞上奏，建议撤销曲阜知县世袭制度，可以给曲阜孔家增加一个世袭虚衔，或者增加孔氏子弟的科举功名，来交换他们手中的曲阜知县世职。卫廷璞认为如此才是平衡“慎重名器”和“保全圣裔”的良策。

鸿胪寺卿林令旭则建议以衢州孔氏子孙为曲阜知县。“衢州孔氏”又是什么群体？为什么要以衢州孔氏取代曲阜孔氏继承知县世职呢？北宋末年，金人即将攻占曲阜之际，第四十八代衍圣公孔端友不愿落入夷狄之手，携近亲族人随宋高宗南渡，后定居浙江衢州，形成衢州孔氏家族。南宋朝廷册封衢州孔氏袭封衍圣公。北方的金朝为了争夺民心，在留守曲阜孔庙的孔氏子弟中挑选孔端友的堂弟为衍圣公，此后，曲阜这支孔氏世袭金朝的衍圣公。孔子后裔分裂为南方衢州孔氏和北方曲阜孔氏两家，分别世袭衍圣公。元朝统一后，忽必烈宣孔端友之孙孔洙进京，商议衍圣公袭爵问题。忽必烈很可能中意由孔洙回归曲阜，世袭元朝的衍圣公。不想，孔洙因本支几代坟茔都在衢州，难以弃离，况且曲阜的亲戚守护祖茔有功，自愿将衍圣公爵位让与族弟孔治。此后，孔治一支代表嫡系圣裔世袭元、明、清的衍圣公，而衢州孔氏归于平静。如今，曲阜孔门曝出丑闻，有人建议引入衢州孔氏来分割曲阜孔氏的职权，也在情理之中。

周学健也赞同将曲阜世袭知县授予衢州孔氏：孔氏源出曲阜，曲阜知县由孔氏世袭，不仅是为了方便孔门自治，还有“尊崇至圣”之意。如果将曲阜知县改为流官，由吏部选任，未必能找到合适人选。外族人出任曲阜知县，极可能同样慑于衍圣公的权势，攀附阿谀，徇私枉法。所以，曲阜知县还是要从孔氏门人中挑选。但是，孔氏支庶世居曲阜，亲戚党羽遍布内外，如果让曲阜孔氏子弟出任家乡知县，为亲则废法，为法则废亲，确实是两难。而衢州孔氏则是正本清源的孔子嫡系大宗。如果曲阜世职知县改归衢州孔氏承袭，新知县既是孔子后裔，又在曲阜没有亲戚朋友、没有田园产业，能够秉公处理政务。曲阜世职知县今后不得在当地购置产业、缔结姻亲。周学健认为，此举可以让南北方孔氏相互制约，同时曲阜孔氏世袭公爵、博士、学正、执事等爵位、官职不下数十个名额，而衢州孔氏现在只有五经博士一个世袭职位，增加曲阜世袭知县一职，也算公平，可谓一举两得。

与主张变革的官员相比，许多官员则坚持维持现状。监察御史孙灏就上奏认为“旧典不宜更张”。孙灏认为：“我皇上崇儒重道之诚，超越千古，尊礼先师，恩施孔氏，规制辉煌。”而孔氏完全当得起这样的尊崇，“万世之师，余庆何尽非常，食报不嫌过优”。如果以孔毓琚一个人的违法行径，否认整个曲阜孔氏，进而改革整个衍圣公制度，可能威胁到整个尊孔崇儒国策。况且，现有制度是由衍圣公与山东巡抚共同保举、考核曲阜知县，并非由衍圣公垄断。孙灏认为现行制度的设计是好的，只是没有执行好。需要规范制度执行，而不是变革制度。

这场孔门互讦案引发的公卿大讨论，最终由乾隆裁定：“曲阜知县空缺，令衍圣公在孔氏族中的进士、举人、贡生中挑选读书立品、素为族人推重的人，不拘人数，咨送山东巡抚。由山东巡抚加以考试，再遴选正陪两人，保送引见，由皇帝挑人授职。曲阜世职知县接受山东巡抚、兖州知府的考核、稽查，如不称职立即参处。”最终，朝廷对衍圣公举荐曲阜知县的权力做了限制，但衍圣公的大权和尊位几乎没变。

衍圣公制度的底层逻辑是圣贤后裔的道德素养高于常人，而尊崇圣裔可以进一步提升他们的道德素养，发挥好榜样作用。这种逻辑本身值得商榷。

这种将血缘与权位紧密捆绑的制度，导致家族中人日益看重血缘。曲阜孔氏极为注重嫡庶之分，极端排斥冒宗行为，定期修订族谱发给族人明确身份。曲阜孔氏不仅和衢州孔氏暗暗较劲，还制造了“内外孔之争”。内孔自然是孔子核心后裔，外孔则是汉代以来陆续改姓孔姓、服役孔庙的其他姓氏百姓。他们虽然住在曲阜，却非孔子后裔，而且本质上是庙户、仆户。五代十国乱世中，庙户出身的孔末积蓄力量大肆屠杀孔子嫡系后裔，试图取而代之。孔子嫡裔拨乱反正后，定内孔与外孔永为世仇。通过强化血缘传承，曲阜孔氏花在族谱上的精力比在道德学问上多得多了。这算不算本末倒置呢？

孔子老人家当年，一心匡正道德，推广平民教育，向诸侯游说仁义道德，唯独没有花心思在经营产业上。历朝历代恩赐孔氏巨额财富，也是为了减除他们的生计烦恼，把心思花在道德文章上。清朝赐予的田地本质是祭祀孔圣人的，不允许转卖。可是，衍圣公府在顺治时有 2157.5 大顷祭田，到乾隆朝还剩 1256.78 大顷，减少了 42%。乾隆年间，孔氏一个地亩清册记载：“查例载，凡民间祖遗祀产，子孙不许典卖，有犯者即以盗卖例问拟，何独将数百年恩赐之祭田反听民典卖乎？”[①]那么，有能力盗卖祭田的，会是一般族人吗？[②]祭田虽然变卖了，孔氏在各地购置的私产田地，却不断增加。康熙年间，山东巨野知县移文衍圣公府，请求明示衍圣公府在巨野县境内的 16 顷又 16 亩田地是否应该免差？从反面来看，孔府存在逃粮逃差的情况。

曲阜孔氏内部不时发生内讧内斗，闹得一地鸡毛。比如，雍正年间孔毓铭状告衍圣公，说自己祖上将南户、羊厂庄田卖给衍圣公，如今筹集 3117 两银子申请赎回。衍圣公收下了银两，却不肯退田。孔毓铭请衍圣公念大家都是同族同宗，把田地或银子退给自己。但衍圣公说孔毓铭借此隐匿田产以逃税，还让官府把孔毓铭抓了起来。孔毓铭哭诉：“衍圣公是我们的宗主，今说我们隐匿，实是衍圣公因为我们出卖了他，他要赖债，反以隐匿诬陷我们的。”[③]曲阜孔氏的族人并不比寻常百姓道德更高、修为更好，他们同样会为金银田土而争得头破血流，同样会不择手段，令人瞠目结舌。比如，现存资料有不少曲阜孔氏族人抢夺寡妇家产的记载。乾隆二十五年，孔继康病故，其弟孔继宁见嫂子孔郭氏孀居、侄子年幼，屡次欺凌孤儿寡母，不仅夜间将亡兄家的牛牵去，还声称家产不清，要侵吞亡兄家产。又有孔毓书状告叔叔，案情是：叔叔去世，寡居的婶婶穷得揭不开锅，孔毓书已定将婶婶改嫁，理应异姓成婚，不料小叔孔兴柱竟将婶婶（也就是他的嫂嫂）娶为妻子。孔毓书愤怒地控告叔叔以弟欺嫂，败坏人伦。其实，孔毓书要将婶婶改嫁，何尝不是贪图叔父家产，结果婶母被小叔捷足先登，自己继承家产无望，才愤而上告。[④]

曲阜孔氏不见得是当时社会道德的底线，但肯定不到道德的上线，离优待尊崇他们的朝廷的期望更是相去甚远。可见，衍圣公制度的底层逻辑在实践

① 邢铁：《明清时期孔府的继承制度》。

② 邢铁：《明清时期孔府的继承制度》。

③ 邢铁：《明清时期孔府的继承制度》。

④ 邢铁：《明清时期孔府的继承制度》。

中行不通。乾隆六年的孔门互讦案，虽然限制了部分衍圣公权限。但之后，曲阜知县还是奉承攀附衍圣公，枉法营私。知县想干点什么实事，往往遭到衍圣公百般阻挠。衍圣公庇护人口、兼并土地等种种不法，依然存在。乾隆二十一年，山东巡抚白钟山上奏，重提曲阜知县不必局限在孔氏族人中选拔，如此才是真正“玉成圣裔”。白钟山不是发现了衍圣公府新的不法行为，就是实在看不惯曲阜独特的治理体制了，才会旧事重提。

这一回，乾隆皇帝同意了，将曲阜知县改为流官，给孔府加设一个“世袭六品官”作为补偿。于是，吏部定曲阜知县为“繁疲难”的要缺。现任曲阜世职知县孔传松改任世袭六品官；新城知县张若本调任曲阜知县，和其他官员一样调补升转。但不久，曲阜知县又恢复为孔氏的世职。原来竟然是，外姓人出任曲阜知县官，仍是七品，拜见衍圣公不经允许不能进二门，要先到门房等候，请传奏官传话。而传奏官为六品，比知县品级还高。外姓知县依然事事受到掣肘，必须仰衍圣公的鼻息才能行政。如此一来，曲阜知县还是要落入衍圣公府的囊中。

曲阜知县的弊端，是衍圣公制度的一个折射。素养在人，不在个人；道德在人心，不在荣华富贵。意识形态的宣扬、维护不是靠制度和物质能够完成的。对一个家族最好的尊崇，是提供宽松自由的环境，让他正常发展，而不是请进金丝笼供养起来。衍圣公制度的发展就说明了过分的尊崇，往往产生不了理想的结果。

02

蒋洲亏空案

胆大妄为的勒派

一、填窟窿填出了问题

山东的十月正值旱季，降水通常稀少。但是乾隆二十二年十月，山东却出现了水患。济宁、鱼台、金乡、滕州等地都有水灾，尤其是微山湖积水很多，影响南北漕运和南河河道安全。朝廷派出多名高官，亲赴治水一线。山东巡抚鹤年，本已升迁为两广总督，因为水患不绝，自请暂缓赴任，先留在山东治水；调任山东巡抚的原山西巡抚蒋洲，照例是要到京城觐见皇帝聆听圣训，乾隆也以水患为由，免去蒋洲进京听训，迅速赶往济南治水。可以说，在乾隆二十二年的这个十月，“水患”两个字是山东内外、城乡官民关注的头等大事。

就在这个忙碌的当口，山东巡抚衙门大门口，突然出现了一群不速之客，簇拥着几位官员模样的人，急匆匆地往衙门里闯。巡抚衙门的差役们正想上前盘问。领头的一名高官高喊：“奉旨，著将山东巡抚蒋洲革职拿办！”差役们定睛一看，高喊者是正在山东督办河工的钦差大臣、刑部尚书刘统勋，紧随其后的是两广总督、刚刚卸任山东巡抚的鹤年。刘统勋、鹤年两人气势汹汹而来，差役们哪敢阻拦？刘统勋等一干人马闯进巡抚大院，蒋洲急匆匆地从衙内赶出来，来不及询问怎么回事就被拿下了，遭到押送看管。从上任到落马，蒋洲担任山东巡抚不足百日，成为清朝最短命的巡抚之一。

巡抚衙门的大小官吏差役，看着这一幕，震惊不已。且不说蒋洲上任还不足三个月，也不说当时山东泛滥的水患问题，就看蒋洲的个人履历，辉煌灿烂，一点儿都没有要落马的预兆。

蒋洲出生在“一门两相”的常熟蒋家。其父蒋廷锡，在雍正年间历任兵部尚书、户部尚书，授文渊阁大学士，死后谥号“文肃”。蒋廷锡的长子蒋溥，是雍正八年的状元，历任户部尚书、礼部尚书，授东阁大学士，乾隆二十二年正是他权势熏天的时候。蒋廷锡的次子就是蒋洲。蒋洲出生在如此官宦世家，养尊处优，塑造了“好游侠”的性格。游侠的大意，除了豪爽仗义，还有超然不羁，不走寻常路的涵义。

在家庭的支持下，蒋洲从部院主事起步，仕途一帆风顺，外放道台、按察使，乾隆二十年任山西布政使。乾隆二十二年，山西巡抚明德调任陕西巡抚。一般情况下，一省巡抚从省外调任。也就是说，本省布政使如果升职，一般会升迁为其他省份的巡抚。但是，蒋洲接替明德，担任布政使仅 2 年，就升任了本省巡抚，体现了乾隆皇帝对他的栽培与信任。当年七月，蒋洲又平调山东巡抚。朝野内外都把蒋洲视之为冉冉升起的一颗政治明星。想不到，就在他即将登顶的时候，突然革职拿办，仕途可能戛然而止。

是什么，让一颗政治明星突然陨落？是什么，比水患更加严重，让乾隆皇帝在治水的紧要关头毅然拿下了一省巡抚？那就是——腐败！

几天前，乾隆二十二年十月初五，1757 年 11 月 16 日，乾隆皇帝收到了山西巡抚塔永宁的密折，参奏蒋洲在山西任上亏空库银 2 万余两。本年七月，蒋洲得知即将调任山东巡抚，就想着如何把两万两银子的窟窿给填平了。

我们来看看蒋洲是怎么做的？他找来亲信、冀宁道道台杨龙文商议，结果两个人想出了一个“馊主意”：由杨龙文出面，给山西各府、州、县行文，“视其地方之丰啬，勒派银两”。也就是用正式公文的名义，要求下属的州县官员凑钱填补蒋洲造成的亏空。其中，凡是经蒋洲保题升转的官员，额外加派，自数百两到上千两不等。这种公然发文、违法填补亏空的做法，蒋洲能够奉行不移，和他“好游侠”的性格不无关系。

山西的州县官员，不管是情愿还是不情愿，合计缴纳了 14000 余两银子，仍然填补不满窟窿。怎么办？蒋洲又把自己的前任、原山西巡抚明德调任之前在寿阳县砍伐的 3000 余株木材，变卖了 2700 余两白银入账。这里顺便说一下，寿阳县的木材是朝廷明令禁止砍伐的，明德砍伐木材有错，蒋洲将其变卖是错上加错。即便如此，蒋洲还欠 6000 多两银子。他又把自己的长支银，类似于办公费用，3200 余两，再把调任广东的山西按察使托穆奇图借贷的 3200 余两银子，一并算在账里，勉强填补了窟窿。办完这一切，蒋洲就高高兴兴去山东上任了。

新任山西巡抚塔永宁到任不久，感觉前任蒋洲的账目有问题，展开了秘密调查。狡猾的蒋洲在离任前，销毁了部分账目，加上山西省州县官员慑于蒋洲的权势和杨龙文等人的威胁，不配合调查。塔永宁的取证工作遭到了不小的阻力。好在塔永宁办事认真细致，经过反复工作，取得了少数几个州县官员的配合，他调阅了部分州县档案，查出了蒋洲亏空官银、变卖官木等事实，"不胜悚惧骇异。伏思蒋洲世受皇上深恩，今乃敢亏帑至 2 万有余，且勒派属员帮助"，随即密奏乾隆皇帝，请皇上定夺。

塔永宁还在密折中指出，蒋洲亏空事件暴露出山西省政治生态恶劣。州县官员就不说了，前任巡抚明德在山西一载有余，"与蒋洲相交甚好，诸事俱听蒋洲、杨龙文之言"，对蒋洲亏空一事"明系有意瞻徇也"。而身为冀宁道台的杨龙文，因为与明德、蒋洲两任巡抚都关系密切，在山西省作威作福，刻薄属员之事不可枚举。杨龙文是山西政治败坏的核心节点，"因此一人而通省俱各效尤，吏治因而浸下"。围绕着杨龙文形成了党同伐异、同流合污的小团体，不听从杨龙文等人的官员，就在山西遭到排斥，不是惨遭倾轧诬陷，就是事事都受到牵制束缚，难以正常工作。

作为新上任的山西巡抚，塔永宁是希望改变现状的。他的密折透露出想以蒋洲亏空事件为突破口，打破山西现有的政治局面的心思。乾隆皇帝拿到这道密折，显然看出了塔永宁的意图。

乾隆皇帝没有任何犹豫，迅速做出了将蒋洲革职拿办的决定。乾隆倒不是关心那两万两银子的亏空，而是痛恨蒋洲填补窟窿的恶劣做法。他竟然强迫下属官员，凑钱替自己弥补！此举体现出来的漠视法纪、欺凌下属，实属胆大妄为！而蒋洲荒唐的举措竟然能够在山西贯彻、落实下去，更可能让乾隆从心底泛起了一股寒意：山西的政治生态确实同流合污、在黑暗的道路上走得太远了。所以，乾隆置蒋家两代人的情面于不顾、置山东的水患于不顾，也要把蒋洲的问题调查个水落石出。

拿到塔永宁密折的当天，乾隆就传谕正在山东督办河工的刑部尚书刘统勋。乾隆在谕旨中讲道：据山西巡抚塔永宁奏，蒋洲于山西任内，侵用帑银2万余两，离任时，勒派全省属员弥补，并变卖寿阳县木材赔补，“此事实出情理之外，为之骇然”。为此，“着刘统勋即传旨，将蒋洲革职拿问；带往山西，并塔永宁劾疏内提到杨文龙等人，一并严审定拟具奏，其任所字迹资财，一并查明奏闻”。鹤年暂回济南，以总督衔代理山东巡抚，等蒋洲案审明后再赴广东上任。

两天后，也就是十月初七日，山西巡抚塔永宁也收到廷寄，随即向冀宁道台杨龙文宣旨，将他革职拿办。

刘统勋、塔永宁双管齐下，开始调查蒋洲案件。那么，蒋洲的问题到底有多严重？调查会顺利开展下去吗？

乾隆皇帝也非常关心这两个问题。调查尚在进行过程中，乾隆就在十月十六日谕告军机大臣，说根据塔永宁奏报，蒋洲任内的一切舞弊纳贿之事，都是他的吴姓师爷和家人黄姓、马姓等人从中经手。要彻底调查清楚蒋洲的问题，必须将相关人等一并押送山西。乾隆强调：“吴姓诸人均系此案要犯，着传谕山东巡抚鹤年即速严拿，委员解晋，交刘统勋归案严审。”为了防止在押送途中出现意外，乾隆特意要求鹤年选派得力官员，严加防范，迅速解送，勿使人犯逃脱，或畏罪自戕。正是因为乾隆的强调和经办人员的防范，蒋洲案在调查审讯过程中程序流畅，没有横生枝节。

第二天一早，乾隆又和军机大臣们谈起了蒋洲案，并做出了具体的部署。可以想象，乾隆在前一天的晚上，即可能都在思考蒋洲案，消化各种信息，最终在当天的早上就进一步审查蒋洲案提出了四个重点：

第一，蒋洲肯定会为亏空找借口，怎么办？塔永宁已经奏报，说蒋洲供称自己担任山西布政使的时候，看到布政司衙门年久失修，因此发起修理衙门，工程用银很大，导致亏空。朝野也有人分析蒋洲的亏空，认为主动修缮衙门是他亏空的重要原因。乾隆指出："此话究未可信"，修理布政司衙门，花钱再多，也用不了两万多两银子，"显系藉端捏饰"！①

皇帝常年居住在深宫之中，有些人可能会误以为皇帝老儿不食人间烟火，对民生信息、物价高低茫然无知。事实并非如此。但凡事处理过政务的皇帝，对天下物价必定是了然于胸。当时，山西五台山显通寺发生了一场大火，共烧毁庙宇70余间，重建整座寺庙才一共花费了五六千两银子。以此类推，山西布政司衙门的修缮工程，能超过重建一座庞大寺庙的经费？因此，蒋洲声称把2万两银子花在了衙门修缮工程上，显然是狡辩。

第二，乾隆决定扩大调查范围，下令查审蒋洲的前任、现任陕西巡抚明德。明德与蒋洲共事时间较长，蒋洲担任山西布政使，明德是同时期的巡抚，两人是同一个班子的核心成员。而且山西巡抚衙门和布政司衙门仅一墙之隔，蒋洲造成巨额亏空，明德难道就毫无所知？乾隆直言"恐其中必有缘故"，责令刘统勋、塔永宁将明德一并详细查察，"务得实情，据实陈奏"。

乾隆从明德和蒋洲的官署只有一墙之隔这个事实，就推断明德在此案中难脱干系。可见乾隆心思细密、为人精明。在二十多年后的甘肃冒赈案中，乾隆也是凭借细密的心思，揭开了一桩腐败大案的调查序幕。当时处理军务，阿桂、和珅先后向乾隆奏报，说甘肃省道路泥泞难行。这原本并不涉及甘肃政务，但是乾隆一下子就联想到甘肃省连续多年报告旱灾，以此要求开捐赈灾。既然多年干旱，为什么会道路泥泞呢？乾隆进一步怀疑甘肃上下官员冒赈，很快揭开了一桩大案的黑幕。再晚些的两广总督富勒浑贪污案，更是乾隆皇帝在出巡时召见官员，于谈话之中发现各位官员对富勒浑评价含糊其辞、

① 清代中期修缮一处中等规模院落的费用以百两银子计算；即便用工用料考究，也是千两纹银可以解决的工程。

疑窦顿生，进而揭开腐败黑幕的。

今天的蒋洲案也是如此，从明德与蒋洲毗邻而居，乾隆联想到明德也有问题，扩大了调查范围。应该说，合理的怀疑有助于全面、彻底地调查清楚腐败黑幕。

第三，乾隆下令追查广东布政使拖穆齐图。拖穆齐图是与蒋洲有任期交集的山西按察使，在蒋洲之前调离了山西省，升任广东布政使去了。蒋洲在账目中列明他在离任时，借银3000多两。乾隆就联想到拖穆齐图作为山西按察使，养廉银不少，为何离任起程时，还需要蒋洲出3000两银子？“看来拖穆齐图为人亦甚不妥。其在山西，种种情节，俱当悉心研究，使水落石出，毋得草率完结。”

此举同样体现了乾隆缜密的心思。他不惜进一步扩大调查范围，也体现了“除恶务尽”的期望。

第四，乾隆要求严防蒋洲自戕。刘统勋当时正押解蒋洲前往山西，“途中需要速行，不可久稽时日，更应留心防范，勿令其畏罪自戕”。乾隆不希望蒋洲畏罪自杀，留下一笔糊涂账和一个肮脏的故事。他要看到一个真相。

乾隆对蒋洲案的指示，可谓是事无巨细、劳心劳神。他几乎可算是此案的“一号检察官”。那么，有了皇帝的高度重视和明确指示，蒋洲的问题能否查个水落石出，顺利结案呢？

二、上梁不正下梁歪

在整个案件中，山西冀宁道台杨龙文是关键嫌疑人。蒋洲勒派州县官员填补窟窿，是杨龙文出面办理的。之所以这么做，一来是杨龙文是蒋洲的亲信，更重要的是杨龙文对上巴结上司，对下狐假虎威，胡作非为。山西官员对他畏避三分，只有他才能把违法违规的事情给贯彻落实下去。久而久之，杨龙文在山西拉帮结派，恶化了全省的政治风气。塔永宁在密折中弹劾杨龙文："居心巧诈，善逢迎，是以历任上司为其所愚，任为心腹。"

塔永宁对杨龙文的这一句评价，值得我们深入解析一下。

杨龙文注意走上层路线，不管是谁当他的上司，他都逢迎攀附。这是事实。他的目的，不是仅仅成为上司的心腹，而是借着上司的依仗或者信任，牟取私利。所谓"居心巧诈"，就在这个地方。但是，历任上司都把杨龙文当作心腹，不是简单的"为其所愚"。蒋洲等人作为杨龙文的上司，社会阅历、政治经验并不在后者之下，难道看不出杨龙文的"居心巧诈"之处。就算他们看不出来，那么这么多年来杨龙文在山西上下其手，擅权乱政，难道上司们就没有耳闻，进而产生怀疑？所以，杨龙文之流之所以能够恣意妄为，并非历任上司被他愚弄，而是"不得不"为其所愚。

譬如蒋洲这样的上司，需要杨龙文出面帮自己弥补亏空，填补窟窿。杨龙文对蒋洲的底细一清二楚。这样，蒋洲就有把柄攥在了杨龙文的手中。蒋洲对杨龙文的胡作非为睁一只眼闭一只眼，双方相安无事，杨龙文继续逢迎巴结蒋洲；蒋洲一旦严格执法，处理杨龙文的违法乱纪行为，后者手中掌握的内幕消息足以把蒋洲拉下马来。所以，蒋洲等人是装出被杨龙文愚弄的表象，掩盖自己的心虚。最终，蒋洲、杨龙文等人沆瀣一气，共同败坏了政治风气。

俗语有言："上梁不正下梁歪"。蒋洲自己立身不正，当然谈不上以上率下了。清朝不乏类似的例子：

康熙五十三年的广东捐谷案，广东巡抚满丕把 120 万两捐银贪污了 80 万两，和几个属下的大员瓜分了，只把 40 万两银子交付给各个知县购米。知县们知道巡抚的小动作，很快丧失了清廉自守、照章办事的立场，"竟不购米者亦有，购半数者亦有。上官自身既行私舞弊，有无仓米亦不敢查。故此，仓米欠缺者甚多。"

几年后，广西也发生了类似的腐败案。广西省收到捐纳的购米银 129 万两，广西布政使黄国材等，串通桂林、梧州、柳州、南宁四个府的知府，贪污瓜分了其中的82万两，只把剩余的47万两下发给各个州县购买米谷。上梁不正下梁歪，州县的不肖官员再次“雁过拔毛”，广西官仓的粮食存储严重有名无实，最终引发了严重的钱粮亏空案。

同样是山西，康熙末期的山西巡抚苏克济，假借军需名义动用了30万两官银，贪污了其中的近23万两，只解送给承办军需的大同知府栾廷芳7万两。栾廷芳效仿巡抚大人的做法，同样以军需为名，侵吞、挪用官银41万两，另外造成库银亏空16万多两。

中国古代政治讲求治国之道、首在用人，而用人之道、首在大吏。因为封疆大吏，有“厘治军民，综制文武，察举官吏，修饬封疆”之权，奉行“宣布德意，抚安齐民，修明政刑，兴革利弊”之责，位高权重，关系重大，所以“课一人而其下皆可以整齐”。倡导廉政建设的康熙皇帝曾有言：“大臣为小臣之表率”，“如大臣果能精白乃心，恪遵法纪，勤修职业，公而忘私，小臣自有所顾畏，不能妄行。”康熙认为“凡地方官者，但能持己为正，不为非法之事，即称良吏”，而一个合格的封疆大吏的产生，非经过中央部院、地方州县的多岗位、长年限历练不可，还要不时经受皇帝和监察部门的查验。遗憾的是，蒋洲并非合格的封疆大吏人选。

刘统勋押解蒋洲，尚未到达太原，塔永宁就开始从杨龙文入手，对整个案情抽丝剥茧。在查抄杨龙文府邸的过程中，发现了与蒋洲亏空有关的派单。所谓的派单，类似于一种任务分解表。派单的底单由密码写成。塔永宁组织破译后，发现上面详细列明了向山西各州县勒派弥补亏空银两的数目、人名。

太原府知府七赉是杨龙文团伙的重要成员。塔永宁也查抄了他的府邸，从中发现了札文。札文是明清时期官府的下行公文，上级官府向下级发出指示、布置任务，就用札文。七赉府邸的札文和杨龙文府邸的派单完全吻合，可以还原蒋洲一伙人勒派填补亏空的主要流程：蒋洲布置了任务，杨龙文幕后操作，七赉具体实施。在行文过程中，为了增加权势，七赉还冒充山西省其他8名知府列名其上，把一桩抢钱恶行掩饰成众多知府联名作札的“官府行为”。

杨龙文团伙恶行累累，塔永宁还调查发现杨的其他罪行：首先，杨龙文“生财有道”。他挪用朝廷拨发山西五台山的岁修工程专款和官库所存公银，交给当地商人生息谋利，侵蚀库银利息 1500 两。朝廷下拨的专款和地方库存官银，在拨付或者解送过程中都要履行必要的手续，不可能随到随走，这就造成了银子会闲置一段时间。杨龙文连这个时间差都不放过，私自贷款给商人，并贪污了贷款利息。其次，杨龙文可能觉得贷款利息太少了，直接把手伸向了官银。他采取透领养廉银、借领司库捐监仓费银、截留钱局铸钱节余银等多种方式，大肆侵贪，擅自私用官银 14200 多两，侵亏官银 4100 余两。随着调查的深入，杨龙文腐败的盖子彻底掀开，露出了触目惊心的黑幕。

杨龙文面对扎实的调查工作和确凿的证据，无力狡辩，对罪行供认不讳。

此时，刘统勋押解着蒋洲，于十月二十四日抵达太原。亲信杨龙文已经认罪，蒋洲的现实选择就只有认罪伏法一条了。但是，蒋洲比杨龙文“强”的一点在于，面对人证、物证俱全的困境，困兽犹斗，百般狡辩。

蒋洲并不否认在离任时收到上万两银子的州县官员贡献。但是他避重就轻，说这笔钱是其妻亡故后，山西各地官员送的赙金，并不是填补的亏空。既然是礼尚往来，就不存在勒派逼迫的行为了。蒋洲没有料到的是，其吴姓师爷护送亡妻棺柩返乡途中，在江苏境内被捕。经调查，蒋洲亡妻的祭奠仪式发生在当年春季，而收钱是在秋季。哪有隔小半年赠送赙金的，蒋洲的狡辩不攻自破。

同时，在蒋洲原任所内搜查出来他接受私人请托，代谋官位的营私舞弊证据。加上在刘统勋的劝诱之下，遭到强行摊派的山西州县官员，纷纷交出七赉交给他们的札文字条，与从杨龙文处查获的密码底单核对，正好相符。蒋洲明白败局已定，对罪行供认不讳。他还供称，前任明德离任时欠修理衙门的费用 3000 余两，按察使托穆奇图欠他 3000 余两养廉银。

十月二十五日，刘统勋等人奏报乾隆蒋洲案的查讯情形：

蒋洲任内亏空 12000 两白银，透支养廉银 3000 余两，侵吞工程款 2000

两，共计亏空库银17000余两。离任前，他与杨龙文密议，勒令全省州县代为帮补亏空，由七赉出面把亏空分摊到各州县。后来因为没能及时收齐，又由七赉出面弄虚作假，以加盖官印的批文，领取买谷建仓的14000两专款白银，暂时填补亏空。事后，仅从各州县收上8600余两白银，不足以抵偿挪用的款项。蒋洲进一步变卖了寿阳县的木材，才凑足了填补窟窿的银子。

蒋洲亏空勒派案，在山西造成了极坏的影响。刘统勋奏称：山西省平定州知州朱廷扬借为蒋洲弥补亏空的机会，暗中截留赃款20000余两银子；山西绿营兵守备武琏不甘落后，前后利用虚报兵员、隐瞒欺骗等手段共克扣白银1000余两。反正巡抚大人带头胡来，下面的不肖官员更是肆无忌惮、胡作非为。

乾隆在案发时就极为愤怒，如今案情真相大白，他更是出离了愤怒。财政亏空，自古有之，蒋洲并非第一个，金额也远远不是最高的。但是，一省巡抚，明目张胆地动用公文摊派亏空，明火执仗，毫不避讳，蒋洲是“本朝第一人”!

乾隆二十二年，对于乾隆皇帝来说，原本是一个好日子。四十七岁的乾隆皇帝正处在年富力强、经验丰富的最佳执政时期。当年春天，乾隆皇帝开始了第二次、长达百日的南巡，沿途受到官民欢呼。不想，春夏之交爆发了云贵总督恒文勒派黄金案。云贵总督恒文以进贡为名，向云南州县官员勒索黄金。乾隆大为败兴，从严处理，勒令恒文自尽。回到北京后，西北传来捷报，清军平定了准噶尔叛乱，控制了天山南北。西北之役，乾隆皇帝自诩为“十全武功”之一。不想马上又爆发了蒋洲腐败案。心情刚刚转好的乾隆，扫兴和愤怒之情可以想象。

迎接蒋洲的，是乾隆皇帝“从严从重”处理的命令!

在接到奏报的第二天，十月二十六日，愤怒的乾隆连下四道谕旨。第一道谕旨，乾隆明确蒋洲亏空勒派事件不可饶恕，“明目张胆，竟如公檄”，导致山西政治风气败坏。朱廷扬侵银20000余两，武琏亏银1000余两，虽然与亏空勒派事件没有直接关系，却有深刻的内在联系，“由此类推，其恣意侵蚀而未经查出者，更不知凡几，该省吏治尚可问耶！”“吏治至此，尚不为之彻底清厘，大加整饬，何以肃官方而清帑项！”乾隆给整个事件定了性，而且把话说得很重。

乾隆的第二道谕旨，正式将原山西巡抚明德革职拿问。乾隆说，山西省侵亏库银成千上万，“是该省风气，视库帑为可任意侵用，已非一日”。明德身为巡抚，严重失职失责。谕旨要求将明德就地革职，解赴山西，交刘统勋审拟具奏；其任所货财，立即查封。

乾隆的第三道谕旨，下令全面追查平定州知州朱廷扬亏空案件。山西巡抚已经行文直隶，查封其家产。朱廷扬原籍浙江绍兴，乾隆传谕浙江巡抚，将他原籍的所有资产严行查封，用来弥补亏空的帑银。乾隆还着重要求浙江官府“不得稍有泄露，以致其家藏匿寄顿”。

在第四道谕旨中，乾隆责令刘统勋对明德“秉公严讯，不可稍为回护”。对所有监禁于晋省的案犯，均须留心防范，严行看守。

皇帝在一天之内，就一起案件连发四道谕旨，极为罕见。乾隆皇帝对蒋洲案也确实重视，发布谕旨后还在琢磨这件事。此案确实给“乾隆盛世”丢脸，给蒸蒸日上的英明统治填堵，乾隆决定把此案办成整顿吏治的一大榜样。于是，乾隆决定快刀斩乱麻，在从严从重处理之余加了一条处理原则：从快！

仅仅过了三天，十月二十九日，乾隆不等刘统勋等人回奏，直接命令军机大臣“速结蒋洲之案”。他认为，蒋洲一案证据确凿，蒋洲、杨龙文、七赉三人“即可速为审拟，具奏正法”。等待蒋洲等主要案犯的结局，只有“正法”一途了。

十一月三日，刘统勋、塔永宁的结案奏折送到了乾隆案头。蒋洲亏空一罪，按照大清律法“侵盗钱粮入己数在1000两以上者拟斩监候，数逾10000两以上遇赦不准援免”，拟斩监候；而他又犯有勒派属员一罪，从重处理，升为斩立决；杨龙文“朋比作奸，并为罪魁”，得到与蒋洲一样的下场：斩立决；七赉狼狈为奸，且冒名行文勒派，拟绞监候。

三、追赃无穷期

乾隆二十二年十一月初五，乾隆皇帝在收到奏折两天后，就下谕：

蒋洲乃原任大学士蒋廷锡之子，由部属擢用，一路升为封疆大吏。乾隆原本对蒋洲寄予厚望，想不到他“不思洁己奉公乃恣意侵亏”，数额巨大，又复勒派通省属员，作为弥补之计，“其贪黩狼藉玷辱家门，实出情理之外”。山西冀宁道台杨龙文，对上曲意逢迎，对下贪污勒派，“不法已极，其情罪实无可宽宥”。蒋洲、杨龙文“即行正法，以昭炯戒”。太原知府七赉，迎合上司，助纣为虐，定为绞监候，秋后处决。平定州知州朱廷扬、绿营守备武琏，浑水摸鱼，大肆贪污，着在太原就地正法。

在山西与蒋洲“搭过班子”的几个高官，也深陷腐败漩涡。原任山西巡抚、现任陕西巡抚明德收受蒋洲及其他官员古玩、金银等物，之前已遭革职拏问，如今催促解赴山西，着刘统勋等人审明定罪；原任山西按察使、现任广东布政使拖穆齐图，与蒋洲结纳关通，接受蒋洲古玩馈赠，收受银两，乾隆斥之为“贪污无耻”，着就地革职，拏解来京治罪。

乾隆在谕旨的最后大发感慨：“山西一省，巡抚藩臬，朋比作奸，毫无顾忌。吏治之坏，至于此极！朕将何以信人，何以用人？”

谈到用人问题，乾隆首重对封疆大吏的使用与监督，认为“督抚为一省表率”，“政治行于上，民风成于下。”所以，乾隆尤在意督抚廉政与否，“外吏营私贪黩，自皇考整饬以来，久已肃清”。他原本以为督抚层级的贪腐已经得到抑制，“乃不意年来如杨灏、恒文等案，屡经发觉”，打破了皇帝的幻觉。乾隆谕旨提到的恒文，前文已有提及。至于杨灏一案，更可看出乾隆的肃贪态度。

杨灏曾任湖南布政使，侵吞购粮专款白银3000多两，被判斩监候。乾隆二十二年秋审，乾隆皇帝批阅湖南官犯册时，看到湖南巡抚蒋炳奏请将杨灏归入“缓决”一类，理由是杨灏已经在限期内退还了侵吞的银两。蒋炳的依据是雍正三年的“完赃减等”定例。这条“例”规定：“凡侵盗挪移等赃，一年内全完，将死罪人犯比免死减等例再减一等发落；军、流、徒罪等犯免罪。”如果在限期内不能完赃，犯人还是暂停治罪，再限一年追赃。如果再不能完赃，才正式执行刑罚。

对于这条法例，乾隆皇帝深感不安。他认为，完赃减等的条例使得对于监守自盗、挪用公款等腐败罪行的惩罚，变得非常宽松。况且，乾隆觉得完赃就可以免罪的逻辑，给天下人的感觉是朝廷更看重银子，不尊重国法，对吏治和人心都危害严重。但无奈这是“祖宗成法”，是父皇雍正定的，乾隆不方便否决，所以一直隐忍不发。

如今，乾隆看到杨灏因为完赃被归入缓决，雷霆震怒，又是一天之内连下四道圣旨，谕令将杨灏在湖南即行正法，奏请缓决的湖南巡抚蒋炳立刻革职，并解京交部治罪。参与此案秋审的三法司[①]及九卿、科道官员，一律交部议罪。相关官员可能只是照章办事，结果引火烧身，连自己的乌纱也丢了。

乾隆借杨灏案正式取消了完赃减罪的法律。他批评这条法例：“藩司大员狼藉至此，犹得以限内完赃，概从未减，则凡督抚大吏，皆可视婪赃万带为寻常事，侵渔克扣，肆无忌惮，幸而不经发觉，竟可安然无恙，即或一旦败露，亦不过于限内完赃，仍得保其首领，其何以饬官方而肃法纪耶？”官员贪赃累累，家私丰腴，都是吸的民脂民膏，如果仅把赃款吐出来就能免死，甚至免罪，于情于理都说不通。第二年，乾隆正式将“完赃减等”从《大清律例》中删除，明确规定官员贪腐，既要退赃，也要接受惩罚，而且退赃是义务。

乾隆皇帝把蒋洲和杨灏、恒文相提并论，是因为三人都是在同时期从严从重处理的高官。三人之中，乾隆认为荒唐严重程度“莫甚于蒋洲此案”，“若不大加惩创，国法安在？朕为愧愤。”在乾隆统治期间，他对封疆大吏的贪腐

① 三法司是中国古代三个中央司法机关的合称，清代三法司分别是刑部、都察院、大理寺。三部门长官参与的三法司会审，是清代大案除御审之外的最高审讯形式。

案件十分重视，一经发现，亲自过问，催促办理，构成了这一时期的肃贪案特征。

蒋洲斩首后，十一月十六日，明德被押赴至太原，刘统勋奉旨对其严审。

蒋洲的山西布政使任期，与明德的山西巡抚任期，基本重合。期间，蒋洲刻意讨好明德，先后赠送古玩、金麒麟、寿星等礼物和白银1250两，就是为了搞好与巡抚的关系，使得明德放弃了对自己的监管。

明德受审时，也是百般狡辩。对于收受贿赂，明德认为是礼尚往来，况且自己用礼金、赠品等加以补偿，并非受贿。被处斩的平定州知州朱廷扬，在大同县知县任上就造成了亏空，明德非但没有追究他责任反而保荐为平定州知州。对于这一点，明德承认自己一时糊涂，用人不当，可是辩称保荐之时并不知道朱廷扬存在亏空。至于砍伐寿阳县木材一事，明德辩称是蒋洲等人私自卖掉，当时自己已经调任西安，毫不知情。对于透支库银一事，明德说是蒋洲预支给他的养廉银，劝他到新任后再还不迟。自己到达西安后，榆林受灾，自己办理灾情公务繁忙，还没来得及偿还。总之，明德把自己的罪行推卸得一干二净。

最终，刘统勋等人奏报，明德明知藩司亏空不揭露举报，反而收受馈赠，按枉法论罪，拟绞监候。乾隆对明德免于治罪，革职发往甘肃，交给陕甘总督黄廷桂差遣使用。

乾隆二十二年十二月，乾隆又处置了在蒋洲亏空勒派期间署理山西布政使的达灵阿，以“徇隐不报”治罪，将其革职；接受勒索缴纳银子的平阳府知府秦勇均等人，则受到降一级留任的处分，以惩罚他们面对丑恶行为，丧失原则、逆来顺受，而不是据理抗争。蒋洲案最后一个受处分的官员，是侍郎多纶。那是两年后的乾隆二十四年，当年京察，乾隆想起侍郎多纶在山西布政使任内，曾将杨龙文考评为“卓异”推荐给朝廷。多纶用人失察，部议革职，乾隆从宽令他退休。

蒋洲案至此，看似可以结束，却还有一项重要的善后：那就是蒋洲亏空的两万两银子应该怎么办？人死了，但是官银的损失怎么得到弥补呢？

清朝的做法是，谁造成的亏空由谁来弥补，砸锅卖铁也要赔上，而且“人死账不消”，父债子偿，直到填补上官库的损失为止。蒋洲死后，其家产抄没充公。但是，蒋洲的财产金额比不上造成的亏空，他没有赔补完的亏空，就由亲属承担。蒋洲的长兄、内阁协办大学士兼署吏部尚书蒋溥上奏，恳请由自己代为弟弟分期偿还。得到允许后，蒋溥替蒋洲赔补了3年亏空，直到乾隆二十五年，乾隆皇帝才特旨免除剩余的赔款。当时，蒋溥已经升任东阁大学士，并且病重在身，日渐沉重，乾隆或许是看在蒋家两代人位列相位、劳苦功劳的情分上，才免除了蒋家的赔补责任。

清朝的这项制度，我们可以称之为“追赔”。之前的朝代也存在勒令贪官及其家属赔偿官府损失的做法，但没有形成一项固定的制度。清朝把追赔作为一项制度，贯彻执行下去。

雍正是追赔制度的创始人。雍正皇帝认为，亏空问题的根源，主要在于官员贪腐。而官员贪腐的目的，是为了子孙和亲属聚敛财富，创造更好的生活。因此，对贪官及其家属要痛下杀手，从根子上遏制官员贪腐的念头。雍正元年，雍正面对揭发出来的督抚贪腐案件，铁腕处置：“朕若不加惩治，仍容此等贪官污吏拥厚资以长子孙，则将来天下有司皆以侵课纳贿为得计，其流弊何所底止。”他制定了追赔制度，要把贪官“追到水尽山穷处，毕竟叫他子孙作个穷人，方符朕意”。

追赔制度的内容很多，包括抄没家产罚入官库、勒令相关官员分担赔偿责任等，而其中最主要也最令人深刻的，就是子子孙孙都要承担祖辈贪腐的赔偿责任。

雍正元年规定，亏空之官，查其子有出仕者，解任发追，赔补完亏空款项才能恢复官职。巧合的是，常熟蒋家就是追赔制度的第一批“被执行人”。在蒋洲之前，常熟蒋家就暴露出另一个大贪官，早已经承担了一项赔偿责任。

雍正元年，蒋洲的伯伯、原山东巡抚蒋陈锡亏空200余万两，事情败露。

部议督追。因为蒋陈锡已经于康熙六十年病故，其家产冲抵亏空款项后，还有巨额差距。常熟蒋家难以承担这么大的赔偿金额。蒋陈锡的弟弟也就是蒋洲的父亲蒋廷锡，当时正是雍正皇帝的宠臣。蒋廷锡便斗胆入陈始末，获得雍正皇帝“诏减其半”的恩赐。而这剩余的一半赔偿金额，就落在了蒋陈锡的儿子蒋洞头上。雍正八年，蒋洞因在陕西效力有功，随后在山西按察使、布政使任上都有较好的政绩，再次获得雍正皇帝“免其父应追银之半”的恩赐。在得到皇帝的两次开恩后，蒋洞说，其父蒋陈锡名下应赔的山东亏空等款项，“屡经减免，已逾十分之九”，即便如此，蒋家应赔款项仍有 20 万两左右。巨额的赔偿，对于蒋家来说始终是沉重负担。蒋洞死于乾隆五年，至死都还套在处罚赔补的处分之中。

追赔制度，使得清朝的贪腐案件真正做到了“惩治有律例，追赃无穷期”。

蒋洲一案发生后，朝野再次聚焦如何防治亏空的话题。只有在制度上入手，才能真正杜绝贪腐。御史马锦文提出了由各省学政稽察藩库的建议。学政又称“学差”，“学”字表明他的工作局限在文化教育，“差”字则表明这是一份差使，并没有与地方利益牢固捆绑。因此，由学政来稽查藩库，相对中立，这个建议有一定的合理性。然而，乾隆皇帝断然拒绝了马锦文的建议，理由是：第一，布政使是方伯大员，都是行政经验丰富、朝廷信任的官员，况且上面还有督抚稽核，“体制相维，已自周备”。像蒋洲这样的案子，并不常见，偶尔有之，也必定马上败露，绳之以法。不能因为一两个高官犯法，就认为各省督抚藩司都不足信。第二，就算督抚藩司都不足信，又怎么保证学政就能相信，不会在稽查时瞻顾徇隐。况且，学政专司文教科举，对财政事务并不熟悉，怎么能稽察藩库？乾隆觉得这项建议，最后会有名无实，给地方徒增滋扰。

应该说，乾隆皇帝反对在现有大制度上再加一套小制度，理由是充分的。确实，因为对既有制度的不信任，就要增加一套新的监察制度；又因为新制度未必奏效，可能还要再增加一套更新的制度，如此反复，叠床架屋，只会拖累效率，于事无补。清朝地方亏空的根源，是高度集中和僵化的财政制度，并不是缺乏监管和稽查。但是，乾隆反对马锦文建议的核心立足点是清朝现有的财政制度和监察制度“体制相维，已自周备”。他固执地认为蒋洲案是偶发个案，并非制度性的问题。因此，乾隆皇帝没有进行制度调整，而是局限在查漏补缺上。蒋洲案结案后，朝廷加强各省藩库的管理，州县钱粮除应留的俸禄、驿站款项外，其余均须随征随解；新旧官员交接，必须把库存钱粮数目和有无挪用、转借等情况上奏。这些措施强化了以往的要求，没有触及朝廷和地方的利益分配，没有解决地方官员的公私收支界定等根本问题，注定不可能杜绝亏空的爆发。

事实上，蒋洲虽然被斩首了，追赔制度也始终存在，亏空问题却愈演愈烈。不仅亏空成为普遍现象、金额节节攀升，而且从清朝中叶开始，各省勒令州县官员分摊亏空逐渐成为操作惯例。少数不接受如此操作惯例的官员，反而被视为另类。

03

威宁铅厂案

官办事业的困局

一、官官相告

乾隆三十四年（1769 年）八月，贵州巡抚良卿上折，弹劾本省大定府威宁州知州刘标。良卿说，威宁辖区内有铅厂，知州刘标运铅不足定额，并以各种托词拖延输送铅料，明显有“侵蚀支饰情弊”。经初步查访，刘标短缺铅 100 余万斤，并亏工本 20 余万两白银。那么，良卿贵为一省巡抚，为什么要特意专折弹劾一个小小的知州？而其中的关键字“铅”，又是怎么和奏折扯上关系的呢？

铅是重要的战略物资，关系国家的铸币与军械生产。贵州的铅产量在清朝长期占全国的 70% 以上，有时甚至能超过 80%。朝廷的户部、工部以及全国许多省份的铅料需求，仰仗贵州供应。而威宁州又是贵州最主要的铅产地，产量占全省的大头。清朝非常重视铅的生产，对铅实行国家专营，即铅矿的开采、冶炼必须获得国家的许可，生产出来的铅由国家垄断经营。为此，朝廷设立了威宁铅厂，每年下达定额生产任务，下拨专项资金收购成品铅。铅厂的管理一般由所在州县的官员负首要责任，称为“厂员”。威宁知州刘标就是管理威宁铅厂的“厂员”。

近年来，贵州省的铅料输出出现了很大的问题，经常迟缓误期，耽误了下游的一系列生产。尤其是乾隆三十三年开始，清军开拔西南与缅甸作战，对军械的需求大增，对铅料的需求随之增大。朝廷频繁催促贵州省及时、足额供应铅料，乾隆皇帝也多次申饬良卿要保障铅料供应。

在这样的背景下，良卿上奏弹劾刘标运铅不足定额，且亏空专项资金，给旁人的感觉似乎是找到了问题之所在：铅料主产地经营不善，亏空严重。严重到什么程度呢？良卿指控的铅短缺超过 100 万斤，亏空金额是 20 多万两。根据《贵州通志・食货志》记载：贵州全省田赋、杂课、契税在咸同年间的收入是 21 万两，加上商税 40000 两，贵州全省的年财政收入共计 25 万余两。这是距离良卿上奏大约 100 年以后的数额，良卿时期贵州的全年收入还要少。也就是说，威宁铅厂一个厂子的工本亏空抵得上贵州省一年的财政收入了。问题非常严重!

乾隆皇帝阅览奏折后，雷霆震怒，于九月十一日下令将刘标革职拿问，交良卿严行审究。同时，乾隆对良卿也极为不满。他对军机大臣说，贵州省铅料供应屡屡误期，都是由于良卿督办不力造成的。如今因为朝廷催办，这才参奏下属侵欺亏空问题，明显是拿下属的问题来掩饰自己的责任。因此，乾隆传旨严行申饬良卿，严令他务必彻底查清刘标铅厂亏空的实情，倘若“尚欲存心袒护，曲为劣员开脱”，一并治以重罪。

良卿受到斥责后，诚惶诚恐，立即投入对刘标的调查审讯中去。良卿是满洲正白旗人，乾隆七年的进士，仕途从户部主事开始。乾隆皇帝对他的评价是“办事尚知奋勉”，良卿的职位也稳步升迁，累迁至贵州布政使，乾隆三十二年署理贵州巡抚，正式成为封疆大吏。当时，清军正在缅甸作战，地处西南的贵州是缅甸战场的后方保障要地，乾隆此时任用良卿主政贵州，或许正是要发挥他“办事奋勉”的优点。一年左右后，良卿实授广东巡抚，因为战事未决，留任贵州巡抚。

本案另一个主角刘标的资料，就要少得多了。我只查到刘标是直隶大城县人，长期在贵州当官，至少在乾隆二十五年到乾隆三十四年的 9 年时间里主政威宁州，期间长期管理威宁铅厂。刘标极可能是长期从事基层工作的州县官，“沉溺下僚”之人。如果不是因为良卿挑起的弹劾，刘标是不会在史书上留下记载的。

良卿的调查，进展很快。乾隆是九月十一日下旨申斥良卿，良卿在九月二十三日就回奏了调查结果。刨除北京和贵州之间公文往来的时间，良卿的调查肯定不超过十天。除非他之前做了大量细致的工作，否则良卿的这份调查结果是仓促的。

良卿回奏说，威宁州知州刘标短缺铅料超过700万斤，亏空原料银48390余两、工价银10余万两。原料银和工价银都是朝廷下拨的专款，前者是购买费用、后者是运输费用。因为数额特别巨大，良卿奏请将专管铅务的贵州粮驿道永泰、大定府知府马元烈革职审问，并恳请派遣钦差大臣来黔会审。

乾隆批准了良卿的奏请，于十月初四降旨将永泰、马元烈革职审问，派内阁学士富察善为钦差大臣，前往贵州，会同良卿一并详查严审。同日，乾隆传谕直隶总督，命令即速查抄刘标在原籍大城县的家产，防止刘家人隐匿、转移财产。贵州刘标威宁任所的财产自然也在查抄范围内。

乾隆又降旨再次训斥良卿："在任四载，属员承办铜铅，亏缺如此之多，漫无觉察，所司何事？"下令将良卿交部严加议处，如果刘标亏空不能填补，要良卿、永泰、马元烈三人分赔。所谓"分赔"，就是由相关的官员分着赔补亏空。

至此，贵州铅厂案的发展都很正常，眼看着等钦差大臣抵达贵阳，会审嫌犯，就可以顺利结案了。如果此案照此发展，那么就太小看贵州铅厂弊病的复杂程度了。我们还只是看到了案子的开头，完全猜不到案子的结局。

之前的案情都是建立在巡抚良卿的单方面陈述之上。良卿身为贵州巡抚，处于当地权力金字塔的顶端，掌握着行政优势，把持着话语权，主导了案情的发展，在乾隆和一般人的脑海中先入为主地植入了一套印象。那么，来自案子的另一方、嫌犯刘标的陈述又是如何呢？

按照正常的行政流程，刘标一方看似没有机会发出自己的声音，不能做出自身的陈述。刘标连给乾隆皇帝上奏折的资格都没有，在与良卿的对抗中处于完全的劣势。所谓"官大一级压死人"，便体现在这个细节当中。然而，清朝行政流程中允许"越级"行文。当情况紧急、上司不能及时做出反馈的时候，朝廷是允许下级官员直接向更高级部门反映情况的；或者是涉及敏感、机密内容的时候，朝廷也允许下级官员越级反映。越级的公文形式，有揭帖、有禀帖。比如，朝廷禁止下级逢迎、贿赂上级，严禁上级勒索、摊派下级，

《六部处分则例》载明：“上司抑勒州县馈送，许州县官揭报督抚，若督抚徇庇不参，许该州县官开具款迹实封径达通政司衙门转奏，将该督抚降三级调用。”相反，如果官员甘心受到勒索而不揭发的话，处分更重：“官员将上司衙微索银之事，受嘱徇隐不报者革职。”这是下级官员与上司抗衡的终极武器之一。

在本案中，最先奋起上告的是遭到革职处分的贵州粮驿道永泰。永泰是分管铅厂事务的道台，因刘标巨额亏空遭到参奏革职。他没有坐等钦差大臣前来查办，而是整理自己掌握的情况，直接向户部呈报亏空缘由。永泰揭帖的主要内容是揭发署理贵州布政使高积营私枉法，私自将官府储存的水银，贩卖到苏州等地，并侵吞货款；高积还对威宁铅厂多次需索，是造成铅厂亏空的重要原因。永泰此举目的，是要把查办的方向转向高积等更高层的官员，减轻自己的责任。他的揭发中还涉及贵为巡抚的良卿也有贪索的行径。

清朝的财政，高度集权，造成地方官员开支拮据，而森严的制度又造成地方官员花起钱来束手束脚。如果辖区内有类似于威宁铅厂这样的工矿单位，不仅能获得巨额的稳定拨款，而且在国家垄断经营和市场活跃交易之间可以左右逢源，开创额外的收益。工矿单位的朝廷拨款和商品收益，可以壮大负责官员的财政实力，增强开支自由度。所以，威宁铅厂在当时的州县官员看来就是一个“香饽饽”。而管理铅厂的官员是基层的州县官员①，位卑言轻，在许多上司，尤其是省级官员眼中，铅厂无异于是一个“提款机”。上级官府财政紧张，或者上司个人需要用钱的时候，都找下辖的铅厂“帮贴费用”。

永泰管辖威宁铅厂，又是负责贵州全省粮食、驿站事务的道台，对高级官员盘剥、贪赃辖区工矿单位的情况是清楚的。事实上，他本人就是把威宁铅厂当作提款机的官员之一。大家都这么做，那么大家都是安全的。可是，良

① 清代的“州”分直隶州和散州，前者直属于省，在编制上等同于府，知州为正五品；散州隶属于府，在编制上等同于县，知州为从五品。清代威宁州是隶属于大定府的散州，与县一样是最基层行政单位。

卿迫于朝廷的压力，把永泰、马元烈、刘标三个官员推出来，为铅厂亏空负责，永泰便觉得很“不公平”，完全接受不了。“凭什么大家都拿了钱，我就要革职查办，其他人就安然无恙？”于是，他抢先越级行文户部，明确把脏水往更高层级的官员身上泼。

刘标的想法和永泰完全相同，不同的是，刘标掌握的上司盘剥的信息更全、更细。就在永泰上告的同时，他也在整理材料，派人日夜兼程赶往北京上告户部。

刘标的禀帖，呈控威宁铅厂赔累及诸位上司勒索缘由，明确指出上司的勒索是亏空的主要原因。他是一个有心人，之前把诸位上司的需索、贪赃情况都暗地里记录了下来。如今，刘标把底簿作为附件一并呈上，里面详细记录了相关官员索钱要物的情况：

其中，现任巡抚良卿勒索铅厂代为购买朝珠、大玉瓶、马匹、毡货等，合计白银 2500 两；前任贵州巡抚、现任湖南巡抚方世儁索取朝珠、翡翠瓶，方巡抚的家人李四勒索白银 1500 两与方世儁的侄孙方四分赃，共计白银 6800 余两；署理布政使高积索要金如意、皮货、毡货，又强迫派买绸缎、玉瓶等，合计白银 3500 余两。此外，贵西道道台图默慎、贵阳知府韩极等，或派属员购买物件，滥令供应夫马饮食，或代上司转卖玉瓶，托买毡货皮货，巧立名目、损公肥私，合计白银 19000 多两。威宁铅厂就算拨款再多、销售再旺，也经不起这么多长官的肆意盘剥。

户部先后收到永泰、刘标的两份越级告状，不敢怠慢，随即奏报乾隆皇帝。乾隆对比前后两种说法，不由得怒从心中起。贵州爆出铅厂亏空大案，良卿虽然把责任推给了刘标等人，乾隆还是痛斥了良卿，认为他懈政失察。懈政失察，尚且是能力问题。永泰、刘标揭露出来的盘剥贪赃，可是整个贵州官场的腐败问题，更是道德败坏。乾隆翻看刘标呈报的底簿，认为可信度很高。良卿为了掩饰腐败，把刘标、永泰等人当作替罪羊，内心阴险狡诈，行为恶劣至极。

良卿和永泰、刘标等人上下互控，古今罕见。无独有偶，3年以后，相邻的云南省也发生了上下级官员相互控告对方的丑闻，那一次是因铜而起。铜在清代同样是重要的战略物资，主要产于云南，云南的铜产量最旺时占全国总产量的80%左右。乾隆三十七年，管理云南义都铜厂的宜良知县朱一深，同时向云贵总督、云南巡抚禀告自己亏空铜厂数万两白银，并且列出从乾隆三十二年开始一直到乾隆三十七年，上自总督、巡抚，下自长官家的少爷、幕僚对铜厂的敲诈勒索、吃拿卡要。云南官场腐败大案就此爆发，最终朱一深与督抚藩臬等长官同归于尽。朱一深当时伏案书写禀帖的心情，想必与3年前刘标书写揭帖的所思所想，有异曲同工之处。

二、突如其来的御状

乾隆皇帝正在为贵州铅厂的丑闻烦心，看到奏事太监又捧进来一个黄木匣，外护以黄绫袱。乾隆定睛一看，这是统兵进攻缅甸的兵部尚书阿桂从前线发来的报匣，连忙令太监捧到面前开启。清军在缅甸的战争，是当下的头等大事，耽误不得。

乾隆取出木匣里的第一份折子，仔细阅读起来。读了几句，他就眉头紧锁。看得出来，乾隆怒容满面。他强压着怒火，把折子看完，然后重重地掷在了案上。原来，乾隆看到的不是一道军报，而是一份状纸！贵州省普安州（今贵州省盘县）百姓吴国治与吴倎领衔，状告当地官府“派累、侵蚀”。这是怎么回事？老百姓告状，怎么就以军情快递直达了乾隆的案头？

事情还得从缅甸战争说起。战争爆发后，贵州是军队与物资输送的必经之地。贵州部分州县的官吏、差役就借口军需，向民间横征暴敛、强派劳役。朝廷考虑到了这种弊病，三令五申相关省份不得私派累民，但是那些贵州官吏并未丝毫收敛。乾隆皇帝又曾颁发赏银，奖励为缅甸战事付出辛劳的官吏与百姓。一些不法官吏竟然把皇帝的赏银也敢侵吞，一分一厘都没有到达百姓手中。普安州的吴国治、吴倎，就是控告本州差役许文衡等人私自派累百姓，贪污皇上恩赏银两的。

更为恶劣的是，吴国治等人在本地多次控告许文衡等“派累、侵蚀”，普安州和上级的南笼府衙门都不受理。吴国治就一直告到贵州巡抚衙门。巡抚良卿又出场了，他批示由贵阳府知府韩极主审吴国治一案，可同时又令普安州知州陈昶随同会审。这严重违反了回避原则。百姓状告普安州横征暴敛的案子，怎么能指定普安州的知州会审呢？

结果可想而知。贵阳知府韩极主审时基本是甩手掌柜，不闻不问，会审的陈昶反而掌握了主动权。陈昶先是找各种理由斥责原告，给吴国治等人掌嘴、打板子，来了好一顿下马威，接着又授意原告悔过撤诉。吴国治等人在威逼之下，知道案子不可能得到公正审理，不得不具结悔过，含着泪撤诉了。

事后，吴国治怨愤难平，想到了最后一条路：冒死告御状。但是，如果千里迢迢去北京告御状，不仅耗费巨大、时间漫长，而且沿途可能遭遇州府官吏的刁难拦截。有了之前屡次告状失败的惨重教训后，吴国治觉得正常的告御状办法行不通。吴国治曾经在云南腾越州军台充当号书，清楚军情快递不经地方官府传递，速度快而且安全。他就想到了把状纸混入军报，直送乾隆手上告御状的主意。巧了，同乡吴倎在贵州军营中有熟人，便冒险将原呈词夹入军台驰递报匣内。驿站系统把这份“紧急军报”以六百里加急的速度，约六昼夜就送达紫禁城。于是，便出现了乾隆皇帝龙颜大怒的一幕。

乾隆最担心的情况出现了。每一次战争，难免侵扰百姓，造成社会动荡。皇帝希望的，就是这种干扰能降到最低。因此，缅甸战争伊始，乾隆就担心军需会破坏贵州正常的秩序，告诫良卿要做好征用民间物资和劳役的登记工作，防止滥征。良卿回奏说具体事务都是乡保在执行，难以一一核实确载。乾隆大为不悦。后来颁赏官民，良卿却上奏说要先核实官民的付出再一一赏赐，乾隆当即愤怒了，申斥良卿之前说难以详细核实，如今却要先核实再恩赏，明显前后矛盾，办事推诿拖沓，给了良卿一个降级留任的处分。虽然在军需扰民问题上，乾隆和良卿有过不愉快的经历，但是良卿信誓旦旦地说贵州官府对百姓没有“丝毫侵扰”，乾隆还算是放心。

如今，贵州百姓的告状信就摆在案头，乾隆如何看待良卿的信誓旦旦呢？贵州官吏不仅横征暴敛，还压制百姓、粉饰太平。良卿之前的保证是“欺君罔上”，愈发不可饶恕。再考虑到之前威宁铅厂的巨额窟窿，良卿与永泰、刘标的互讼丑闻，贵州的情况已经相当糟糕了。乾隆不禁感叹：“黔省吏治，狼藉至此，实出情理之外。”

乾隆决定，贵州铅厂案的审查矛头，从刘标转移到良卿。十月十五日，乾隆下谕严斥良卿。他说：自办理军务以来，朝廷向相关各省发放帑银赏赉急公奉上的百姓。朝廷屡次申饬各省巡抚悉心洞察，务使百姓均沾实惠。贵州巡抚良卿一再回奏官员胥役没有丝毫侵扰之事，如今普安州百姓呈词控告，款证凿凿，证明良卿之前所奏，全系捏词欺饰，不可不彻底根究。“良卿之罪，实在于此。”永泰揭报高积违法之事，又涉及良卿。之前朝廷已经任命富察善为钦差大臣前往贵州查办，因为案情重大，现在加派湖广总督吴达善、刑部侍郎钱维诚前往贵州审讯，务令水落石出，以惩积弊。如果良卿、高积确实罪证确凿，吴达善可以一面奏闻，一面将二人革职拘禁。最后，乾隆提醒钦差大臣，防止良卿等人隐藏、转移财产，或自戕自残、逃避审讯。

当时，贵州布政使张逢尧正好进京陛见。朝廷对他准备另有任用。乾隆命令军机大臣向他询问贵州吏治并按察使高积贩卖水银之事。张逢尧原本以为这只是例行的任前召见，没想到突然受到讯问。他是个明哲保身的官僚，脑袋瓜子立刻飞快地转了起来。贵州的事情已经和自己没有关系了，可是皇上让军机大臣讯问，肯定是发现了什么问题。那么，皇上掌握了多少信息呢？张逢尧不清楚。他只好避重就轻地回答高积的问题。张逢尧说：“卑职几个月前即交卸印信，赴京觐见皇上，对贵州近况并不了解。只是今年夏天，卑职曾闻船户言及，他们曾经装过按察使高大人的水银。”

张逢尧的回答并没有让乾隆满意。相反，其中透露出来的油滑退缩和欲言又止，使得乾隆更加深信贵州吏治的肮脏不堪。于是，乾隆不等三位钦差大臣的回奏，在十月下旬至十二月初，连下数道谕旨，高调而严密地指示对贵州一系列案件的审理工作。

第一，审查高积。乾隆认为张逢尧的回奏可以肯定一点，那就是高积私卖水银。就这一件事，就罪无可贷，足够把他革职查办。命吴达善将高积任所资财严密查封，命两江总督查抄高积寄放苏州的财产，命闽浙总督严密查抄高积在福建原籍地的一应田房产业。

第二，复审良卿。良卿与高积同在省城，岂有署理布政使私卖水银而巡抚毫不知情的道理？良卿不揭发查奏，其中或有知情袒徇及希冀分肥之情，亦未可定。命吴达善将良卿因何隐匿不报，以及良卿、高积二人平日有无往来密交的情况，严审回奏。同时，命令查抄良卿任所财产。

第三，将湖南巡抚方世儁解任。方世儁，安徽桐城人。乾隆四年进士，授户部主事。二十九年，擢贵州巡抚。三十二年，任湖南巡抚。方世儁担任巡抚以来，乾隆认为他办事认真，平日为人谨慎稳重，对他的印象不错，想不到他勒索属员，公然索要金银，毫无顾忌，“实出情理之外”。传谕将方世儁解任，押往贵州质审，并严密查封其任所资财。

很快查明高积私自将库存水银运到苏州贩卖，得银6800两。良卿对高积贩卖水银、勒索属员等事，推托一无所知。可是，高积在按察司衙门交银领货，闹得满城喧腾，同城长官怎么可能毫无知晓？良卿显然是推托撒谎。随着良卿、高积、方世儁等人勒索强取的事实一一得到证实，乾隆毫不留情地下令将高积等人革职，并将方世儁家人李四及其侄孙方四等人押解贵州质讯，并查抄安徽桐城方家的家产。十二月初七，乾隆降旨，良卿与高积勾结，肆意侵渔，“督抚与藩臬，至于上下一气，串通结纳，任意营私，将何事不可为，此则甚有关系，不可不审明从重治罪，毋令稍有遁饰”。至于永泰、马元烈两人，直接管理刘标，岂有刘标馈送遍及上司，而单单漏了永泰、马元烈这两个直接上司的道理？最后，乾隆再次强调要“严究定案”。

乾隆皇帝对高官的贪腐案件，一贯痛心疾首，处置起来雷厉风行，痛下杀手。乾隆朝被处死的督抚层级的高官数以十计。但是，高官的贪腐案件层出不穷，行为恶劣，金额动辄数万，甚至上百万。这是一个值得深思的问题。

官员们贪腐的手段无非就是那么几种，贪污、挪用、监守自盗、敲诈勒索下级官员等。这些行为明摆着就是严重违法，随时可能败露，一查起来就会革职罢官，甚至斩首示众。那为什么官员们，包括那些阅历丰富、情商和智商都很高的总督、巡抚们，还要前赴后继，去犯这些低级幼稚的错误呢？

难道是官员们太穷了吗？事实上，能够在科举考试中胜出的人，家境都不会太穷。因为漫长的科举考试，要以相当的物质能力作为基础。而乾隆时期贪腐的督抚大员，几乎没有贫民家庭出身的，相反很多人原本就家产丰厚。比如，方世儁在原籍安徽桐城有祖传的田庄 6 座，随庄瓦土草房 175 间，每年收田租 2242 石。他不存在靠贪污养家糊口的问题。而且官员的俸禄、养廉银和其他灰色收入，足够让高官们维持比较体面的生活。

那么，官员们为什么还要贪腐呢？因为他们有来自正常生活、工作之外的巨大经济压力。

比如乾隆时期，官员频繁的进贡。原本端阳、万寿、元旦时，大臣们有向皇帝进贡贺礼的惯例。乾隆则规定上元、中秋等节日也要进贡，此外平常还有不定期的进贡。仅有制度可循的，乾隆时期的天下总督每年进“例贡”183 项、巡抚进“例贡”277 项，这还不包括制度之外的“非例之贡”。乾隆二十二年，云贵总督恒文低价向下属强买黄金，少付银两，打的旗号就是“办贡”。乾隆查办后，宣称各省贡品专送土特产，自己不会收黄玉重器。乾隆是在撒谎，紫禁城里大多数的自鸣钟、西洋镜和玉器、金佛，乃至名人字画，哪样不是高官大吏们进贡的？

乾隆还创立了“议罚银制度”，又称“自行议罪银”“议罚银”“罚银”等。中央和地方重要官员，特别是督抚高官，凡犯有“过误”，无论渎职、违例、侵贪、奏事错误等，或者根本无过但是乾隆认为有过的，均得自愿认缴银两“自行议罪”。金额少则扣发一年养廉银，多则数万两。闽浙总督陈辉祖因胞弟陈严祖在甘肃冒赈案中参与贪污，交议罪银3万两；浙江巡抚福崧在乾隆四十六年至五十年4年时间里，缴纳议罪银74000两。这样的金额远远超过了官员正常的收入。

乾隆时期还大规模推广“分赔”“摊赔”制度。凡是财政亏空难以填平，或者某事责任不清，便让所有相关官员，包括离任官员分担责任，出钱补足亏空。虽然乾隆意识到此举可能让廉者替贪者担责，但还是强力推广分赔制度，成为各级官员身上的另一道沉重负担。

乾隆的这些制度，本意是检验官员的忠诚，制约高官大吏，结果是让官员，尤其是地方督抚不堪重负。他们本能地把经济压力向下转移。闽浙总督伍拉纳承认：“我们并不自出己资买办物件，乃婪索多银自肥囊橐。”而浙江巡抚福崧到任后，马上吩咐盐运使柴桢“代办”贡品，计有玉器、朝珠、手卷、端砚、八音钟等件，一次进贡就花费白银38000余两，全部计在盐运司衙门的账上。

高官大员们面对巨大的经济压力，不得不花费大量时间和精力“经营创收”。贪污挪用公款有之，敲诈勒索下属有之，更多的人还把贪腐所得资财进行市场化经营。清朝禁止官员在任职地置办产业，官员们就纷纷易地置产，或者在原籍地盖房买田。他们还在经济发达地区经商，一般在苏州、扬州以及京师将银两借出生息或营运，开设当铺、首饰楼、绸缎铺、杂粮店、酱房铺等。案发后，朝廷查抄涉案官员资产的谕旨往往发往多个地区，就是官员在多地置产或经营的缘故。毫不夸张地说，置产经营以应对经济压力成了清朝中期以后官员的一项常规动作。督抚大员贪腐败露，固然罪该万死，但乾隆皇帝在此问题上也难辞其咎。他强力反腐，严办了诸多腐败官员，但许多做法却在客观上迫使高官们在贪腐道路上前赴后继。

三、铅厂亏损真相

钦差大臣吴达善等人抵达贵阳后，首要工作是理清威宁铅厂巨额亏空的主要原因：是厂员刘标贪污侵蚀造成的呢，还是巡抚良卿等人敲诈勒索导致的呢?

威宁铅厂由官府垄断经营，可是并没有建立统一的大工厂生产模式。官府并不直接涉足采矿与冶炼，这两个环节由个体老百姓完成。从事铅的生产的老百姓，需要登记在册，称之为“炉户”。铅厂通过向一个个炉户收购成品铅，再统一把铅运送到相关部门或地区。因为个体炉户资本微薄，难以独立承担风险，常常不能按时、保量供应铅料，导致铅厂的运行面临困难。而朝廷每年给铅厂规定的供应任务是固定的，为此下拨了采购专款。厂员就从采购款中挪用银两，预先向炉户发放购铅款，称为“工本”。这本质上是一种官府和炉户之间的“预购”行为。炉户用预付款采矿、冶铅，再以官方规定的价格卖给矿厂。矿厂扣除预付款和税银后，如果有剩余，再向炉户支付货款。以上这种折中的“土政策”，在西南各地的矿产地普遍存在，名为“放本收铅”。如果是铜矿，就是“放本收铜”，依此类推。

放本收铅并非法定政策，一旦出事是不受朝廷律例保护的。从理论上分析，这个政策本身存在巨大的风险。预付的工本，炉户并没有任何抵押。如果遇到老天爷大灾大难，炉户生老病死，或者当年产量不足，甚至出现炉户逃亡等情况，官府的工本就血本无归了。铅厂的账目就出现了亏空。这种亏空称为“炉欠”。威宁铅厂的亏空，开始就源于炉欠。

贵州威宁州不但是清代最重要的铅产地，还出产铜。乾隆二十年，朝廷议定威宁每年办铜 52 万斤。所以，威宁知州刘标除了供应铅，还要负责办铜，也向炉户采取“放本收铜”的土办法。从乾隆二十五年至乾隆三十三年间，知州刘标挪用工本，向炉户发放预付。无奈乾隆二十八年威宁发大水，淹没矿硐，铜厂生产不继，产量稀少，由此造成的炉欠多达七八万两。日积月累，铅厂、铜厂两边都有炉欠，刘标只能拆东墙补西墙，勉强维持。

刘标也曾努力为铅厂的生产经营四处奔走，但是未能从根本上扭转形势。这个时候，他个人品性的肮脏和不堪就暴露了出来。刘标看到铅厂经营不善，亏空导致账目日益混乱，竟然动起了浑水摸鱼的歪主意。他想，反正土政策奉行多年，亏空不止一日，一直没有清查准确过。真实的账目，谁也不知道。刘标开始挪用铅厂银两私用，后来慢慢发展到中饱私囊，肆无忌惮。

刘标始终心存侥幸。这个侥幸，还不是混乱的账目，而是诸多上司的敲诈勒索。他所主管的威宁铅厂之所以心甘情愿地被历任上司需索逼要，就是要把更多的人牵涉到铅厂亏空中来，把更多的人塑造成自己的同案犯。上司们从铅厂拿走的每一样东西、每一笔银子，刘标都记录在册。不知情者以为威宁铅厂是贵州官员的提款机，殊不知它是贵州官场腐败的发动机、浑浊吏治的搅拌机。牵涉进来的官员越多，刘标感觉自己就越安全。要不是最终乾隆皇帝严饬查办，铅厂的糊涂账也许就稀里糊涂地拖延下去了。

当刘标得知巡抚良卿参奏自己巨额亏空，他知道“最后的战斗”打响了。刘标把脏水拼命往历任上司那里引。不管是真的还是假的，只要多交待一笔金额、多咬出一名官员，刘标感觉自己的罪行就能减轻一分。

比如，刘标供认为了申请重开一度遭到封禁的铜矿矿厂，曾向前任巡抚方世儁奉送 1500 两银子，经手人是方巡抚的家人李四。李四被缉拿到贵阳后，供认刘标曾送 1000 两银子给方世儁，他本人只得到 40 两银子从中说合。但是刘标坚称送了 1500 两银子，并且表示其中的 500 两银子很可能为李四独吞或与方巡抚的侄孙方四分肥。对此，李四坚称只收到 1000 两银子，方四并不知情。一直等到十二月十二日，方世儁被押解到贵阳受审，对刘标送给他朝珠、玉瓶等物品一一供认不讳，唯独对刘标赠送白银一事，只承认 1000 两的金额。办案人员安排方世儁与刘标当面对质，刘标这才承认是为了推卸责任、捏造虚词。从这件小事，外人可见刘标的人品之低劣，以及浑水摸鱼的做派。

经过五个多月的调查和审讯，钦差大臣吴达善、钱维诚、富察善三人，才把威宁铅厂案及其相关贪腐案件查办清楚。三人于乾隆三十五年正月十九日上奏了案情和处理意见：

贵州巡抚良卿在任期间营私肥己，荒废政务。良卿明知刘标亏空巨大，却不及早参劾，直到事情难以掩盖，才上奏揭发，显然是为了弃卒保车。良卿对刘标私自出借得的10800余两官银不予追究，还将已追回的6700余两银子批示留抵，私填公项，不列入查封款内，属于知情故纵。另有，安州民吴国治控告差役派累侵赏，遭知州陈昶斥责，百姓上告到省里，良卿批示由陈昶会审，明显是强压民间诉讼。此外，良卿还有长支养廉银1790余两等问题。按律良卿应判斩监候，但其“受恩深重，敢于匿情欺罔”，实属欺君，请旨即行正法。

威宁州知州刘标亏空帑银29万余两。他自知行将败露，在案发之前三四个月，即派侄子、侄婿等携带行装十七八驮，从四川绕道回直隶原籍，嘱托亲属隐匿寄顿财产，以致官府后来只在直隶大城县查抄田房地亩，仅值400余两银子。后来经过多次追查，也不过查出刘标财产二三万两，加上其揭发的上司勒索之银也仅有20000两，其余的20多万两赃银下落不明。这笔巨款哪里去了呢？钦差大臣的结论是“显系密藏”，也就是被刘标隐藏转移了。刘标行贿、亏空都数额巨大，情节严重，奏请即行正法。

贵州按察使高积收受属员贿银，私将藩库水银及从厂收买水银共26200斤运往苏州发卖；贵州布政使张逢尧虽然没有勒派需索问题，但徇情透支巡抚良卿养廉银，自己也预支养廉银930两，且对刘标的亏空没有及早参奏，有失整饬通省属员之责。

前任贵州巡抚方世儁收受属员贿赂，其中白银1000两已为其家人方四供认不讳。方世儁贪赃枉法，请旨即行正法。家人李四绞监候，秋后处决；方四未拿赃银，无罪释放。

乾隆三十五年二月初二日，乾隆下旨终结此案。他对良卿深恶痛绝，认为“良卿与高积受贿交通，听任高积贩卖水银，并任幕友往来无忌，已属败检不法”；在刘标亏空数目达到 20 多万两的问题上，良卿明知故纵，知道事情即将败露，才参奏塞责，“徇纵劣员，毫无顾忌，致通省效尤，罔知检束，吏治官方，不可复问”。而普安州百姓吴国治状告官吏科派一案，良卿既不查办，又令被控的知州参加会审，敷衍了局，“是其心存消弭，尽丧天良，公行欺罔，并不止于法婪赃，封疆大吏败裂至此，天理国法尚可复容乎！”

于是，乾隆时期被斩首的封疆大吏中又多了一个人。良卿在省城贵阳，由钦差大臣监视正法。在省城的贵州官员都来观斩，上了生动的一堂廉政课。良卿的儿子富多、富永，销去旗籍，发往伊犁，赏给厄鲁特人为奴。

前任巡抚方世儁失察、受贿，罪无可逭，但其没有良卿那样的欺君长奸行为，乾隆开恩判处绞监候，秋后处决。方世儁被押赴北京，在当年的“秋审”中归入“情实”[1]，押往菜市口处决了。

贵州布政使张逢尧，吏部的处理意见是“降三级调用”。乾隆则认为张逢尧“斤斤自守”，不问同僚贪腐，也不监察下属，致使贵州省吏治狼藉，“国家于此等颓废职守之藩司，将安所用之”？张逢尧革职，发往军台效力赎罪。其经手给良卿的预支养廉银及本人超支的养廉银共 1920 余两，按十倍赔缴，以示惩戒。

贵州按察使高积勒索财物、盗卖水银、贪赃枉法，判处绞监候，不准减等，秋后处决。贵州粮驿道永泰照良卿例，斩监候，秋后处决。贵西道图默慎勒索财物，杖一百，流放三千里。贵阳知府韩极杖一百，另处徒刑三年，定地发配。大定知府马元烈革职，分赔刘标遗留的亏空。

铅厂的亏空，有 20 多万两的窟窿无法填平。钦差大臣、湖广总督吴达善奏请将良卿、方世儁、高积、永泰等人的家产抵补亏空，不足部分再由历任

① 秋审：每年秋季，清朝对死刑缓决案件进行复核，分为“情实”“缓决”“可矜”“可疑”“留养承祀”五类进行处理。情实类执行死刑，后四类或再押候办，或减为流刑、徒刑，或驳回再审等。

上司分赔。这本是惯常的做法，不料乾隆大发雷霆，下谕斥责吴达善："刘标亏空官帑至29万余两之多，良卿等人欺谩长奸、扶同舞弊，所以将他们全都从重治罪。查抄家产良卿等人的家产，是因为他们枉法欺公，不是要代刘标填补亏空。吴达善的提议，明显是要减少历任上司理应分赔的数额，一味取悦沽名，殊为谬误。著将此折掷还，交吴达善等另行改议具奏。"因此，良卿等人的家产额外查抄归公，不算入铅厂亏空的弥补金额。乾隆谕令将刘标父子严加刑审，务必找出隐藏家产的下落。如果查找不到，那么，历任贵州相关职位的官员，就要分赔20多万的巨额亏空了。无疑，这是一笔巨大的经济压力。

乾隆意犹未尽，在二月十三日又下谕，列举此案告诫地方官员，并申饬言官闭口不劾。这道谕旨可以作为此案的结束语："朕临御以来，整饬官方，谆谆训诫，于诸臣功罪，无不秉公核定，若其犯出有心，孽由自作，一经败露，亦未尝不执法示惩……为督抚大吏者，苟有人心，亦当洗心涤虑，畏国宪而保身家，何意尚有冥顽不灵、天良尽丧如良卿等者……科道为朝廷耳目之官，于大吏等有簠不饬、蠹国剥民之事，皆当随时举劾，知无不言，何此案未经发觉以前，并未有一人劾奏其事者？言官职司纠察，若惟知摭拾细故，而置此等侵亏败检大案于不问，则国家亦安用此委蛇缄默之言官为耶？"

乾隆希望通过唤起官员群体的天良，强化言官的监察作用，来防止类似铅厂亏空大案的发生。事实上，铅厂亏空案的根源，一是落后的铅厂经营管理体制，二是乾隆时期额外施加给官员的巨大压力。乾隆对威宁铅厂案的处置，并没有改变这两大根源，也就不可能从根本上杜绝类似案件的复发。讽刺的是，第二年（乾隆三十六年），威宁铅厂又爆出了亏空大案。经查，威宁铅厂历年旧欠白铅116万余斤，厂员张祥发新欠白铅340090余斤；署威宁州知州高伟不足额发放工本银，"逐季通融办理"；原任厂员王葆元有历年未完秋粮及采买荍折等米5100石零等……乾隆大为感叹："此事大奇，实出情理之外。"他以为去年刘标亏空一案，已经彻底查明各种问题，"何以尚有旧欠？"

况且，王葆元正是查办刘标亏空的官员，怎么也重蹈覆辙？乾隆盛怒之下，将张祥发、王葆元、高伟全部革职查办。革职容易，从根子上杜绝问题难。乾隆当局者迷，找不到杜绝亏空的根本办法，只能从严从重处置一波又一波的贪腐案件了。

04

陈辉祖案

总督与消失的贡品

一、消失的贡品

接下来，我们来看一桩因为偶然事件暴露出来的贪腐大案。而这个偶然事件，和乾隆皇帝的艺术爱好有关。乾隆是一位“艺术发烧友”，据说他是中国历史上创作诗歌最多的诗人，共计创作 4 万余首古诗。在书画创作上，乾隆并没有留下多少书画作品，但却是一位活跃的书画鉴赏家。紫禁城收藏的诸多书画作品，都留下了乾隆鉴赏的印迹和题词。乾隆皇帝对书画鉴赏爱到什么程度呢？他连查抄大臣家产中的书画作品都要过目。

乾隆四十七年（1782 年）夏日的一天，紫禁城迎来了一份内务府开具、呈送给乾隆皇帝御览的清单，记录的是查抄前浙江巡抚王亶望的家资。乾隆皇帝对着清单里的书画作品，认真研究起来。看着看着，乾隆皱起了眉头。王亶望出身于官宦家庭，久历封疆，应该属于既有文化积淀又有经济实力的书画收藏家。而且，乾隆知道王亶望平日里对收藏古玩字画颇为上心，家里不乏有传世精品，往年节庆时日，王亶望都有字画进贡给乾隆。可是，乾隆发现进呈的王亶望查抄资产都很平常，并没有太多的珍宝。更让他起疑心的是，清单里的书画作品质量稀疏平常。精品去哪儿了呢？

乾隆皇帝记得，王亶望之前进献的贡品中就有不少书画作品。对于贡品的态度，乾隆很纠结。一方面，他很中意许多贡品；可另一方面，他不能给臣民贪恋财富、玩物丧志的印象，而要营造勤政清廉的光辉形象，所以乾隆不仅申斥臣属超常规格、频繁的进贡，而且退还其中的珍品、精品。贡品退还的比例相当高，惯例一般是敬九退三。乾隆皇帝虽然很想要王亶望进贡的字画，还是把许多字画退还给了王家。那些退还的字画，乾隆皇帝心中大致有数，其中让他念念不忘的是宋代大书法家米芾的一块米帖石刻。那种忍痛割爱的感觉，让乾隆非常难受。

如今，进呈的查抄家产当中，不仅乏善可陈，而且乾隆皇帝记忆中退还的字画无一在列。其中就包括米帖石刻。乾隆认真复查了书画清单，确实没有他记得的字画，也没有那块米帖石刻。那么，这些精品都去哪儿了呢?

会不会是王亶望把字画精品出售了？王亶望之前官运亨通，又在甘肃冒赈案中侵吞了数以十万计的白银，王家属于处于权势上升期的家族，只会到处收购字画，怎么会出卖自家的艺术收藏品呢？那么就只有一种可能了：有人对王亶望抄家的字画动了手脚。也就是说，有人偷走了从王家抄出来的米帖石刻。有人可能怀疑，米帖石刻都是皇帝退还的贡品了，还有人胆大妄为到据为己有吗?

这得从进贡制度说起。秦汉以降，进贡成为中央与藩属国、地方，君主与诸侯、臣下关系的体现与纽带。进贡主要有三种形式：一是朝贡，发生在中国与周边藩属国之间；二是地方向朝廷进贡。这两种都属于官府行为。看过贡品清单的人很多，而且贡品往往在大庭广众展示。第三种形式是个人向皇帝的进贡，属于私人行为。臣工向皇帝进献书画就属于第三种形式。私人进贡的贡品不会出现在大庭广众中。它类似于奏折，原则上只有进贡者和皇帝两个人知道，在实践中可能还有内务府经手的官吏和皇帝亲近的军机大臣等极少数人见过。知道乾隆皇帝把米帖石刻退还给王亶望这件事，除了两个当事人，只有屈指可数的内务府经手人和当时在场的几位中枢重臣。其他人都不知道这事。所以，完全有可能是贪财的官吏，以身试法，监守自盗，偷走了米帖石刻。

如果王亶望家抄出的字画不见了精品，那么其他财物是否存在短缺呢？乾隆皇帝的心里打了一个大大的问号。他先隐忍不发。当年七月，浙江盐道陈淮升任安徽按察使，在热河行宫接受了乾隆皇帝的面询。乾隆皇帝询问了正常的工作之余，突然问起了前任浙江巡抚王亶望的家产情况。陈淮闪烁其词，推说查抄王家的时候自己已经赴京，并不清楚查抄情况。此后，浙江按察使李封升任湖南布政使，和新任浙江按察使王杲一起到热河行在[1]请训[2]。乾隆皇帝又问起了王亶望家产问题，两个人都回答说，未曾经办此事，不知具体详情。表面上看，陈淮等三个人的回答并没有硬伤。但三人众口一词，齐刷刷地和王亶望抄家一事划清界限，反而让乾隆更加怀疑其中的问题。皇帝决定启动调查工作。一桩贪腐大案就此拉开了序幕！

在案子的开始，乾隆皇帝仅仅是怀疑，并没有真凭实据，甚至连嫌疑人都没有。调查只能秘密进行。他怀疑浙江的官员黑了王亶望的家产，可又不能不委托浙江官员暗中调查。好在，时任浙江布政使兼杭州织造盛住出身内务府包衣，是皇帝的身边人，是乾隆可以信赖的官员。于是，乾隆皇帝给盛住写了一道密旨，指示他秘密查访王亶望家产底细。八月初一，盛住接到密旨，不敢怠慢，立刻启动了调查。

布政使掌握一省的藩库。而王亶望抄家后，家产就暂存在浙江藩库。盛住从浙江藩库查到了查抄王亶望家产的原始资料，将王亶望抄家的原始底册和解送到内务府官库的册页经过对比核查，赫然发现物品严重不符。很显然，果然有人在其中抽换挪移，存在不法情形。八月二十八日，盛住回奏乾隆，指出在现场实际负责查抄王亶望寓所的是道台王站住。此人在查抄王亶望寓所时，负责登记造册。王站住抄出的原始底册记录有金叶、金条、金锭等4748两，送给内务府物品中并没有这些黄金，反而多了白银73594两。有人按照15.5∶1的比例，用白银替换了黄金。同时，盛住查到原始底册中有一批玉山子、玉瓶等珍宝器玩，进呈册中也没有，反而多了朝珠、玉器等寻常之物。皇帝的怀疑得到了证实，不仅是查抄的字画缺斤短两，整个查抄过程都存在调换侵贪的问题。到底是谁这么大胆，敢趁火打劫、火中取栗？

① 行在：皇帝离开皇宫之后的临时住跸地。

② 请训：清代官员升任高级职位或关键职位，赴任前要循例向皇帝请求训示。一些高级官员调整职位后也需请训。此举类似于后世的任前谈话。

盛住的调查把嫌疑指向去年具体负责查抄王亶望家产的官员王站住。王站住时任浙江道台，查抄后将王家家产登记造册、送往了浙江藩库。事后，王站住升任河南布政使，如今正在办理黄河河工。

接到调查结果后，乾隆皇帝完全没有怀疑得到验证的喜悦，有的是震惊、震惊，还是震惊。因为查到了明确的问题，乾隆可以进行公开调查了。首先，他在九月初以六百里加急传谕闽浙总督兼浙江巡抚陈辉祖，命令他和盛住查办此案。乾隆在谕旨中说，王亶望家是去年查抄的，财物当时就应该押送来京，可是迟到今年夏天才押解到京城。拖延这么久，事情就很可疑。乾隆认为闽浙总督陈辉祖“世受深恩，且系封疆大吏”，自己断不会怀疑他有抽换财富的事情。他觉得最大的可能是陈辉祖一时查察不到，或有人偷换印封、捏改册档，偷换了大批珍宝，所以不可不严查根究，务必查个水落石出。

同时，乾隆派出户部右侍郎福长安作为钦差大臣，前往河南押解王站住到浙江接受审讯。几天后，乾隆又以六百里加急传谕正在河南督办河工的大学士阿桂，令其会同福长安迅速审查实情。于是，九月十三日河南的黄河工地就出现了下面的一幕：

当天，阿桂、福长安以督察黄河河务工地的名义前来视察。河南布政使王站住得到消息，率领工地官员谒见钦差大臣，恭请圣安。一群人站定，阿桂突然大喝一声：“奉旨，将王站住拿下！”兵丁立刻上前将王站住扭住扣押。王站住不解地问道：“为什么拿我？”福长安质问他：“去年查抄罪臣王亶望家产，偷换侵吞财物，欺君罔上。你还有什么话说？”

王站住矢口否认侵吞财物。他交代，去年查抄王亶望家产时，手续严密、分工明确，布政使国栋、按察使李封和他一起，率领衢州知府王士浣、金华知府张思振、署理严州知府高模详加清查。自闰五月二十日查起，至六月初九日查毕，登记后由布政司书办和粮道书办分抄一式三份底册，分别送交闽浙总督衙门、布政司衙门、粮道衙门。所有查抄金银器物均逐件登记、归箱、编号后，加贴布政司封条，大门铁锁的钥匙由仁和县知县杨先仪、钱塘县知县张翥收管。王站住本人在五月已经升任河南布政使，所以在六月初九查抄完毕后，在六月十三日动身进京觐见，以后的事情无从知晓。

福长安质问王站住："既然整个过程如你所交代的那样合理合规，那为什么查抄底册和进呈御览的清单不符呢？"

王站住解释说，底册登记是经过众多官员验点后进行登记的。他本人不可能在众目睽睽之下偷换财物。不过，王站住提供了一个新情况：闽浙总督陈辉祖曾调看过查抄物品，当时有佐杂官员将贴有布政司封条的物件送入总督衙门，陈辉祖拆封查阅后，贴上总督封条交给佐杂官员带回，由严州府知府高模查收。

阿桂、福长安一面将王站住的供词，快马奏报乾隆皇帝，一面遵照谕旨，押解王站住前往浙江，进行深入的调查。乾隆收到奏报后，觉得王站住的嫌疑基本可以排除。那么，种种疑问指向了一个更大的嫌疑人：闽浙总督兼浙江巡抚陈辉祖。陈辉祖会是那个偷换米帖石刻的人吗？

陈辉祖是当时帝国最显赫的封疆大吏之一。乾隆皇帝始终器重他。陈辉祖历任广西、湖北、河南各省巡抚与河道总督、两江总督，乾隆四十六年，也就是去年刚刚调任闽浙总督。陈辉祖在闽浙总督的任上，发生了两件事情，让乾隆对他的印象开始打了折扣。第一件事情是陈辉祖的弟弟陈严祖，担任甘肃环县知县，参与甘肃冒赈案，涉案数千两白银。乾隆认为陈辉祖治家不严，下诏质问。陈辉祖不敢回复，遭到了乾隆的言辞申斥。乾隆认为他对弟弟的贪赃行为不可能不知情，担心伤害弟弟而隐匿不报。陈辉祖不得不自请处分，乾隆皇帝给了他一个降级留任的处分。虽然是处分，乾隆皇帝对陈辉祖这个人还是肯定的。他发布的上谕称"陈辉祖尚属能事，着加恩免治其罪"，降为三品顶戴，并永远停发俸禄和养廉银。

第二件事情是陈辉祖在处理王亶望问题上，效率低下，遭致了乾隆的不满。乾隆四十六年七月，乾隆命令浙江省查抄王亶望家产，一直拖延到十二月军机处多次发文催办，陈辉祖才下令将查抄的王亶望家产置办齐整，一共装了 560 箱，于当年十二月二十日起程，陆续解送京城，一直拖到第二年夏天才全部纳入内务府官库。王亶望案涉案金额超过千万，是百年不遇的大案，乾隆皇帝高度重视、亲自过问，陈辉祖在此事上效率确实不高，难免让皇帝不高兴。

陈辉祖虽然近年来有让乾隆皇帝不满的地方，但乾隆不太相信他会偷换罪臣家产。他为什么要这么做呢？陈辉祖受乾隆栽培几十年，显赫一方，不至于做出监守自盗、见利忘义的事情来吧？可是，就在乾隆自己还在犯嘀咕的时候，陈辉祖主动上奏“坦白”了犯罪，又一次震惊了乾隆皇帝。

九月十五日，陈辉祖上奏承认自己将王亶望家产以银换金。他的奏折是这么说的：

抄家前，王亶望交给前任仁和县知县杨先仪黄金 2774 两，以 1∶15.5 的比例兑换白银，缴纳自己的罚银。案发后，杨先仪扬言取回这笔黄金，上缴了布政司仓库。布政使国栋和陈辉祖商量如何处置，并说到王家查抄后还有金叶、金锭 1978 两，金色低潮，担心在解送京城后难以使用，不如按照之前的比例兑换白银。陈辉祖承认自己一时愚昧，对于杨先仪上缴的黄金是不是就是王亶望原来的金子，就没有查证，加上这批黄金的成色确实不好，不如换成白银比较实际和稳妥，就同意了。于是，从王亶望家查抄的这批金子都由布政司仓库发出，由国栋、杨先仪以及钱塘知县张翥经手兑换成白银。陈辉祖说自己在王亶望一案中不能实力实心，无地自容，自请照数赔银，并自请交部治罪，“以为办事不实者戒”。

二、为什么是陈辉祖？

陈辉祖遮遮掩掩地承认了自己的偷换行为，着实震惊了乾隆。

乾隆皇帝起初完全没有怀疑陈辉祖，还一度授权陈辉祖会同浙江布政使盛住共同调查王亶望抄没家产不符的原因。想不到，幕后黑手竟然是陈辉祖本人！对于陈辉祖这种遮遮掩掩、欲盖弥彰的行为，乾隆皇帝不仅非常震惊，而且出离了愤怒！他在奏折上批道“何用汝言”，又批了两个大字：“迟了！”

“迟了”两个字透露了乾隆对陈辉祖深深的失望。要知道，陈辉祖是乾隆皇帝重点栽培、寄予厚望的高官，之前在仕途上高歌猛进，堪称官场的模范。

首先，陈辉祖是内阁大学士、军机大臣、两广总督陈大受的长子，出身官宦家庭。朝廷对高官显贵子弟提供了荫生入仕的便利。乾隆二十年，陈辉祖就以荫生身份出任了户部员外郎，起点就高于绝大多数的官员。之后，陈辉祖历任户部郎中、军机处行走，外放陈州知府、安徽布政使，乾隆三十四年升任广西巡抚，跻身封疆大吏行列。陈辉祖只用了 14 年间就从平民跃升为封疆大吏，创造了文官晋升的奇迹。这个奇迹的背后，是乾隆皇帝的破格提拔、格外器重，还有殷切的期望。

在清朝中期，陈辉祖不是一个特例。官宦家庭的子弟，升迁的速度普遍快于普通家庭的子弟。为了比较普通家庭子弟和官宦家庭子弟的升迁快慢，我们可以查阅《清史稿》《清史列传》中乾隆年间封疆大吏的履历。我们选取其中有进士出身、履历有明确年份的 13 名高官，统计他们从考中进士到出任巡抚一级实职的时间：王士俊 11 年、刘统勋 14 年、杨锡绂 14 年、尹会 14 年、陈宏谋 19 年、戴衢亨 20 年、徐嗣曾 22 年、毕沅 23 年、浦霖 24 年、方世俊 25 年、田凤仪 26 年、陈步瀛 28 年、闵鹗元 31 年。他们 13 人升迁到封疆大吏的平均年限是 21 年。需要注意的是，能够升迁到巡抚、侍郎的官员都是文官集团的精英分子，是超强的个人素养和种种机缘巧合综合作用的结果。绝大多数的进士，终其一生都辗转在知县、知府这个层级上，能够升迁为道台、按察使、布政使的都是少数。

那么，官宦子弟的升迁速度如何呢？查阅史料，我们发现官宦子弟的履历往往缺乏清晰的履历和明确的年份。我没有查到乾隆年间出身官宦世家的封疆大吏的确切升迁速度。我们可以拿雍正—乾隆年间的尹继善作为参照。尹继善出身满族官宦家庭，从踏入仕途到升迁为江苏巡抚只用了 6 年时间，当时年仅 32 岁，江南人称“小尹巡抚”。破格任用之快，令人咂舌。

为什么官宦子弟缺乏清晰明确的履历资料呢？大致有两个原因：第一，皇帝对官宦子弟往往破格提拔、超常任用，造成履历过于简略；第二，朝廷对官宦子弟有“荫子”制度，官宦子弟可以凭借父辈、祖辈的品级或功绩直接当官。这是朝廷对官宦家庭的照顾。其中汉族官员担任四品官，就能给子孙获得监生资格，从三品及以上可直接授予子孙官职。正一品汉族官员的子孙，京官授予部院员外郎、地方官授予同知的实职。陈辉祖就是凭借父亲的一品官职，直接出任户部员外郎的。乾隆年间三位著名大臣：李侍尧、阿桂、和珅，都是凭借荫子制度直接入仕的。其中，李侍尧在乾隆初年出任印务章京，阿桂在乾隆元年授大理寺丞，和珅则是在乾隆三十七年出任正五品的三等侍卫。他们三位仕途的起点，是无数贫寒书生一辈子奋斗所追求的终点。

虽然无法统计官宦子弟升迁的确切年限，但从和珅等人的经历倒推，他们升迁到封疆大吏的年限平均在十年出头，比普通家庭子弟快了差不多 10 年。可别小看了 10 年，按照“三年准调，五年准升”的人事制度，这十年相当于两三个任期。更何况，官宦子弟二十几岁蒙荫入仕之时，正好是奋发有为、锐意进取的好时光，贫寒子弟尚在为了一纸功名，埋首苦读。李侍尧等三人都没有进士功名，而之前提及的 13 位普通家庭子弟都有进士功名，其中毕沅、戴衢亨都是状元及第。道光年间的大臣陈继昌，是中国历史上最后一位“连中三元”的状元公，他从入仕到出任主政一方的江苏巡抚，花费了 25 年时间。

为什么官宦家庭子弟升迁得快呢？或者说，皇帝为什么重用官宦子弟呢？其中的原因很复杂。比如，家庭背景会对子弟产生潜移默化的影响，官宦家庭的政治阅历、政坛人脉和行政经验，多多少少会转化为子弟的眼界、格局和心态。官宦子弟的政治素养普遍比贫寒子弟要高。这也是客观事实。又比如，皇帝任用官宦子弟，是对高官显贵的笼络手段。清朝皇帝接见高官，常常会问家里有几个儿子、在何处当差？这既是对高官显贵的恩宠，也是把官宦家族更紧密地绑定在皇权上。几代人的前途和地位都拜皇帝所赐，就越来越难以与皇权切割干净了。再比如，皇帝对官宦家族上一辈人的良好印象，会不自觉地转移到下一辈人身上。有其父必有其子，客观上也是有道理的。各种原因相互叠加、综合作用，造成了官宦子弟仕进如有神助，升迁明显快于普通子弟。

雍正元年，皇帝引见新科进士，雍正皇帝对其中一名进士尹继善的才识风彩赞不绝口，说："你就是尹泰的儿子吧？果然大器！"尹泰曾任国子监祭酒，是雍正皇帝熟悉的大臣。乾隆时期，乾隆皇帝要任命李侍尧为满洲副都统。吏部认为这违反祖制，因为李侍尧出身汉军八旗，而满洲副都统一直由满洲八旗担任，反对这项任命。乾隆皇帝说："李永芳的玄孙，怎能与其他汉军相提并论？"李永芳是第一个率领部队、成建制投降满族人的明朝将领，而李侍尧是他的玄孙。祖辈留给皇家的良好印象，对玄孙都还管用。官宦子弟有了较高起点后，皇帝使用起来又不拘资格，一旦有空缺或者有机会时，迁擢奖扬纷至沓来。表现出来就是官宦子弟青云直上，一骑绝尘。

我们回到案子的主人公陈辉祖。陈辉祖在乾隆年间平步青云，很重要的原因就是父亲陈大受的影响。陈大受给乾隆皇帝留下了极好的印象。朝廷对于作为后备干部的翰林，定期考试优劣。乾隆登基的第一年，亲自考试翰林，第一名就是陈大受。翰林本来就是高官后备人选，陈大受又是刚刚当皇帝、心气正高的乾隆主持考拔的第一名人才。于是，陈大受仿佛坐上了直升飞机，从翰林编修擢升侍读，历任兵部、户部、吏部尚书，13 年后就升任协办大学士、军机大臣，加太子太保、太子太傅，很快又外放直隶总督、两广总督。陈大受也没有辜负乾隆的期待与重用，任劳任怨，乾隆十六年积劳成疾，死在了两广总督的任上。而且，陈大受品德高尚，位极人臣之后还保持贫寒时期的生活作风，清廉自守。《清史稿》说陈大受"清节推海内"，他是朝野公认的清官、好官。乾隆皇帝给他定谥号为"文肃"。爱屋及乌，乾隆很自然把对陈大受的信任和器重转移到了陈辉祖身上。陈辉祖外放后，平均两三年就调整一次职务，虽然谈不上特别突出的政绩，可也没有差池。乾隆认为他"能事"，多少继承了乃父遗风。当他知道陈辉祖涉嫌偷换抄家财物，震惊之余，只有深深的失望！

乾隆决定公开、彻底地调查清楚王亶望家产不符事件。九月十六日，乾隆皇帝下谕："王亶望平日收藏古玩字画最为留心。他从前进贡的物品，比其他人的更好。但是，去年查抄的王亶望家产，有很多不堪入目的劣品……从前查抄高朴的家产中，有王亶望所刻米帖墨拓一种，内廷诸臣都见过。这种墨拓肯定有石刻存留，或在王亶望的任所，或在他的原籍，但是解送到京的家产中并没有米帖石刻。其中的私行藏匿显而易见。传谕阿桂等人查明此案，仔细调查追究。米帖石刻现在藏在何处，务必查得下落！"同时，乾隆下令将陈辉祖革职拿问，并抄没家产。

之前，乾隆皇帝刚起疑心的时候，询问过从浙江外调的三名官员陈淮、李封、王杲。他们三人都对案情讳莫如深，推脱不知。如今案情有重大进展，乾隆传谕，再给他们一次机会，命令他们据实奏报，如果知情不报，要严惩不贷。三人感到惊恐不安，纷纷把握机会，主动交代问题。陈淮交代，仁和知县杨先仪和钱塘知县张翥、知府王士浣曾经以银换金，据称兑换后留作浙江海塘工程使用。李封交代，陈辉祖曾经以孙女置办嫁妆的名义，向张翥兑换过50两金子，并且还要为内务府置办上等的朝珠。王杲则解释说，查抄王亶望家产的时候，自己任职温处道道台，人在温州，确实对查抄详情一无所知。

从三人的交代来看，王亶望家产一案，果然不止以银换金这么简单。而且也不止陈辉祖一个人贪腐。案子不查则已，一查就是大案窝案，多么残酷的事实！乾隆下令以"欺饰徇隐"之罪将陈淮、李封革职，发配河南黄河工地效力。涉案的相关官员，嘉兴知府杨仁誉、衢州知府王士浣、已经调任安徽宁国知府的高模等一并解任，接受调查。由杭州将军暂时署理闽浙总督，对案犯进行严审。

在皇帝的雷霆盛怒之下，浙江方面很快调查清楚案情。盛住对比查抄的底册和呈送内务府的进呈册，发现底册中载明的物品在内务府进呈册中没有载入的有100宗，底册中没有载明的物品而内务府进呈册中列名的有89宗，两册中名实不符的物品有 2 宗。看来，腐败分子没有来得及更改原始底册。这有两个原因，第一是腐败分子根本没有想到会案发，会有人来调阅原始底册；第二个原因可能是腐败分子不止一个人，涉案的任何一个人都不知道其他人偷换贪污了什么物品，没有办法更改原始底册。从案情发展来看，第二个原因更接近真相。这就是一个窝案。

乾隆皇帝对大案窝案一贯秉承从严、从重、从快处理的原则。十月初，乾隆下旨将王士浣、杨仁誉、杨先仪、张翥等涉案官员一律革职拿问，并查抄家产，严查是否有隐匿抽换财产。因为陈辉祖诡辩中牵涉出布政使国栋，说以银换金是他们两个人商量的。国栋已经调任安徽布政使，也被革职，交安徽巡抚就近审讯。国栋很快交代，陈辉祖说查抄王亶望资产时，王亶望曾对他说，金子太多了，恐怕招致碍眼，不如换成白银，办理起来比较顺利容易。至于在进呈册中多载出来的朝珠等，国栋供称，陈辉祖以为查抄的朝珠质地平常，难以进呈，所以命人购买了数盘好朝珠添入，其中有陈辉祖本人拥有的朝珠，也有属员添入的。安徽巡抚逼问国栋，王亶望家的朝珠，真的都是质地平常的劣质品吗？国栋这才交代，王亶望家抄出的朝珠中，确实有品质上佳者，都被陈辉祖私自藏匿了。陈辉祖添入的都是平常不堪之物。

乾隆皇帝看到国栋的口供，大为震怒，批了一句话：“陈辉祖取死之道，实在于此。”

三、贪臣与盗臣

钦差大臣阿桂、福长安等抵达杭州后，立即有条不紊地开始审理陈辉祖案。通过翻阅查抄王亶望家产的案卷，阿桂发现所有清单都是由陈辉祖和当时一同奉旨抄家的署理福建巡抚杨魁联名具奏的。阿桂怀疑杨魁参与了陈辉祖的贪污舞弊行为，至少也是知情不报，于是上奏乾隆查办杨魁，查抄杨魁家产。因为杨魁已经去世，加上此时杨家愿意主动上交 5 万两白银，来承担杨魁的失察之错，乾隆皇帝表示不再追究。

接着就是审讯涉案官员，大多数人都闪烁其词。关键人物陈辉祖借口时间仓促，来不及逐件亲自检验，导致呈送御览的清单和原始底册不符。然而，查抄验点工作持续半年之久，几经内务府催办才把资产陆续解京。时间仓促根本就是陈辉祖的借口。阿桂严审陈辉祖，逼问查抄王亶望家产中的米帖石刻去向。陈辉祖供称，300 余块石刻被列入估变册中，存在学宫。为什么不把米帖石刻解送京城呢？陈辉祖的解释是，王亶望获罪后央求自己，将家里的黄金和部分字画，变卖为白银，充抵王亶望该缴的部分议罪银。

应该说，陈辉祖私自兑换黄金、藏匿米帖石刻的行为，是确凿无疑的。陈辉祖的辩解，显然是为了减轻自己的罪责。关键是，钦差大臣阿桂等人采纳了辩解。阿桂等人上奏乾隆，认为陈辉祖是听从王亶望的嘱托，用白银替换了黄金，但黄金并没有短少，尚不构成抽换。现在问题就来了：阿桂等人为什么要这么公开站在陈辉祖这一边呢？尤其是在陈辉祖明显有罪的情况下。阿桂、福长安不怕忤逆了乾隆皇帝的心意吗？

阿桂、福长安恰恰是揣摩乾隆的心思，才帮着陈辉祖说话的。众所周知，陈辉祖是乾隆重点栽培的对象，之前一直是皇帝眼前的红人。阿桂等人不清楚乾隆皇帝是真的要拿陈辉祖开刀问斩，还是一时气愤，在气头上做出的临时决定。但是，从之前乾隆对重点栽培对象的处置上判断，第二种可能性更大。

举两个例子：第一，大臣庄有恭是乾隆四年的状元，是乾隆前期重点栽培的对象之一。后来，庄有恭在由江苏巡抚调任河道总督的时候，被查出来没有上报朝廷，就私自同意了杀人的某官员花钱赎罪。乾隆皇帝很生气，下令将庄有恭革职，发往军台效力，不准捐赎。可是，等庄有恭刚抵达谪所，乾隆就让他“戴罪效力”，署理湖北巡抚。庄有恭最终升任了内阁协办大学士。

第二个例子就是阿桂、福长安等人在当年（乾隆四十七年）看到的真事儿。之前我们提到过一个深受乾隆器重得以青云直上的官宦子弟，李侍尧。

两年前，李侍尧在云贵总督任上，经查贪赃枉法、营私舞弊。他承认云南道府以下贿赂公行，政治风气恶劣。乾隆皇帝震惊得无语了。大学士九卿集体商议后，定李侍尧斩立决。大家都以为李侍尧死定了。乾隆前脚还盛怒，后脚却下令各部重新商议，并亲自改李侍尧为斩监候。一年前，甘肃发生叛乱，乾隆特旨授予李侍尧三品顶戴，前去甘肃效力。李侍尧到甘肃后，甘肃冒赈案东窗事发，甘肃官员集体沦陷，李侍尧就地代理陕甘总督。今年，乾隆皇帝又恢复了李侍尧的头品顶戴，而且还加了太子太保衔。一个贪纵营私的贪官，不仅毫发无伤、逃脱了惩罚，还官复原职、封疆依旧，再次成为政坛上的红人。这就是刚刚发生的活生生的例子。

阿桂、福长安等人综合各方面情况判断，陈辉祖会是第二个李侍尧。既然陈辉祖在雷声大雨点小之后，照样纵横政坛，阿桂等人为什么要得罪同僚呢？更何况，阿桂也好，福长安也好，都和陈辉祖一样，出身官宦家庭。说不定双方的父辈还有交情。所以，得饶人处且饶人，能帮陈辉祖一把就帮他一把吧！所以，阿桂等人把陈辉祖的辩解原封不动地奏报了乾隆。

这一次，阿桂、福长安等人揣摩错了乾隆的心思。乾隆认为，陈辉祖监守自盗、火中取栗，不是一般的贪婪无厌，而是毫无道德底线。甘肃冒赈案持续多年、涉案超过千万两白银，王亶望罪不可赦，想不到陈辉祖还敢来个案中案，连抄家灭门的钱财都敢下手！乾隆觉得不惩治他，不足以树正气、平民愤。

乾隆拿到阿桂等人的奏报，是不满意的。他觉得阿桂、福长安等人转述的陈辉祖的辩解“此事大奇”。王亶望罪恶至极，陈辉祖奉旨查抄时还敢听他求情嘱托，帮他掩饰？如果陈辉祖真这么做了，那就是昧着良心欺君罔上！况且王亶望是待死的罪臣，岂有向抄家大臣求情的道理？乾隆把这些话都批在阿桂等人的奏折上，原折发还给阿桂、福长安，让他们看着办。如果钦差大臣办不好，乾隆就要把陈辉祖押解到北京，亲自审讯了。

阿桂等人拿到发回来的奏折后，不敢懈怠。他们原本确实想帮陈辉祖开脱，大事化小。现在发现这个想法和乾隆的意图背道而驰。他们立刻决定严审。之前虽然审讯了相关的官员，但审讯双方还是比较客气的，基本算是谈话、根本没有用刑。现在，阿桂决定对涉案官员严刑拷打。既然皇帝决定从严处理陈辉祖案，钦差大臣也就不用对嫌疑人客气了。其次，阿桂等人决定扩大审讯范围，对涉案的下级官员严刑审讯。

“天下无难案，就怕有心人。”钦差大臣一心严审，案子更多的真相很快揭开了。首先，当时负责查抄的王站住仔细辨认从陈辉祖家抄出的家产，发现了与王亶望家产中名色相同的玉铜瓷器共 26 件，其中 1 件玉蕉叶花斛、1 件玉梅瓶，能确定是王亶望家里的原物。对此，陈辉祖无从狡辩，供认自己盗窃了王亶望被查抄的物品。其次，在对王士浣、杨仁誉的刑讯过程中，二人交代了经过陈辉祖的同意，侵占了变卖的查抄王亶望家产中的衣物等。

看守王亶望查抄物品的官员中，有一个刘大吕。阿桂扩大刑讯范围，刘大吕在严刑拷打、穷追审讯之下，开口吐露了更多内幕。刘大吕供认，陈辉祖多次以抽调验看的名义，拿走自己看中的玉器、古玩、字画等，私自更换为其他物品，或者干脆据为己有，根本没有还回来。刘大吕看在眼里，因为位卑职小，不敢吱声。根据刘大吕的线索，经过核查，陈辉祖先后藏匿、抵换的物品有：玉松梅瓶、白玉梅瓶、玉太平有象、玉方龙觥等十余件玉器，自鸣钟两件，苏东坡、刘松年、唐伯虎、董其昌、王蒙等名家字画卷轴十余件，此外还有苏东坡墨迹佛经一本、明朝泥金佛经一册，等等。

此外，原浙江布政使国栋不仅听任陈辉祖营私枉法，还迎合陈辉祖的行为，导致陈辉祖将抄没的黄金擅自兑换 800 两，利用市场杠杆，从中侵吞了 1600 两银子。杨先仪、张翥也供认，陈辉祖利用兑换黄金的机会，捏造账本牟利。陈辉祖抽换藏匿抄没入官的玉器、朝珠、古玩、字画，以及以金易银、贪污赃物、挪动库印掩饰、账簿倒题年月等罪行，陆续败露。在确凿的人证物证面前，陈辉祖承认自己添换朝珠等，并佯称受王亶望的嘱托以金易银。此外，陈辉祖还交代下属逢迎巴结，多次贿赂自己：河南布政使李承邺，湖北道台张廷化、周曰璜、巴国柱，湖北知县何光晟等行贿自己黄金数十两到数百两不等。

在审讯期间，署河东河道总督也报告乾隆帝，陈辉祖曾给其妻舅白银 3 万两，让他开当铺生息，又在去年十月份送来杂色金子 1000 余两，要其妻舅兑换银子，并叮嘱他“勿向人言”。要知道，陈辉祖去年刚受到降级留任处分，永远停发了俸禄和养廉银。他没有了正当收入，哪来这么多的黄金、白银？总之，所有的人证、物证、口供，各条案情，都表明陈辉祖是一个大贪官、大腐败分子。

十一月初三，阿桂、福长安奏报了陈辉祖案情，并对相关人犯拟订罪名。其中，陈辉祖交结朋党、蒙蔽皇上、贪污受贿等罪，拟斩监候，因他受恩深重，不思报效反而罪行累累，请旨即行正法。国栋、王士浣、杨仁誉拟斩监候，秋后处决。杨先仪、张翥发配新疆，充当苦差。高模杖一百，流放三千里。刘大吕坐视陈辉祖监守自盗，不检举揭发，拟革职，免于其他处罚。

乾隆皇帝下令押解陈辉祖、国栋及其他人犯来京，交大学士会同军机大臣、刑部堂官等人会审。十二月初，大学士九卿等人认为陈辉祖在查办王亶望抄家事件中，以金易银、私藏玉器、抽换朝珠、抽换字画，且平时收受贿赂，拟斩立决。

就在朝野都觉得陈辉祖死定了的时候，乾隆皇帝的心思活动了起来。真的是“圣心难测”，乾隆又要留陈辉祖一条命了。他下旨将陈辉祖从宽改为斩监候，秋后处决。所谓的“秋后处决”往往今年拖明年，明年拖后年，大事化小，小事化了，死罪慢慢改为活罪，另行处罚了。那么，乾隆为什么这么做呢？

乾隆皇帝的解释是“陈辉祖确实罪证明显，然而与王亶望相比较，还是不同的。《礼记·大学》云：‘与其有聚敛之臣，宁有盗臣。’陈辉祖，盗臣耳”。在这里，乾隆提出了“聚敛之臣”和“盗臣”的概念。聚敛之臣，就是贪婪敛财的官员，就是大贪官，他们横征暴敛、鱼肉百姓；而盗臣侧重于监守自盗。

两者虽然都贪财，都是犯罪，但前者双手伸向了百姓，加重了百姓的负担，比如王亶望，容易激化矛盾。后者双手伸向的是官府的仓库，把朝廷的粮饷钱财据为己有，比如陈辉祖。对于统治者来说，盗臣的危害更小一点儿。所以，乾隆觉得和王亶望相比，他宁愿保陈辉祖。其实，这只是乾隆的借口和托词。盗臣监守自盗，难道窃取的不是民膏民脂吗？只不过盗臣是间接增加百姓负担而已。盗臣和贪官并没有本质区别。

既然乾隆有意留陈辉祖一条生路，他被判处斩监候，其他涉案官员如阿桂等人拟定的处罚。行贿的官员全部革职，另外处以杖一百、徒刑三年的处罚，同时按照行贿的数额与官职的大小，加以十倍罚银。

几乎所有的腐败分子，都不是只有简单的某项问题。这就类似蟑螂绝不会单只活动，你看到了一只蟑螂，暗处肯定藏着一窝蟑螂。陈辉祖因为监守自盗、贪污受贿被判死缓后，很快暴露出来更多的问题。第二年，乾隆四十八年二月，闽浙总督上奏闽浙两省亏空严重，前任总督陈辉祖因循贻误，需要承担重要责任。福建水师提督也上奏弹劾陈辉祖，说他任内武备废弛。之前，我们说过陈辉祖平均两三年调整一次职务，乾隆认为他“能事”，是一个能臣干吏。试想，频繁调整职务，怎么可能在一个岗位上好好耕耘干出实实在在的成绩来？而同僚们知道陈辉祖是皇帝重点栽培对象，难免千方百计让着他、护着他，有功劳分享给他、有过错帮着掩盖。这几乎成了官二代飞黄腾达过程中的“通病”。长年累月下来，陈辉祖的问题越积越多，就缺矛盾破裂的时机了。最终，陈辉祖胡作非为久了，胆子越来越大，监守自盗触发了时机。如今，乾隆新账旧账一起算，认为陈辉祖在总督任内只知道营私牟利，对政务民情漠不关心，不仅是一个盗臣，而且是庸官昏官，赐令自尽。又过了5年，乾隆五十三年，湖北省暴露出来吏治混乱、政治黑暗，乾隆认为湖北政治生态的恶化始于陈辉祖担任巡抚之时，株连他的子孙。将陈辉祖当官的儿子革职，发配新疆伊犁。至此，陈辉祖不仅辱没了家门，而且罪及子孙，不知道他在九泉之下如何向父亲陈大受交代？

05

骚扰驿站

官威引发收益疑团

一、好大的官威

乾隆六十年（1795 年）五月二十二日，山东巡抚玉德密折弹劾属下道员德明。

玉德奏报，他接到泰安知县张晋禀报，兖沂曹道道员德明自兖州驻地前往省城济南。途经的泰安县，接到前途“传单”，通知泰安县预备好马匹 22 匹、轿夫马夫等共 19 名、大车 3 辆，迎送德明过境。五月十六日晚上，德明一行抵达泰安县的夏张驿。当日，夏张驿正在接待京城兵部官差，未能如数供应物资。德明家人及随从大为不满，对驿站人员辱骂撒气。管理驿站的徐元是知县张晋的家人，略作辩解。德明家人就把徐元扭送到公馆。家人陈锦禀明了德明，对徐元严加杖责。徐元被打后伤痕沉重，连站立都成问题；而德明一行人扬长而去。知县张晋咽不下这口气，请求巡抚玉德严查核办此事。

此事虽说是知县状告道台，但是非曲直一目了然。首先，德明如到省城济南公干，应该自备车马，不能传单驿站，让沿途各县供应。德明住进驿站就已经是违例了。其次，他更不能因为驿站人员伺候不周，就纵容家人肆意辱骂、殴打驿站人员；更不能偏听家人一面之词把当地知县的家人打得重伤不起。所以，玉德接到禀报后，很快密折弹劾德明，认为“必须严刑究办”。玉德奏称，已经派济南知府前往泰安县验伤和了解情况，同时命令按察使迅速提集相关人等到济南审讯。最后，玉德奏请先将德明革职。

为了加深对案情理解，我们有必要了解一下中国古代的驿传制度。古代没有通信产业，也没有物流公司，官府的信息与物资传递就通过驿传系统进行。驿传制度是我国古代重要的通信手段，始于春秋战国。秦统一中国后，为了加强中央和各地区之间的联系，就以京城咸阳为中心，在全国大修驰道，驿传制度正式成为延续千年的官府制度。用马传送称“驿”，用车传送称

"传"。历朝历代都在主要交通线或专门开辟的要道，沿线设置馆舍、驿站，配备人员、车马，传递公文消息，运送人员物资。遇到重要公文，通常采取"马上飞递"办法，一般日行 300—800 里。紧急公文则标明四百里或者五百里、六百里字样，沿途驿站要限时送达。现代人在影视剧中看到的"六百里加急"指的就是这个细节。当然了，"六百里加急"字样不得滥填。驿传系统的优势不一定在于迅速，而在于保证交流顺畅。一条条驿传线路像血管网络一样，将帝国的躯体连接在一起。

驿站就是网络中的节点，是古代供传递工作人员或来往官员途中食宿、换马的场所。只要各级官员手持勘合①、票据等官方凭证——上面通常注明来者的官职、任务与目的地等，驿站就必须无偿接待来者。驿站接待官员，类似于后世的政府接待制度，既是为官员出差赴任、迎来送往等日常行政活动提供必要的物资条件，也是官员的一种特权。只要达到接待标准，官员理论上可以免费畅游神州大地，享受免费招待。当然，驿站接待标准也是公开透明的。官员身份、品级不同，饮食、住宿、车马的接待标准不同；官员公干事务不同，接待的先后、优先顺序也不同。

可现实和规定总是存在巨大的差异。官员往往肆意使用驿站，享受超规格接待，通常是一个官员带着一大帮人趾高气扬而来，呼来喝去一番后扬尘而去。接待泛滥成灾，不仅干扰了正常的文公和物资传送，还给驿站造成了巨大的经济负担。考虑到驿站一般由周边地区供应、劳力从周围地区征调，驿站的超负荷使用让百姓苦不堪言，矛盾激化。所以，历朝历代都严禁官员享受驿站的特权接待。明太祖朱元璋为限制官员骚扰驿站，规定："非军国重事不许给驿。"万历年间，内阁首辅张居正推行邮驿改革，提出了六条对官员的限制，如规定非公务任何官员不得骚扰驿传；官员只许按规定享受驿站接待，

① 古时符契文书，上盖印信，分为两半，当事双方各执一半。用时将二符契相并，验对骑缝印信，作为凭证。凡调遣军队、车驾出入皇城、官吏驰驿等，均须勘合。

不能超规格享受食宿，不许提出额外需索；除驿站供应外，任何官员不许擅派普通民户服役；还规定政府官员非公务不得动用驿站交通工具，等等。清朝继承明制，严肃驿站管理。但超范围、超标准接待，擅自乘驿，给驿泛滥现象依然普遍存在，糜费公帑。就在乾隆二年，朝廷明令禁止驿站给地方官安置公馆，严禁给官员呈送酒席，预备夫马、车船等一切供应；官员出差费用自理，地方官员或下级不得宴请馈赠。违例迎送者，以擅离职守论处，罚俸九个月；如果借机奉承钻营或送礼行贿，革职。

朝廷律法俱在，且三令五申，德明竟然还如此高调地骚扰驿站，乾隆皇帝在奏折上朱笔御批："可恶，岂止如此！"

玉德奏请将明德革职，已经算是很严厉的处置了，乾隆皇帝还是不满意，认为德明作为道台，即便有公事到省城办理也应当自备车马，违例下令属县预备车马，又听信家人的话殴打、重责驿站人员，罪行累累。"上司家人长随，虽严加约束，犹难保其不向属员私行勒索；若再明知纵容，益复无所忌惮，何事不可为耶！"乾隆从骚扰驿站，推断德明纵容家人作恶，骄横跋扈，可恶可恨，岂止革职就能了事的？要立刻革职拿问，交给巡抚提同相关人等严审究办。如果被打的徐元伤情平复，则按照相关的法律将德明定罪；如果徐元伤重身亡，就拿德明抵命。

乾隆皇帝借机重申了驿站制度的重要性，指出当时外省中高级官员经过基层州县，私下命令驿站预备车马轿夫，供应酒食，肯定在所不免。如果州县官员因为是上司来到，隐忍不报，而地方大员也暗中消弭，没有被披露的情况应该也不在少数。为此，乾隆特别表彰了泰安知县张晋的持正敢言。

乾隆皇帝如此重视骚扰驿站一事，玉德接到圣旨之后不敢怠慢。查明德明正在曹县的黄河工地，玉德立刻派人赶赴曹县工地，宣布谕旨，将德明革职，押回省城审问。涉案的家人被悉数押解济南。徐元和夏张驿的夫役人等也被押解济南做证。德明骚扰驿站一案，全面展开审讯。那么，此案的详细情况到底如何，其中又有什么有趣的细节呢？

兖沂曹道管辖山东南部，辖有兖州、沂州、曹州三府及济宁直隶州，兼管山东境内黄河河工（当时黄河经过山东西南的曹州府夺淮入海），地域广阔。道员官署驻扎兖州。德明是去年刚刚到任的道员，本次计划先到济南办事，然后折向曹县督办河工，因此随带的家人、跟班比较多。时值五月端午节，德明也置办了一些礼物，准备到省城馈送各位上司。出行之前，德明交代心腹家人陈锦料理相关事宜。他还写了 1 张条子，递给出发地的滋阳县，要求提供马 12 匹、轿夫马夫 11 名。滋阳县知县陈时看到条子后，不敢违抗，一面迅速供应夫役马匹，一面按照德明要求如数填写驿站传单，发给下一站的宁阳县预备迎接长官。

再说那德明，出身满洲世家，历任府道地方官职。清朝的“道”介于府和省之间，道员既可以和布政使、按察使合称“司道”，也可以和知府并称“道府”。一个道员通常管辖三到四个府，同时负责河工、粮饷、盐务等某个专项事务，正四品官，俗称道台。德明道台官品不高，架子却不小，自带了家人和 10 匹马，加上跟随的书吏、差役若干，以及道员官署的轿夫 20 余人、大车 3 辆，再加上滋阳县提供的人马，组成庞大的一行队伍，从兖州启程浩浩荡荡出发了。第二站为宁阳县。宁阳知县看到上司莅临，忙不迭地安排公馆饮食，恭敬有加，并且及时地将传单发给了第三站泰安县的夏张驿。

泰安是一个大县，平日里迎来送往的任务较重。德明抵达之日，泰安夏张驿同时接待了兵部的官差。驿站恭恭敬敬地把德明迎进公馆安顿好后，难以如数提供传单上的人马。出面料理的陈锦等人大为恼怒，开始对驿站人员骂骂咧咧。

驿站有朝廷设置的驿丞等官吏，但当地长官往往加派亲信家人来实际负责驿站工作——这也反证了驿站的重要性。泰安县委派在夏张驿实际负责的是知县张晋的亲信家人徐元。徐元阅人不少，也算是见多识广，见状慌忙过来陪着笑脸解释，同时赶紧安排送来了草 220 斤、麸 3 斗、料 3 斗喂马。陈锦认为远远不够，又自个儿掏腰包添买了一些。事后，陈锦越想越气，再次辱骂徐元。徐元不服，上前争辩。陈锦恼羞成怒，随即挥拳猛击徐元。旁人赶紧拉开两人后，陈锦仍不解气，令随行的差役张勇清等人将徐元拉到公馆殴打。徐元大嚷大叫起来。德明听见后，把徐元唤进来查问，可又不听其解释，下令暂时锁押，明早送到泰安县处理。“我已经尽心尽职，你为什么骂我、打我？”徐元更加不服，争辩了一句：“泰安不归兖沂曹道管辖。”徐元说的是实情，德明闻听，却觉得是下人在挑战自己威严，大怒，喝令杖责。手下本就和徐元有仇，闻言立马将徐元拖翻在地。他们杖责不打屁股，专挑徐元的腿骨猛击。杖杖落在骨头上。德明担心闹出人命，打到第七板就令释放。此时，徐元痛得呼号惨叫，已经站不起来了。

早有人跑去禀告了泰安知县张晋。张晋气愤难平，又不便和德明当面理论，选择公事公办，将前因后果报告巡抚大人，要求查办。德明和告状信前后到达省城，他在济南待了几天，就赶到曹县处理河工去了。离开济南前，德明也听说了张晋告状，有一些担心，跑了几个地方打听和拜托，疏通关系后并没有太在意。毕竟，骚扰驿站的并非他德明一人，毕竟知县状告道台，胜算本来就不大。

可是，德明这一次遇到了“公事公办”，接着又撞到了乾隆的枪口上。玉德奉旨查案，很快就问清楚了事情的来龙去脉。接着，审讯的重点就是追查为何擅自传驿，究竟是谁的主意，又是谁具体操办的？

张晋提交了泰安县接到的传单，传单用朱笔标判，由宁阳县发往泰安县。证据俱在，德明推说自己并不知情，都是下面的人办理的。家人陈锦供称是滋阳知县自行发单，自己也不知情。责任推到了倒霉的滋阳知县陈时身上。玉德就急调陈时来济南询问。

滋阳知县陈时，云南人，乾隆五十九年也就是去年刚刚以举人身份署理滋阳县知县。他以举人之身，荣膺知县实职，殊为不易，任职后谨小慎微。而滋阳县又是兖州府、兖沂曹道的附郭县。附郭，简单说就是上级衙门在辖区内，下级和上司同处一城。附郭的行政区通常冠以“首”字。比如，杭州府附郭浙江省，是浙江的首府；钱塘县又附郭杭州府，是杭州府乃至浙江省的首县。清朝有句俗语，叫作："前生不善，今生知县；前生作恶，知县附郭；恶贯满盈，附郭省城。"说的是清朝地方官员事务繁重，怨声载道，抱怨是前生作恶，遭到报应，今生才做地方官的，其中附郭的官员上辈子更是恶贯满盈，今生才被惩罚来给各级上司做牛做马。各种招待、供应、差使，让附郭的知县疲于奔命，苦不堪言。

陈时就是这么一个倒霉角色。滋阳县衙门和兖沂曹道衙门近在咫尺。接到道台德明起程需要夫马的指令，陈时明知违反制度，作为属下也立即照办，填写了驿站传单，启动了驿传系统。那么，陈时是否需要承担德明骚扰驿站的责任呢？

二、知县自尽与送礼疑云

出事后，最煎熬的可能就是滋阳知县陈时了。违规启用驿站责任重大，陈时越想越觉得不妙，在奉调前往济南的一路上唉声叹气。走到历城铁塔寺，因为夜深不能进城，陈时只好暂时住下。一同前来的还有陈时的弟弟和儿子，当天晚上两人不断劝解宽慰。亲人宽慰他，你是奉命行事，主要过错不在于你。没想到，陈时还是想不开，竟然于当夜自缢身亡。

一桩骚扰驿站案，竟然死了一位朝廷命官，玉德大为意外，当即委派官员调查陈时之死。

陈时之子供述："五月十五日，德明去济南前派了一名差役任文炳，送来夫马单，上面写着需要供应的人手、马匹数目，叫县里发传单。我父亲立刻叫书吏照写了一张，亲自盖印，发宁阳县转递前途预备。后来听到德明被弹劾拿问，解送济南审办，我父亲立即感到恐惧，终日忧虑不安，不巧刚刚得了痢疾，病情日重一日。六月十九日，省里来文调我父亲来济南。他越发害怕，又不敢耽搁，第二天就带病起身。我叔叔陈明，因为看到父亲神情恍惚，饭也不吃、觉也不睡，放心不下，也就跟着一同到济南来照应。父亲在路上说：‘传单是我签发传递的，如何能抵赖？如果承认了，不但要去官，还要问罪。我获罪后，原籍云南距此地八九千里，你们如何回去？’他终日忧愁落泪，我同叔叔早晚劝解。我们一路慢慢行走，至二十五日行至距济南三里之铁塔寺地方，投宿歇店。不料，父亲趁我们睡熟自缢身死。”

陈时之子将德明当天交办的夫马、车辆需索底单呈出，与泰安县提供的传单数目完全一致。这可以证明，驿站传单虽然是陈时签发，却是德明明确要求的。

骚扰驿站案叠加人命案后，审讯力度骤然加大，陈锦和任文炳面对人证、物证抵赖不过，交代所发传单是请示过主人德明。再提讯德明，德明也承认了下来。至此，案情基本明朗。玉德认为可以结案了，奏请乾隆皇帝拟将德明发往伊犁军台效力赎罪，将陈锦、任文炳发往黑龙江给披甲人为奴。

乾隆皇帝在前一个请求处朱批：“错了”，在后一个请求处朱批：“更错了”。

乾隆皇帝认为德明因公事到省城，擅自使用驿站，一开始就错了，接着纵容家人骚扰地方，是错上加错，最后拖累当地知县、导致陈时自缢，情节尤为严重。乾隆斥责玉德拟罪不当，仅将德明革职发配，有轻纵的嫌疑。他要将此案作为整顿吏治的典型事件，将德明改为绞监候，先在省城济南重责四十大板，再关押在按察司监狱等候发落。陈锦自恃是官员家人，依仗主人的声势任意骚扰，滋阳县陈时所发的传单就是陈锦转给的。陈时畏罪自缢，也是陈锦酿成的。乾隆着重指出，外省陋习，督抚司道的家人在所属的地方借主人官威滋事—欺压官民。此事恰巧由泰安知县张晋揭发，山东巡抚玉德不得不据实参办。而其他的督抚隐忍欺瞒不报，对地方弊病置若罔闻，想必也不少。因此，乾隆要求将陈锦从重惩处，杀一儆百。陈锦立即在济南被绞死，抵陈时一命，作为各省督抚司道家人为非作歹的负面教材。

寻常案子，至此可以完结了。此案已经成为乾隆皇帝盯紧之案，又在敏感时机爆发，因此远远未能完结。乾隆的谕旨，笔锋一转，提及明年正月就要举行禅让大典。乾隆彼时在位届满 60 周年，本人则是八十五高龄。为了向在位 61 年的祖父康熙致敬，也为了求得一个圆满结局，乾隆公开宣布禅位。此时的案子未能如其所愿处理，乾隆便训斥玉德以为自己即将退位，对属下有意宽松处置。禅让大典即将举行，这是一个非常敏感的时刻。老皇帝乾隆亲口说出来，应该是有切身的感受。权力所有者在即将失去权力的时候（哪怕是形式上），心态百感交集。乾隆一方面意在功成身退、颐养天年，一方面又担心权威在朝野下降，实权旁落。他借训斥玉德强调"一日不敢懈弛"，即便禅位以后遇到"此等事件，亦必加意整饬"，暗示即便自己当了太上皇，也还是"关心"天下大事的太上皇。乾隆命令将此道谕旨交给在京的大学士、九卿等人传阅，宣示的意味就更加明显了。

德明骚扰驿站，乾隆有意把他办成宣示自己整顿吏治、显示权力依旧巩固的标本案件！皇权再一次影响司法，刻意拔高案件，塑造案件真相。

那么，乾隆还要处置德明案的其他什么内容吗？乾隆的另一大关注点是德明前往济南携带的三辆大车。直觉告诉他，里面装满了礼物。那么，德明有没有馈赠给包括山东巡抚玉德在内的上司呢？玉德仅到任五个月（乾隆六十年正月到任），德明与顶头上司并不熟悉，难道不趁机上济南交结玉德等长官？德明的问题，仅仅就只是骚扰驿站这么简单吗？

乾隆有意借此整饬官场风气。山东省在审讯德明时，便遵旨反复询问三辆大车当中装了什么、有何意图。德明供认："本年五月，我因要禀报地方公务及黄河情形，前往济南，吩咐家人姚六携带三镶玉如意 3 支、绣蟒袍 3 件、蜜蜡朝珠 1 串、绣画 3 轴、扇子三木匣等 9 样礼品，并用箱子装驮，带往省城送人。这些礼物原预备着送给巡抚、司道、同寅。后来，我打听到山东端午节没有送礼习俗，也就没有打开包裹。"

那么，德明去趟省城，一定要携带那么多礼物吗？必须要！

中国自古有礼尚往来的传统，清朝官场将之发扬光大到极致。当时官场形成了一整套送礼规矩和文化。清朝官员送礼，首推“三节两寿”礼。三节，分别是春节、端午和中秋；两寿，分别是官员和他夫人的生日。遇到这 5 个日子，平常人家也要相互送礼，官场中人更是逮住机会，大张旗鼓操办起来了。同时，迎来送往、人情应酬成为官员日常工作之一。与百姓不同的是，官员们的礼尚往来与金银密不可分，而且金额大得惊人。寻常人家，三四两银子足可度过一个小康月份。而官场馈赠，往往数以十计起步，成百上千两银子往来也是常事。比如，清朝中期陕西粮道给西安将军三节两寿礼，每次是 800 两白银；给八旗都统的礼物，每节是 200 两白银。这些人是有业务往来的。而陕西巡抚是粮道的直接上司，“三节”扩展到了“四季”，粮道每个季度要送巡抚 1300 两白银。陕甘总督是粮道上司的上司，但因为领导关系隔了一层，只要送“三节”礼就行了，每次金额降为 1000 两白银。

金钱往来，难道不会触犯律法吗？直接送钱，当然违法。但官员们金钱往来频繁，早已发明各种学问，沾钱却不带钱字，反而透着一股亲切和雅致。官员离境，地主要送“别敬”；同僚启程，官员要送“程仪”；官员题字，求者要送“润笔”。地方官与朝廷衮衮诸公及相关部院官员联络感情，夏天送礼称“冰敬”，意思是让收礼方买冰降温；冬天送“炭敬”，意思是买炭保暖；有事没事还送“瓜敬”“果敬”，逢年过节要送“节敬”。这些名字听着就透着一股人情味，让人不好反驳，更不便严格按照律法来查办。礼金往来在清朝中后期已经普遍化、制度化，官场中人丝毫不用担心送礼的途径问题、安全问题。大家俱在其中，各得其乐。

如果有官员不参与礼尚往来，会怎么样呢？毕竟明清官员俸禄微薄，基层官员年俸才三四十两，宰辅重臣年俸也不到 200 两。官员法定收入，远远承担不起高标准的礼金。可是，如果不参与应酬送礼，官员连正常行政都会寸步难行。正是由于官俸低微、行政资金匮乏，加之种种财权限制，丰厚的礼金俨然成了官员们生活质量的保障、行政事务的润滑剂和官场关系的催化剂。

没有钱怎么办？挪用公帑、税外加征、摊派多报，等等，只要官位职权在手，官员们总会想出办法来。通常地方衙门都有明暗两套账目，明面的账目是接受核查，可以公开的，官员私底下记录职分肥瘦、外快多寡、礼金标准等的暗账，不便公开，却是官员们安身立命的指南。新旧官员交接之时，一大内容就是传递暗账。通常后来者要掏钱购买，俗称“买账”。买账，是新任官员对既有礼金网络的接受。不买账的后果，不是上司勒令接收，就是黯然去职。礼尚往来最终褪去了温情脉脉的面纱，变成了强制性的赤裸裸的金钱往来。

本案主人公德明，于案发前一年才赴任兖沂曹道，在山东官场算是“人地两生”。礼尚往来便是他尽快融入同僚的必要手段。从审讯可知，德明赴济南并没有任何公事可办。五月份是水患时节，他完全可以从兖州驻地直接赶去曹县工地，中途折去济南纯粹是为了馈赠。道台在地方官序列中，已经高达相当层级，一省之内仅次于督抚藩臬，也要四处馈赠。德明携带有一批扇子，显然想作为遍赠底层官吏、幕僚乃至部分首长家人的伴手礼。基层州县官员的送礼压力自然更大。他们不像德明那样有能力组织 3 辆大车的礼物，更不能动员驿传系统，所以济南也不是想去就去得了的。据说，清末张之洞出任山西巡抚，发现当地官员不愿意跑北京城。细问之下，张之洞得知进京的成本太高，部院衙门的官吏们需索馈赠水涨船高，吓得山西官员都不敢进京了。德明显然比一般官员财大气粗，组织了一场送礼之行，谁料因为管束家人不当、自身又骄横粗暴，闹出一场大新闻。

德明一口咬定，得知山东省没有端午节送礼的习惯后，自己并没有把礼物送出去。乾隆活了 80 多年了，皇帝就当了 60 年，阅人无数，随即命令逼问德明：就算端午没有送礼，过年过节必然是要礼尚往来的，之前有无送礼？都送给了谁？这个问题，着实令人尴尬。其实，询问的人和受审的人，双方都心知肚明。审讯的场面颇为吊诡，大家都揣着明白装糊涂，还要一本正经地把事情从头到尾过一遍。德明咬紧牙关，坚持说没有送过礼。

现在的问题是如何让乾隆皇帝相信。山东巡抚玉德的任务很重。他先在回奏中引用德明的话说："以前所带的东西，如果真的送给了巡抚司道官员，如今我已经身犯重罪，难道我还要替巡抚等人隐瞒吗？"同时，玉德自掏1000两银子将陈时家属送归云南，并主动缴纳了两万两银子的议罪银[①]给内务府。更重要的是，玉德的认错态度非常好。他受到训斥后一遍又一遍地表达惶恐和对乾隆皇帝的敬佩之情；又表示皇上判定3辆大车有弊："圣明烛照如神，经审出果有装载礼物。"乾隆皇帝像所有专制君主一样，喜欢奉承，且本性自负，在玉德的几番马屁攻势面前毫无招架之力，很快忘记了追究送礼陋习，沉浸在扬扬得意之中。明德到底有无送礼，不了了之。玉德等人跟着侥幸过关。

临时起心，随意蔓延，是皇帝垄断司法的特权表现。这一点在涉及官员的司法案件中尤其明显。国家名器本就为皇帝授予，官员自然不比寻常百姓。但官员因一事犯罪，导致抄家清算、株连亲族的情况并不少见。我们不否认这是官员咎由自取，但皇帝的随意司法，难免有案件扩大化乃至伤及无辜的危险。蔓延出来的案子的消停，也更多在于皇帝情绪的变化，法无常法，律无固律。这是古代涉官司法案件的一大特征。

德明骚扰驿站一案，至此案情基本理清，相关人等从严从重惩处。乾隆皇帝本想细查德明送礼详情，最终也不了了之。

三、官员高收入之谜

对于贪腐事件，乾隆皇帝历来是从严从重处置，雷厉风行。贪腐官员往往和巨额财产来源不明联系在一起。抄家清算就成了查办的固定项目。早在

① 议罪银，清朝乾隆年间设立的一项以钱顶罪的制度，即根据官员犯罪情节的轻重以多少不一的银子来免除一定的刑罚。可以是事发后勒令官员缴纳，也可以由官员事先主动认错缴纳。

训斥玉德拟罪不当的同时，乾隆就下旨由定亲王绵恩率步军统领衙门查抄德明在京家产。绵恩奉旨后，迅即带人赶往正阳门内中街德明的宅院，查封德明住所一处，连同马圈等附属建筑一共69间半。这处空闲的宅院由德明的一个朋友借住，并代为看家。绵恩下令打开所有房间的橱柜箱笼，查获了一些朝珠、如意和字画，以及房契、地契40余宗，财产并不算太多。

绵恩怀疑德明隐藏、转移了财产，严厉审训借住的朋友和在京的德明管家弟弟姚七。这两个人都坚称绝无隐藏。

乾隆年间查抄犯事官员的家产是步军统领衙门的职责之一，衙门里的官吏差役们对抄家早已经是驾轻就熟，德明的这点情况完全难不住他们。步军统领衙门很快在严密查访之余，查出德明转移财产的蛛丝马迹。再次审讯姚七，姚七在刑夹拷打之下招架不住。他交代说：

> 去年主人德明赴山东任职时，交给我木匣子三只，存放在家中。本年二月内，主人又差家人杨四带回银子三千两，五月主人差家人吕四送回银子九千八百七十两，共计带回一万三千三百五十两银子。六月间，我们听说主人遭弹劾，唯恐抄家，就将存银九千七百五十两陆续送到了后泥洼胡同朋友的家里收存，又把主人之前交的木匣子三只送到了宣武门外刘氏的家中寄存。

绵恩当即下令前往各处搜查，查获3个木匣子里装着的都是黄金，每个匣子12包，每包50两，共计1800两黄金。

姚七还供出了德明在一些铺面、银号里的资产，也被一一起获。

绵恩上奏乾隆，查明德明名下银子27300余两，钱21700余贯，总共约计财产总数为40000两白银；后来又查出了隐藏的资产，计有银子13300余两、钱450贯、金180两，财产总数约计又有40000余两。前前后后查出来德明的家产在北京就有80000两白银，而房屋、家具以及他在山东的任所的财产还不计算在内。德明之前曾经赔付陕西潼关工程银67000余两，已经缴清。加上如今查出来的财产如此之多，总计他的身家，不会低于20万两白银。那么道台的年俸是多少呢？150两白银！如果仅靠俸禄，德明要不吃不喝工作约2000年才能积攒下这么一份家产。德明的财富情况显然是属于“巨额财产来源不明”。

乾隆接到报告，感到震惊。档案显示，德明出身于下五旗包衣家庭，家里并不富裕，谈不上有什么家底。就算他长期担任地方官而且就算他负责过税收，有多年的合法收入且生财有道，他的俸禄和养廉银等积攒下来也不会有这么多钱？更何况德明的兖沂曹道到任才一年多，所得的合法收入就更少了。一个原本贫穷的八旗子弟，怎么就在几年之间，积攒了如此巨额的财富呢？因此，乾隆皇帝明确指出这个德明在任内肯定有贪婪、索贿、腐败的情节，不可不严查根究。

与此同时，山东省也在审讯德明。德明知道自己在京城的家产已经被起获，也解释了财富来源。他是这么说的：“我于乾隆四十九年担任潞安知府，又管理铁厂税务。铁厂可是一个肥缺，我管的那一年产铁特别旺盛，除缴纳正税外剩下银子5万余两。乾隆五十年，我升任陕西省潼关道，又经管潼关的税务，每年完税之外约得银2万余两，我做了6年，约得银13万余两。”再加上正常的俸禄和养廉银，德明供述的收入与现有的家产基本吻合。

山东按察使奉命赶往兖州查抄德明的任所财产，严密查抄后逐一登记造册。又审问了德明的管家姚六。姚六为主人算了一笔账：“老主人福禄从前当护军校，家中原本只有老圈地60亩、住屋六七间。”这个老圈地指的是清朝入关时，安置从龙入关的八旗军民，每人都分给京畿地区的土地。可见，德明家一开始是普通的旗人，真正发家是从德明担任地方官开始的。

“乾隆四十九年，主人升任了潞安府知府，每年有养廉银4000两，主人做了一年零四个月，得养廉银5000余两。同时管理铁厂，当年产铁正旺，在任一年零四个月盈亏铁厂收入是5000余两。乾隆五十年，主人升任了潼关道，每年养廉银 2000 两，在任 7 年共得养廉银 17000 余两。又管理潼关税务，每年正额外约剩 20000 余两，主人做了 6 年，约剩银子 13 万余两。乾隆五十六年，主人丁忧回京，因为银两难以携带，主人就陆续换成黄金，有 2000 多两金子带回家中，将 1800 两金子交我兄弟收存。此外，乾隆四十九年主人出了本钱 1 万两，在前门外的珠市口大街开了 1 座协泰号布店，邀了几个掌柜，也生了一些利息；主人又在涿州买了 12 顷地。"

对于德明个人财富的积累，德明及其管家的供述基本上是可信的。也就是说，德明的巨额财富并不是敲骨吸髓压榨百姓而得来的，也不是"来源不明"，而是清朝中期一个地方官的正常收入。

那么，清朝官员的正常收入怎么会那么高呢？到底是由哪些部分构成的呢？它的合法收入和真实收入之间又存在哪些差别呢？

清朝官员的俸禄很低，即便是正一品的内阁大学士年俸也只有 180 两银子。九品官员的年俸只有 33 两 5 钱。这笔收入维持官员的基本生活是足够的。但是，清朝官员责任重、压力大，工作任务繁多。正式官员屈指可数，每个衙门或地方政区通常只有三五个职官。比如，地方知县一个人就要承担征收赋税、司法刑狱、文教科举，乃至造桥铺路等地方建设的重任。如此重的责任必然要求他们雇用大批幕僚、长随、家人等辅助人员协助执政。这些人员的开支是由官员自己承担的。此外，衙门只有极少的行政开支，完全不足以维持日常行政。官员要自费贴补官府的行政。最后，奉养亲属、官场应酬等开支也是官员的沉重负担。

清朝设置官员低薪制的本意，是为了减轻百姓负担，轻徭薄赋。在实践中，过低的待遇和繁重的职责严重不配套，迫使官员抑制不住地扩张财政实权，想方设法满足个人工作和部门运转的需要，反而将老百姓陷入暧昧不明、纠缠不清的税收困境之中。老百姓并没有减轻赋税，官员们的负担也非常沉重。

这些沉重的负担如何解决呢？它们因官而异，官员也只能利用权力来解决。

最普遍的做法就是额外征收赋税。清朝官员以银两熔铸有折损、粮食储运有损耗等名目，加征正税之外的耗羡，或者干脆说明加征，比例高达正税的三四成乃至一倍以上，称为“火耗”或者“耗羡”。火耗是由官员自由支配的小金库。雍正年间推行“火耗归公”，就是为了限制额外加征税赋的规模，统一由省级政府管理。朝廷从上缴的火耗当中拨款向官员发放养廉银，因地因官而异，每年从数百两到两三万两不等。不过，官员在火耗归公之后，继续征收新的额外税赋，老百姓的负担非但没有降低，反而增加了。这种非正式的财政开支，规模与正税匹敌，使用却更加频繁，形成了一套并不亚于正式财政制度的经济系统，是官员的主要财权。

对于部分地方官员来说，如果辖区内有官办事业，或者本身监管某项专门业务，就会有额外的收入。比如，云贵地区的州县有朝廷开办的铜矿、汞矿等官办企业，按例是由辖区的地方官监管；还有很多道台监管海关税收、盐茶专营、粮饷收支等，这些就成了他们的利源。清朝对官办事业、海关税收等机械地采取等额管理，每年下达任务指标。官员对指标完成之外的部分收益是掌握支配权的。如果管理得当，这会是一笔巨大的收益。本案的德明，其主要收入就来自专辖的事业。

综上，清朝官员的正常收入主要是由四部分构成：俸禄、养廉银、火耗、专辖事业。这四部分呈现逐渐递增的关系（京官的收入则调整为：俸禄、养廉银、地方官的孝敬、专管业务的灰色分润四大部分）。

此外，地方官员还有一些并不普遍的补充收入。比如，商户的奉献。在许多城市，当铺、乐坊、钱庄等行业为了求得官府的支持或者默许，定期不定期地会向地方官奉献银两。地方衙门财政临时周转困难时候，也会暗示这些行业贡献资金。这在部分城市几乎成为了惯例。又比如，买卖特许资格。清朝社会的商业中介组织、行会组织等，统称为“牙行”。开设牙行需要官府的特许，也就是需要获得“牙牌”。牙牌的获得，在多数地方简化为了买卖交易。尽管朝廷对牙牌有总量和区域性控制，但是地方官府往往装聋作哑、视而不见，积极出售牙牌。其中的缘由，就是财政压力使然。在经济发达的江南，盐商的奉献则是当地官员的另一项重要收入补充。还有一些颇具经济头脑的地方官，则打起了官银流转周期的主意。他们会将暂时不用的官银，放到资本市场上去生息，用利息收入来补贴财政。不用说，这种行为不仅有违朝廷规章，而且存在经营风险。总之，为了缓解财政压力，官员们是八仙过海，各显神通。

具体到德明他个人的经济账，他对俸禄只字不提，可见俸禄低微，在他的收入构成当中完全忽略不计；养廉银每年在2000两到5000两之间，收入并不高；火耗收入因为是非法的，所以德明等人也就避而不谈；德明收入最高的项目来自担任山西潞安知府时候管辖的潞安铁矿，一年就超过了5万两银子；德明收入最大的来源是担任陕西潼关道台时候管辖的潼关税务，每年有超过20000万两银子，任职6年则超过了13万两。这些收入，扣除掉迎来送往的应酬和幕僚团队、家属的开支，在抄家的时候还剩下大约20万两，应该说是符合常理的。

德明并不是一个大贪大恶之人，实在是因为“三年清知府，十万雪花银”的大环境使然。从经济角度看，地方官员类似于朝廷的税收承包商。他在完成朝廷的税收任务、不激发地方矛盾的前提下，有相当自由的经济裁量权。地方官员运用得当，确实能够积累巨额的个人财富；运用不当或者频繁遭遇灾荒事故，同样会背负巨大亏损，贴钱赔补，苦不堪言。钱粮赋税是地方官的第一大要务，是对官员情商智商、进退取舍的巨大考验，自然也是官场考核的重头戏。

德明骚扰驿站案引发出来的馈赠礼品和巨额财产调查，都是处于灰色地带的清朝官员实际的做派。为了维持日常行政和自身的生活，官员们的收入来源多样，相互馈赠成风。

高居紫禁城的乾隆皇帝不太了解官员的实况，不免有惊诧震撼之感。他下令调查，便遭到了山东官员集体的暗中抵制。这不是某个官员贪赃枉法或者横征暴敛的问题，而是整体大环境促使个体做出的客观选择。环境不变，处理某个官员的灰色收入，其他官员难免有物伤其类之感，不会配合深挖。德明案蔓延出来的诸多问题，调查问责便难以深入。

乾隆六十年八月初七，乾隆皇帝决定完结德明骚扰驿站一案。他降谕旨指出，地方督抚等官员应该洁身自好以身作则，不能私受馈送，相习成风。可是，各省馈赠之风并未禁绝。德明的礼物，可能是因为端午节无送礼的先例而作罢，玉德等人免于处罚。但是，皇帝重申要整饬官场风气，禁绝馈赠之风。

乾隆皇帝同时又发出了一道谕旨，瞄准的是地方官员不正常的巨额收入问题。

德明在潞安府管理铁厂，只有一年多就得到了银子5万多两，如果再任职10年不就有50万两了吗？这些钱理论上都是剥削商人百姓而来。可见各地类似的职位都是肥缺，如果遇到了不能洁身自好的人，危害巨大。而督抚平时又不知道稽查，听任下面的官员中饱私囊，或者干脆就任用私人，把亲信调任这些肥缺，分肥沾润。

乾隆下令山西巡抚查办潞安府铁厂的收益，要求制定税则，削减额外私收税费；制定章程削减主管官员的超高收入。乾隆同时要求各省督抚普遍核查有无类似的情况。乾隆认为，官办事业正常发展，管理官员略有利润，商民可以承担又有收益，这才是最理想的状态。但是，“超高收入”与“略有利润”之间的度，如何把握？在保证官员公正廉洁和激发市场积极性之间，如何搭建合适的激励机制，是否需要对清朝原有固定计划的统制经济体制，以及机械僵化的管理考核制度进行变革？这些深层次的改革内容，这些困难重重的难题，乾隆皇帝不知是视而不见，还是压根没有想过？

应该说，乾隆皇帝的想法是好的，至于各省的督抚有没有认真地贯彻落实，地方官员有没有贯彻执行，就不知道了。但是，之后还是屡次曝光地方官办事业的主管官员贪腐的案件，官员们依然对地方的肥缺趋之若鹜。

就在皇上发布谕旨的同一天，玉德奏报回复审讯德明的报告，同时又处理了一名官员：曹单同知吴畯华。曹单同知隶属曹州府，是德明的下属，负责黄河汛情、堤工等事务。估计在黄河河工事务上，吴畯华与德明两个人交集较多，进而发展出了密切的个人关系且多有金钱往来。吴畯华曾代德明变卖过 200 两金子，又因为母亲治病借过德明 1300 两银子。玉德拟将德明改为斩监候，以“逢迎交结上司”将吴畯华革职，发往军台效力赎罪。吴畯华的行为，放在平时断然不会遭到如此严重的惩处。很可能是因为乾隆皇帝盛怒，高度重视此案，山东方面不得不随之株连，处理一两名与德明关系密切的人塞责。

乾隆皇帝怀疑德明原本要交结新上任的玉德，玉德就推出了一个交结德明的吴畯华，反而显得自己风清气正。涉官案件，法无明文、皇权横加干涉的特征在此处暴露无遗。玉德于第二年，嘉庆元年六月调任浙江巡抚，后任闽浙总督。他的儿子桂良，同治年间入阁拜相权重一时，远比乃父要著名得多。

由于德明出身内务府包衣，其家产以及礼物变卖所得的银两都上交了内务府。

06

金乡冒考

阶层跃升的大风波

一、济宁罢考事件

嘉庆六年（1801 年）的冬天，又到了山东省济宁直隶州的府试时节。所谓府试，是最基础的科举考试之一，没有功名的读书人（童生）需要通过县、府、院三级考试才能获得最低级的秀才功名。县考由知县主持，府试则要赶到家乡所属的府或直隶州考试，两试通过后再接受本省的学政巡回各地举办的院试，三试通过方能成为秀才，有功名在身。县考和府试一般安排在冬季，时间邻近，来年开春后各地再陆续进行院试。如今，济宁州下属各县通过县考的童生们都会聚到州里，等待接受济宁知州王彬的考试。

本年的府试注定不同寻常。来自下属金乡县的考生们带来了爆炸性消息：金乡考生张敬礼是贱民出身，竟然也跻身考场！金乡县的秀才李玉灿实名揭发张敬礼的先人是本县的皂隶。消息传开后，考生们都不干了，都耻于与贱民为伍。有人说，贱民自甘堕落、悖逆名教，甚至违背纲常伦理，有什么资格书写孔孟之道、指点江山社稷？有人担心，万一贱民子孙考中了，岂不是成了老爷，以贱为尊，我们该如何自处？考生们一致反对张敬礼考试，很多态度激烈的考生还摆出有我无他，有他无我，誓不与张敬礼一同进考场的姿态。

十一月二十七日是府试时间。当日，知州王彬在考场外牌示："张敬礼等暂行扣除。"王彬只是取消了张敬礼本次考试的资格，对于这种避重就轻的权宜之计，济宁童生们并不买账。他们坚决要求"永行扣除"张敬礼的科举资格。大家在态度坚决的中坚分子的主张之下，集体拒绝入场考试，不满足诉求决不妥协。结果，十一月二十七日的府试没有考成。

王彬并没有答应考生们的要求，公告府试推迟到十二月初四举行，没有剥夺张敬礼永远参考的资格。童生们和知州大人僵持了好几天，拖延到十二月初四，部分考生进场考试，大多数考生四散而去，拒绝考试。事后统计，当年济宁各县选送参考的童生有590多人，实际参考的只有160多人。济宁罢考事件，就此发生了。

一个考生十年寒窗，本人和整个家庭都付出了巨大的财力和心血，为什么几百名考生因为一个外人的身世问题就放弃了考试，放弃了功名呢？考生们为什么固执地要求“永远”剥夺张敬礼的科举资格呢？张敬礼到底招谁惹谁了？所有问题的背后都指向“贱民”这个关键词，需要我们先来了解一下传统社会的身份良贱问题。

中国传统社会重视身份的尊卑。从先秦的爵序礼法到明清的居室车马，都是为了明定人群的尊卑贵贱。尊卑有序、贵贱有别，是传统社会运转的重要组成内容，也是维持社会秩序的利器。不同身份的群体拥有不同的权利和义务，扮演不同的社会角色。比如，士农工商四大主要群体，从摇篮到坟墓都有各自的衣食住行规矩，不能逾越。他们要发挥不同的社会功能，共同维护传统社会的运转，同样不能逾越。这便是传统社会的“身份”问题。“身份”和“家族”一起，组成了中国传统社会两个基本支柱，框定了我们祖先的人生轨迹。混淆了尊卑良贱，就是乱了身份，进而威胁到社会秩序。

历朝历代都重视身份问题。《大清会典》的一大原则便是“区别良贱”，注明了“四民为良，奴仆及倡优隶卒为贱”。贱民从事边缘职业，被社会认为是品性、道德存在问题。比如，奴仆放弃自己的姓氏，以主人家的姓氏为姓，典型的有违孝道，数典忘祖；妓女强颜欢笑，甚至出卖肉体，典型的没有廉耻，自甘堕落；衙役舞刀弄枪、刑讯他人，不仅置自身于危险境地，而且以残害他人为业（尤其是狱卒、刽子手），都是德行有亏的行为，所以都被归入“贱民”行列。传统社会对他们是排斥的，体现在政治领域就是不准贱民群体当官，限制贱民群体的上升空间。[①]

① 一度，传统社会中有堕户、乐户、丐户、伴当等从事低贱行业的人群，备受主流社会歧视，不允许改业。清朝雍正年间，朝廷才允许这些人群“自新”，允许他们放弃原行业从事新行业。

表现在科举制度上，贱民不能参考。贱民混入考场就是“冒考”[1]。为了防止冒考，官府规定参考者须书写三代直系长辈行状，自证“身家清白”。清朝还进一步要求童生参加县考须由当地乡绅出具印结[2]，证明他身家清白，可以考试。传统社会的复杂之处，在于明确的制度规定之下存在社会的高流动性。职业是可以更换的，身份是可以转变的。传统中国是身份社会，却不是等级社会，个人可以奋斗获得尊贵的身份，而权势人家的子弟也会坠落到社会底层。鲤鱼跃龙门和富不过三代，同时存在这一片大地之上。同样，贱民群体也不是一成不变的，有人流入也有人流出。为了应对社会流动，官府对贱民改业自新等情况与科举的关系，也有详细规定。乾隆、嘉庆年间，清朝规定：官府雇用的轿夫、厨子等人在改业十年之后子孙可以报捐、报考；乐户、乞丐、奴仆、长随等群体三代清白之后，子孙可以捐考；而倡优、皂隶、马快、步快、仵作等家庭，子孙永远不准捐考，限制最死。济宁罢考事件涉及的金乡县考生张敬礼，就有“皂隶子孙”的嫌疑，属于永远不准考试的人群。

科举是传统中国社会流动的重要渠道，也是官府强化意识形态、选拔统治人才的主要途径。科举运行的好坏，直接关系到政治体制的质量。从宋朝开始，朝廷设置专门的学官系统，负责教导儒家学说、管理官办学校和主持科举考试。清朝的学官系统包括中央的国子监，地方省府县的学政、教授、教谕以及训导等。其中学政是一省学官的最高首长，负责地方科举考试，管理全省士人的功名。济宁罢考事件爆发时，负有监管责任的山东学政是江西省萍乡人刘凤诰。

刘凤诰是乾隆五十四年的探花，是科举考试的佼佼者，从科举制度受益多多。嘉庆六年，刘凤诰出任国子监祭酒，负责管理国家最高学府，统率天下士人。也就是在这一年，刘凤诰出任山东学政，并在第二年升为内阁学士兼

① 冒考主要有两种情况：一是贱民冒充良民参考，一是考生假冒籍贯参考。

② 印结：古代盖有官员私章的保证文书。

礼部侍郎，仍留任山东学政。一个从科举考试的千军万马中杀出来的胜利者，一个以天下读书人表率自居的管理者，遇到一桩涉嫌破坏名教、侮辱士林的案件，会怎么处理呢？

济宁知州王彬、金乡知县汪廷楷在罢考事件发生后分别向刘凤诰提交了报告。其中，汪廷楷的报告将此事定性为“张姓充皂无凭，李玉灿挟嫌妄攻”。汪知县一时间找不到张敬礼先人充当皂隶的证据，便认为李玉灿是胡乱揭发。既然是无凭无证的事情，地方官员也就不能剥夺张敬礼的考试资格。

然而，金乡县读书人的看法截然相反。嘉庆七年正月，该县举人王朝驹，在籍官员、现任州同张福基，以及数名秀才来到山东学政衙门，众口一词指认张家先人充当过本县书吏，同时控诉州县官吏狼狈为奸，欺凌读书人。其中，告发张敬礼的李玉灿，具有秀才功名，拥有司法豁免权，免受刑讯。地方官府如果要审讯秀才，必须呈文学政，由学政剥夺该人功名之后才能审讯。可是，李玉灿在革除功名之前就受到州县官的刑讯和拘禁。而刘凤诰始终没有革去李玉灿的秀才。王朝驹、张福基等人还告发，金乡县之前屡次发生过攻击皂隶子孙考试的事件，但是案卷都被县衙门的书吏侯圻、孙继魁等人舞弊抽走藏匿了。

王朝驹、张福基等人的控诉，不是个体行为，而是代表着金乡县整个读书人群体的态度。他们的人员组成就包括了当地各个层级的读书人，揭发的也是金乡县整体良贱不分、歹徒沆瀣一气的情况。刘凤诰原本就是读书人群体的坚定成员，面对当地士人群体的控诉，情感上很快就站在当地士人的一边。他排斥了王彬、汪廷楷两名官员的报告，还认为他们在“玩误考政”。

嘉庆七年四月十六日，刘凤诰上奏：“济宁直隶州属金乡县考时，有生员李玉灿等攻击童生张敬礼、张志谦系皂隶曾孙混考。知县汪廷楷并未详查，率准考送。上年十一月二十七日知州王彬考试，又不按控审明扣除，致合邑童生耻与皂孙为伍，不肯进场，迨改期十二月初四日续考，诸童半已散归，该州只就所到人数收录，以致未考者多至400余人，概置不问，怨声沸起，此该州县种种谬误之情节也。”刘凤诰奏请将汪廷楷等人革职，派员查办张敬礼事件的详细情形。

刘凤诰的这道奏折，将发生在鲁西南的一桩地方性罢考事件，助推成了朝堂皆知的大案。

嘉庆皇帝勤于守成，恪守祖宗成法，对事关名教纲常的事情尤其留意。区分良贱自然是他在意的重要内容。举个例子：北京城步军统领衙门的番役，工作内容与其他衙门的衙役没有本质区别。之前，步军统领衙门往往为拿获要犯的番役奏请赏给顶戴。不少番役因此获得了武官顶戴。嘉庆皇帝发现这个现象后，给予严厉批判，颁发圣旨重申番役“不准为官，其子孙亦不准应试”。这正好是嘉庆七年的事情。接到刘凤诰的奏折后，嘉庆皇帝的基本判断也是要维护纲常伦理，杜绝贱民冒考，因此准奏，下令将汪廷楷等人革职，命令山东巡抚和宁秉公查明、处理此案。

巡抚和宁是镶黄旗蒙古人，精于边疆政务，之前担任过多年西藏办事大臣，在案发当年（嘉庆六年）刚刚内调为山东巡抚。作为蒙古人，和宁虽然也在乾隆三十六年考中了进士，但显然不熟悉汉族地区社会良贱的复杂性，加上一省长官政务繁重，确实没有时间和精力亲自处理这么琐碎的事务。所以，和宁委派济南知府邱德生等人负责审明济宁罢考事件。

巡抚大人事务繁忙，邱德生这个济南知府同样不胜政务繁剧。济南是山东的首府，全省政务都汇聚于此，省内的钱粮、人犯等，朝廷的钦差、摊派等，加上各种迎来送往、突发情况都需要处理。那么谁来处理呢？济南知府首当其冲。邱德生整日埋首各种事务，如今又多了审查冒考案的任务。

大凡出任一省首府知府的人物，都是精通人情世故、谙熟地方政务的干吏。邱德生拿到任务后，顿时头疼。他深切地知道，此事绝非表面这般简单，很可能就是一桩查不清楚的糊涂案。邱德生为什么会有这样的感觉呢？因为虽然良贱观念已经成为社会共识，但是如何区别良贱却存在巨大的操作难题。

首先，良贱区别的标准，无论是在制度上还是在实践上，都模糊不清、暧昧不明。

对于贱民，清朝人公认的特征大致有两点：一、是否依附他人；二、是否自食其力。戏子因取悦他人得食，揣摩观众的好恶而举止，人们认为是下贱的行业；他们虽然也卖力流汗，但得到的报酬带有观众犒赏、玩弄的意味，不算真正的自食其力。码头苦力虽听人使唤，但来去自由，有选择雇主的权利，靠流淌的每一滴汗谋生，所以苦力是良民。可是，社会是复杂的，三百六十行行行有实际情况。而清朝人对“贱”只有原则性的观念，缺乏明确的标准。这也体现了中国传统社会的一个特点：多原则性概念，少实操性标准。

比如，“主仆”“良贱”等关系并没有整齐划一的硬性标准，含混不清。卖身为奴的家仆大家都公认是贱民，那么依附性服役的佃户、给官员鞍前马后效劳的长随，或者流荡谋生的游民，算不算贱民呢？妓女和乞丐，大家也公认是贱民，那么敲花鼓卖唱的歌女、居无定所游村串巷的泥瓦匠，算不算贱民呢？同样的情况存在于给官府短期服役的差役、大户人家放出奴仆等群体，都没有明确的标准。加之，中华帝国地域辽阔，实际情况特殊。各地存在名同实异、名异实同的群体。比如，同为地保，在甲地是听候官府吆喝、协助缉拿盗匪维持治安的角色，类同于差役；在乙地则是纯粹地协调官府与居民关系，督促邻居缴纳钱粮的中介角色；而在丙地，甚至可能是百姓推举秀才、举人等乡绅出任地保，作为自己的代言人。因此，甲地对地保的限制政策不能照搬到乙地，如果施行于丙地，更是会出大问题。

其次，每个人的职业状态，往往因为个人际遇、地区差异、偶然事件等原因，变化多端甚至随机不定。

身份关系是维持传统中国社会秩序的重要要素，但中国人身份的世袭性不强，社会流动度高。全社会是鼓励人们通过努力奋斗改变自己的阶层，甚至是鼓励贱民自新，重新择业的。那么，中途自新或者从良的更换职业的贱民，他们的子孙算不算良民？长江上游有纤夫、浙江水乡有堕户、广东沿海有船户，都是地域性的职业群体。他们的良贱如何认定？再比如，一个良家少年因为一时失足或者单纯因为贫困无依，短时间内从事阉鸡鼓吹等职业，能否认定是少年及其子孙都是贱民？

朝廷律法是面向全国、带有普遍性的条文，不可能面面俱到，不可能对区域性情况、对个体偶发情况都一一照顾到。而针对特殊情况的清朝判例往往又带有法律效力，可以为其他案件所援引，全然不顾中国是如此复杂的庞然大物。这便增加了区别良贱案件的复杂性和实操难度。

二、金乡冒考风波

济南知府邱德生接到审明济宁罢考的任务，就清楚这是一道区别良贱的大难题。

官员深知地方上的良贱区别十分头疼，涉及错综复杂的社会群体和利益纠葛。他们完成任务的主要方法就是一个字：拖！邱德生等人将相关人等一一调集济南府，在大堂之上将惊堂木拍得震天响，隔三岔五就组织审讯，可就是不下结论，更不用说向上回复了。果然是饱受地方政务历练的老人，应付差使的“套路”深得很。

倘若是寻常百姓，邱知府的套路是管用的。但是，罢考牵涉金乡士大夫群体。邱知府等人面对的其中一方当事人是整个金乡的乡绅。乡绅们比老百姓有文化、有金钱、有见识，更重要的是他们是一个已经组织起来的成熟群体。

乡绅群体的利益和科举制度紧密相关，因此对贱民应试极为敏感，反应也很强烈。一方面，他们是乡土的有力人士，代表乡亲们对外说话；老百姓们觉得乡绅们知书达理，有知识、有能力维护本乡本土的利益。另一方面，他们是官府的力量延伸，协助公权力施政；官府觉得乡绅们熟悉朝廷规章制度，熟悉公权力的话语系统，更重要的是乡绅具备做官可能，是官员的蓄水池和官府天然的同盟军。乡绅是乡土百姓和朝廷官府沟通的桥梁和中介。他们之所以能够获得如此地位，得益于科举制度。乡绅不一定是财富所有者，也不一定是当地的强宗大族，但绝对主体是拥有科举功名的读书人。科举教育赋予了他们面对百姓乡亲的知识和道德优势，科举考试给予了他们功名，也锻造了他们与官府公权力的天然亲近感。

科举是乡绅的力量之源。当金乡县的乡绅们听闻竟然有皂隶子孙冒考时，必然将之与科举的尊严、纯洁联系在一起，关注之余给出头者支持；当他们看到州县官员判定皂隶子孙因无凭证不能剥夺科举资格，进而刑讯、关押举报的读书人时，乡绅们认为此事已经威胁到科举制度本身，间接威胁到自身群体的权威与根本，所以一致支持向更高级官府申诉。

复查的邱德生等官员直到嘉庆七年七月，依然没有明确的表态，相反几个月来一直拘传、关押金乡县相关士人。金乡的乡绅们坐不住了，他们决心采取集体行动，进一步上北京京控。因冒考事件受到牵连的举人尚荣衮，还有涌现出多位科举才子、出仕高位的金乡望族周家的周云峰等人出面张罗，到各村向乡绅们募集钱财，写好呈状，推举既有热情又身体强壮的武秀才李长清踏上了京控之路。

七月十四日，李长清到都察院呈递了诉状。因为事关尊卑贵贱大礼，且涉及山东现任官员，都察院不敢怠慢，随即向嘉庆皇帝报告。十六日，嘉庆皇帝下令内阁大学士、管理刑部事务的董诰等人查询情况。十八日，董诰等向嘉庆皇帝报告了李长清京控的基本内容：

第一，张敬礼的家庭情况。

乾隆早期，金乡县人张子忠，任职县衙皂隶一年有余后退职还乡，改名张荩臣。乾隆七年，张荩臣的儿子张桐报考武科举，遭到同乡秀才李思靖等人的举报攻击，没有考成。乾隆二十年，张荩臣的两个孙子，报考文科举，又遭到同乡秀才李文士等人的举报攻击，还是没有考成。去年（嘉庆六年），张敬礼等5名张荩臣的曾孙子又要报考文武科举，要求金乡县教谕黄维殿趁秀才张兴甲患病之际，代理在印结上画押，终于进了考场，结果引起秀才李玉灿等人群起攻之。由此可见，张敬礼家族几代人锲而不舍地要求参加科举考试，同时持续引发了金乡县的“身份之争”。

第二，山东官吏违法情况。

李长清控告张敬礼的兄长张冠三，实在是张家冒考事件的实际主使人。张冠三贿赂金乡县衙兵房书吏侯圻、礼房书吏孙继魁等藏匿有关乾隆七年、乾隆二十年张家人的冒考事件案卷。原告李玉灿不得不在当事人李文士的孙子李涞阳家里翻出李文士当年揭发控告的底稿，作为证据提交给济南知府邱德生等人。但邱德生等官员还是采信了金乡县书吏们的一面之词，将李玉灿等人提交的底稿认定为捏造的伪证，竟然用掌责、打板、拧耳、跪炼等方法拷问秀才们，还强迫李涞阳诬认李玉灿捏造文件。

第三，案件牵涉面不断扩大。

山东官府传唤举人尚荣衮等人质询。尚荣衮不服，官员们将他摘帽凌辱。此案并拖累金乡绅士张福基、王朝驹等100余人。邱德生等人欺凌士大夫的行为不仅侵犯了士大夫阶层的司法豁免权，并且极大激化了官府和士大夫群体的矛盾。在冒考案处理过程中，许多士大夫旗帜鲜明地站在李玉灿、尚荣衮的一边，并不是因为他们了解张敬礼冒考案的真实情况，而是山东官府欺凌、株连读书人的恶行侵犯了士大夫们的切身利益。这是他们绝对不能容忍的。这其中又有什么关联呢?

士大夫为四民之首，尤其是有当官资格的士人，在乡土中受人尊敬、地位很高。他们的尊贵既来自学问涵养、温文儒雅，也来自官府对读书人的尊敬。士大夫可以见官不拜、拘传不到，没有革名不受刑讯，等等。尊严和尊敬是传统社会秩序的支柱之一。可恨的是，邱德生等地方官既对士大夫用刑、拘禁，种种侮辱，简直是辱没斯文。这就是官府自身“乱了身份”，破坏了社会秩序。老百姓看到士大夫像自己一样挨板子受刑，和自己一样被侮辱挨骂，没有尊严，便会对既有社会规则产生怀疑，进而动摇现存社会秩序。士大夫斯文扫地的同时，乡土秩序也开始崩溃了。乡绅们揪住张敬礼的家世不放，就是护着本群体的尊严不放；乡绅们攻击地方官、凌辱士大夫，就是捍卫乡土秩序。

李长清京控，在朝野产生相当的关注度——金乡县乡绅们集体行动的目的达到了。董诰还在调查的时候，乾隆四十年的榜眼、礼科给事中汪镛就此上书，弹劾承审官员将原告刑讯逼供，同情李长清的京控行为。汪镛和刘凤诰一样，既是科举考试的佼佼者和受益者，又是承担礼法职责的朝廷命官，他们的行为具有代表性。

嘉庆皇帝综合各方信息，发出上谕，派遣刑部侍郎祖之望、礼科给事中汪镛为钦差，取代和宁重审此案。上谕指示祖、汪二人留心查访和宁平时的工作态度。如果李长清的控诉属实，那么山东官吏“朋比为奸”，应当严加惩处。嘉庆皇帝的倾向性非常明显，也站在了士大夫的一边，认为地方官胡作非为、混淆良贱。

金乡县冒考案的处理进一步升级。钦差大臣祖之望是福建蒲城人，长期在刑部任职，精通律例，又有地方行政经验，称得上是能臣干吏，在嘉庆早期多次出任钦差大臣审理疑难问题。另一个钦差大臣汪镛则是士林典范，精通仁义道德。嘉庆对两人的选择，寄托了稳妥、周到、彻底审明冒考案的期望。

祖之望两人不负众望，抵达山东即展开紧张有效的工作。首先，邱德生等官员羁押、刑讯金乡县读书人很快查明属实。监牢里存在读书人本身就是铁证，读书人身上的伤痕更不会说谎。祖之望奏请将邱德生等承审官员革职，接受查办。接着，钦差一行马不停蹄赶往济宁金乡县，力求彻查事件的起源：张敬礼家族到底是不是贱民？

金乡县人口繁密，但因地处鲁西南平原，且离京杭大运河较近，经济情况尚可；金乡县古属鲁国之地，与儒家圣地曲阜数县之隔，因此重视文教，士大夫力量强大。抵达金乡后，相对之前山东官员的拖沓低效，祖之望、汪镛的效率高得多。一个多月后，八月二十二日，两人就长篇汇报了在金乡县实地调查情况：

第一，张荩臣是否担任过皂隶，没有册籍可查。但张氏居住的村庄至今人称“皂家庄”，加上从前历次揭发、攻击张氏冒考的当事人还有5人存活，他们都指认张家先人担任过皂隶。张家自然不服，族长张儒刚提交了一份族谱，说自家是从山西省洪洞县迁徙到山东省金乡县的，与金乡县别的张姓并非一脉，传承有序、家世清白。但是经核查，族谱开列的族人名字与张荩臣、张敬礼等人应试时申报的祖父三代行状有不少出入。祖之望认为张家提交的族谱有诸多可疑之处，因此可以认定张敬礼“身家不清”，冒考一事基本坐实。

和身份一样，家族是传统中国社会的另一大主干。两者一起构成了传统社会的经纬，每个中国人都能从中找到自己的角色，照着一册无形的唱本演完人生的悲喜剧。科举考试、宦海沉浮乃至其他重要场合，都需要当事人列明祖宗三代，以示庄严郑重。家族的普及，使得清朝的清白人家都有自己的族谱，凝聚族人、规范言行。张家既然是清白人家，自然也有族谱。遗憾的是，张家人提交的族谱，恰恰成为钦差认为其身价不清的主要依据。因为眼前的族谱，和族人自述的祖宗三代有出入。这是硬伤。

第二，张敬礼等人曾在嘉庆四年、嘉庆五年两度赴考，到了嘉庆六年才被揭发，其中另有隐情。查原告秀才李玉灿家贫无依，到张冠三家教书。李玉灿先向东家借贷，张冠三未允；李玉灿又提出售地给东家，张冠三不肯承买。李玉灿因此与张冠三产生矛盾，就出面攻击张家子弟冒考。原来，李玉灿揭发张敬礼冒考夹杂着个人恩怨。作为秀才，李玉灿虽然落魄到给张家教书，但毕竟有功名在身，也是可以自称“老爷”的人物。他接连放下身段，希望得到张家的经济支持。为张冠三所拒绝后，经济上的窘迫沦为次要方面，感觉尊严受辱、颜面尽失更让李玉灿难以接受。他决定报复，报复的对象就是张家孜孜以求的科举功名！

穷酸书生整人都整得抠抠搜搜。李玉灿先是化名写帖子，揭发张敬礼等人是贱民子孙，被张冠三一眼看破。张家私塾不再聘李玉灿了，张冠三还当街辱骂李玉灿。李玉灿更加怀恨在心，进一步报复，刨根究底，誓将张家打入贱民行列。他到李涞阳家找到了乾隆二十年旧案的底稿，又约上同学和乡里的绅士到金乡县学的明伦堂公考阅览。当时，张冠三闯入县学，大闹明伦堂，痛骂李玉灿，引起了阖县读书人的公愤。

这里要插叙一下明伦堂的象征意义。从宋代开始，文庙、书院、太学、学宫都以“明伦堂”来命名讲堂，作为主体建筑。明伦堂“明人伦”，士大夫聚在廊下读书论政，在士大夫心中是庄严神圣的殿堂。张冠三一介草莽，大闹明伦堂，自然激起了读书人公愤。秀才和童生们集体控告于县学训导杨价。张冠三和李玉灿两人，一方是有钱任性，一方是没钱心眼儿小，把矛盾越闹越大。

天下周知的金乡冒考案，竟然起因于李玉灿与张冠三之间的金钱纠纷，因为身份偏见和层层机缘，酿成了巨案。

第三，和宁接手此案后，委派济南知府邱德生等人处理。此处便有一个有趣现象：皂隶虽然公认是贱民，在衙门里的实际权力却远大于一般良民，甚至大于士大夫。毕竟，衙门的实际运转依赖于书吏差役等人。官吏差役们自然而然地捆绑在一起，立场接近，利益相关。

接到任务后，邱德生等审查官员天然地站在官府和书吏一边，既没有发现张荩臣当差的记录案卷，又烦恼于金乡书生揪住县衙书吏藏匿文书不放，判断此事是秀才们仗着人多势众，意图挟持官府，禁锢人家子孙终身不得科举。在职的书吏皂隶们，想必对张家的遭遇是天然同情的，知道长官们的心思后，不管不顾，对书生们大刑伺候。他们采取拧耳、跪炼等手段逼迫李涞阳供认乾隆二十年的底稿是伪造的。李涞阳在刑讯之后牙齿脱落、头部有一寸见方的头发被拔掉，受刑明显。金乡秀才们也遭到了刑讯，被迫牵连他人，辗转株连，最终导致上百人金乡乡绅受到非礼对待。

祖之望、汪镛调查后认为邱德生等人要对此负全责。而巡抚和宁和布政使、按察使等人对邱德生等的恣意妄为无动于衷，但没有指使授意他们这么做。同时，张敬礼家族也没有行贿、嘱托官吏的行为。

三、激烈的社会竞争

祖之望、汪镛两位钦差条分缕析后，基本结论是张敬礼冒考、山东官员辱没斯文都是存在的。他们建议处置如下：

山东巡抚和宁、济南知府邱德生等地方官员处理不当，酿成巨案，分别治罪。其中，山东巡抚和宁、布政使吴俊、按察使陈钟琛，已经奉旨革职，并交部严加议处。事发地知县汪廷楷和承审时用刑最激烈的同知张继荣两人，革职并发往新疆伊犁充当苦差；受委派审明案情的济南知府邱德生，革职并发往新疆乌鲁木齐效力。

张敬礼等人考前曾提交了身家清白的担保，当地秀才苏体训为张冠三家出具不实证明，且平时就行为不端，革去功名，杖责八十；金乡县书吏孙继魁等人接受证明时，并不核查明晰，革去差使，杖责八十。原告秀才李玉灿挟私控告张家冒考，假公济私，革去功名，杖责八十；张冠三反过来诬告李玉灿，照诬告罪也要治罪。

张家只罪及张冠三一人，张敬礼等人因为年幼不知道家世背景，并非有心冒考，免于刑罚。因为“身家不清”，张敬礼等人以后不准再考。

因此事遭到禁锢的金乡县绅士、书生等人，一律释放。

祖之望、汪镛报告的倾向性很明显，基本上是站在金乡县绅士一方，满足了士大夫的全部要求。但是客观而言，两人勇敢地否决了嘉庆皇帝对山东官员“朋比为奸”的怀疑，尽量把惩处的人员控制在已经暴露的范围之内，没有扩大株连，防止此案发展成更大的诏狱。这是两人值得肯定的优点。

嘉庆皇帝在派遣祖之望、汪镛彻查的同时，也让山东学政刘凤诰继续查实再奏。这是皇帝一贯的做法，同时安排多批人马办事，有的在明处有的在暗处，或者有时声东击西、天女散花，让被调查对象摸不着头脑。美其名曰圣心关切、力求周到清晰，其实是对下平衡、相互监视的帝王术。差不多同时，刘凤诰也上奏了真相：承审官员庇护被告，将原告刑问，并且株连多名读书人；巡抚和宁对事发地知县汪廷楷不革职问罪，反而借口灭蝗，让汪廷楷继续回县办公，涉嫌对原告打击报复。

综合两份调查报告，基本情节相同，嘉庆皇帝采纳了祖之望的处理意见。涉案的邱德生、汪廷楷等官员全部革职。从刘凤诰的奏报中，嘉庆才知道山东发生了蝗灾。从康熙时期开始，皇帝要求地方官及时奏报地方自然灾害、物价起伏和突发事件等，了解民间疾苦，掌握天下状况。和宁隐瞒蝗灾不报，嘉庆皇帝极为不满，数罪并罚，将和宁革职、发往新疆乌鲁木齐效力。所遗山东巡抚一职，由钦差大臣祖之望补授。同时，嘉庆对刘凤诰未及早发现问题，至酿成大案再行奏报也表示不满，迁刘凤诰任兵部右侍郎。品级虽然相同，但兵部右侍郎职位远不如内阁学士兼礼部侍郎重要，实际上是贬职了。

金乡冒考案的幕前戏码，至此便收场了。案子折射出来的诸多清朝社会深层问题，则刚刚开始。跳出“冒考”的叙事框架，张家几代人孜孜于考场，何尝不是一个家族前赴后继、努力跃升社会阶层的励志故事？从张家子孙能够独立成村“皂家庄”来看，张氏宗族人多势众且有相当的经济基础，算得上是金乡的大家族。张家的张荩臣有一定的家底且略通文墨，并在乾隆十四年捐纳[①]获得了监生资格。张荩臣又可算是张家的杰出代表。在他之后至今已有五代人，偶尔也有捐纳监生的后人，但没有科举入仕的子孙。可见，张荩臣一家不甘心当一个乡间的殷实富户，一心要在仕途上有所斩获。另外，从祖之望认定编造的族谱来看，张家努力粉饰家门，争取上升社会地位。张荩臣的奋斗，和整个家族的上升行为，是逻辑相通、互为印证的。

从乾隆后期开始，各地的冒考事件频繁发生。背景是清朝中期人口出现井喷式增长，乾隆年间连续突破2亿、3亿，道光年间再突破4亿。“人口爆

① 捐纳：清代老百姓花钱购买官衔、职位或功名、荣誉等。捐纳的本质是公权力贩卖名器，可以缓解国家财政压力，可以满足社会秩序调整的需求，但负面作用也很明显。越到晚清，捐纳风气越重。

炸”带来的是社会竞争的加剧，原有的社会结构承受了越来越大的压力。刨除掉技术进步、物质丰富等因素，人们还是需要付出比前人更多的劳作与心力，才能维持相同的生活水平。人们活得更辛苦，需要应付的问题更多了。

在人生众多选择当中，做官依然是收益最高、最能实现人生价值的选项。做官还能光耀门楣，提升整个家族的社会阶层。因此，千军万马汹涌向科举的独木桥。有学者做过统计①，明清时代考中进士的人群中，出身祖先三代没有功名的家庭的比例分别是 47.5% 和 19.1%。也就是说，非士绅家庭的子弟考中进士的比例，清朝比起明朝大大降低。清朝平民家的孩子，要比明朝同阶层的人多花一两代人的努力，才能跻身上流社会。清代进士出身于平民家庭的比例之所以降低，原因并不在于科举制度本身有什么变化，而在于人口爆炸、竞争激烈，对于普通家庭的孩子不利。士绅家庭有经济实力和文教氛围，更容易培养子弟科举成功。但是，如果我们把标准从进士降低到秀才，只要考中秀才就算人生成功的话，那么情况又有不同。清朝南通县有 53% 的秀才出身于三代平民家庭、海门县有 48.4% 的比例、常熟县的这一比例则为 54.5%。可见，平民子弟跻身秀才，还是相对容易的。秀才是乡绅阶层的最低门槛。虽然不能当官，但也算脱离了平民阶层，能够享受特权。分析数据，我们可以得出科举的竞争在加剧的结论。士大夫阶层强化了对科举的投入，所以他们的子孙在高等级考试中获胜的几率大幅度增加；平民子弟也不吝对科举的投入，所以在低等级考试中一般家庭出身的人占据了半壁江山。现有高等级的群体（士大夫）凭借既有优势，扩大了在高层的人口比例；社会流动性依然存在，只是现有低等级人群迈入上层社会的数量在增多，但继续攀爬的难度也急剧增加。

在全社会竞争加剧的大背景中，清朝“士农工商”的社会等级，面临着巨大挑战。各地商人的经济地位往往跃升前列，甚至超过了士大夫。在商人辈

① 梁庚尧:《中国社会史》，东方出版中心 2016 年 5 月版，第 332-333 页。

出的山西、徽州、扬州等地，商人群体把持了诸多社会事务的主导权。但是在一般社会观念里，士人的社会地位仍然是不可超越的，尤其是官员身份更是大众趋之若鹜的目标。即便是富商，也把经营收益花在教导子弟读书上，希望后代能够科举入仕。其中，两淮和两浙的盐商家庭总共不及 1000 家，而在乾隆末年却产生了 280 余名进士，占全国进士总数的 1.88%，比例不可谓不高。我们可以得出结论：以商人为代表的富裕起来的人群，并没有把财力用在打破现有社会等级、要求结构性变革上，而是致力于在现有社会秩序下改善自身地位。他们把或明或暗、或合法或非法途径赚来的钱财，投入到兼并土地、读书考试、交结官府等旧秩序下的“高收益”行为。而富人们最热衷的寻求改变的举措，就是参加科举考试。可见，清朝中期社会的矛盾，不是否决现有的社会秩序，而是各方力量努力在现有秩序的框架下拓展自身利益导致的激烈竞争。

张敬礼的兄长张冠三就是这样一个富裕起来的殷实人家家长。在传统结构犹存、同时竞争激烈的大环境中，张家虽然有钱，但为士族所不齿，可以想象在很多时候还遭到士大夫的现实打压。张家采取的对策不是抗争不公待遇、改变旧的社会秩序，而是花钱雇老师（比如李玉灿）、编造家族历史，以便让子弟科举上进。经查，张冠三曾于嘉庆四年备下酒席，请本县秀才苏体训、王廷献等人作保，证明张敬礼等人身家清白，在嘉庆四年、嘉庆五年两次赴考。

地方官的工作也面临新情况。新的形势对州县官员的管理能力提出了更高的要求。清朝中期开始，民间诉讼日益增多。即便是以“息讼”为能事的地方官们也不得不绞尽脑汁，处理五花八门、层出不穷的纠纷与麻烦。这其中就有与身份问题相关的诸多案件。身份问题几乎都是疑似贱民家庭冒充士大夫甚至更高的阶层，寻求特权利益。没有一个官员会机械僵化地遵照律例制度来行事——事实上也没有明确的条文可以指导复杂的社会现实。他们需要结合地方实际情况和个人的价值判断，对朝廷法度做出自由裁量。一个有口皆碑的官员，会在物质和财产方面，照顾下层的利益；但是在涉及政治权益方面，坚定地维护高层的名誉和权利。而科举考试夹杂了政治、经济各种问题，堪称良贱案件的最复杂样本。

县考是童生参加的第一场，也是科举最基础的考试。县考通过后，府试和院试除非特别正当的理由，很少对县里报送的童生名单更改。也就是说，县考是一个平民跃升到士绅阶层最重要的环节。知县老爷就是这个重要环节的主持人，他的自由裁量决定着一个人理论上能否实现阶层跃升。遇到疑似贱民应试，又没有凭据的情况下，知县的选择有三种：第一，断然拒绝嫌疑人应试。这样的选择可以顺应大多数考生的要求，但是彻底堵死了一个童生的上进道路。第二，允许嫌疑人应试，但是在县考环节把他刷下来。如此折中，既满足了那些攻击者的核心利益诉求——不能让贱民跃升到士大夫阶层，又保留了一个童生家庭上升的希望。希望，是人类最宝贵的财富之一，也是科举制度的精髓之一。科举制度让全社会都相信，读书能够改变命运。所以，务实而理性的官员都会采取第二个选择。而金乡知县汪廷楷的处置方法，却是第三种选择。他让有贱民嫌疑、舆论热议的张敬礼通过了县考！这就意味着不出意外，张敬礼就要迈入士大夫阶层，实现一个疑似皂隶家族的地位跃升。原本就与张家关系恶化的金乡士大夫阶层完全不能接受这一点，激起了更大规模的抗议，反对张敬礼参加济宁府试，最终爆发了本案开头的400多名考生罢考事件。

嘉庆皇帝处理相关人员后，事情远非结束。我们还能在清朝档案中发现一年后的嘉庆八年四月，金乡秀才苏承训赴北京步军统领衙门，替被革去功名的弟弟苏体训鸣冤的材料。苏承训控告：

一、金乡县的部分乡绅秀才仗势欺人。济南知府邱德生问讯时，尚荣衮供称乾隆二十年攻击张氏冒考的底稿是周云峰、周璥华私自改写誊写的。官府传唤周云峰等人，但他们依仗堂叔周廷森是现任浙江道监察御史并不到案。之后，祖之望等到金乡县查案，钦差竟然住在周云峰表兄、原任浙江杭嘉湖道李翮家中，住了一晚上。后来审讯时，周云峰等人依然没有到案，但祖之望等人断定张敬礼就是皂隶之孙，说苏体训冒昧具保，并且声称苏体训平时作风不好，革去了功名还杖责八十。苏承训认为，周云峰通过表兄李翮嘱托，嫁祸自己的弟弟苏体训。

二、为张家人出具保结的人不少。张苳臣等人都成功捐纳了监生资格，张敬礼等人自嘉庆四年以来频繁投考，历次替张家出具证明的秀才一共有 30 人，尚荣衮、李玉灿等人也在名单之上。如果张敬礼真的是皂隶，为什么只处理苏体训一个人冒昧具保，而置其他人于不问呢？处罚显然不公平。

三、胜利的金乡县乡绅们还编造了《攻皂传》《芝兰谱》等剧本，辱骂苏承训、苏体训兄弟。因此，苏承训认为这是当地的士大夫中的强势群体在欺压他们这样的小门小户。即便士大夫群体也不是铁桶一块，内部存在分化。既有官居显贵的权势豪门，也是终身困守乡间的老秀才，甚至不得不四处游幕、教书为生。不同类别的士大夫之间也存在矛盾与倾轧。如果苏承训的诉状是真的，那么苏家显然受到了更有力之人的打压。如果再牵涉进来宗族、宗教、经济等因素，情况就更复杂了。而这一切的背后，很难说没有日趋激烈的社会竞争的影子？

因为材料的缺失，后人无从得知苏承训控诉的处理结果。冒考案相关人员的结局，张冠三、张敬礼等当事人也因史料阙如，无从得知；原山东巡抚和宁擅长处理边疆事务，发配新疆后继续发光发热，东山再起，历任都统、尚书，在嘉庆后期官至军机大臣、领侍卫内大臣，道光元年去世。因为要避道光皇帝的名讳，和宁改称和瑛；原济南知府邱德生贬戍新疆后，写作自娱。他的诗作有两大类，一写奉佛，二写爱情，看破宦海，未再踏入官场；原金乡知县汪廷楷被押送到伊犁后，帮办文书，编纂了《西陲总统事略》，是伊犁地区重要的官修志书。

清朝中期，富裕起来的群体抑制不了的上升冲动，使得金乡冒考案只是现有社会结构难以适应新形势、新变化而表现出来的一个事件而已。加上紧随而来的东西方碰撞、近代事物和外国势力进入中国，清朝的社会秩序饱受变革压力，频频出现问题的地域将会越来越多。中国进入多事之秋。

金乡冒考案显示，身份问题是理解传统社会的一把钥匙。可惜，身份、良贱等概念都是典型的“只可意会”的中国式概念。在社会开始剧烈变化的清朝中期，良贱问题频发，给我们开启了观察传统社会结构、分析社会变革的一个窗口。

07

兵部失印

大印不翼而飞之后

一、大印不翼而飞！

嘉庆二十五年（1820年）春，嘉庆皇帝要前往东陵祭陵。三月初七，内阁正在紧张办理皇帝祭陵的出行准备工作。第二天嘉庆皇帝就要启銮前往直隶遵化州的东陵了，为期大约一个月。届时，大批官员随行处理政务，保持政令畅通。发号司令就要携带官印。因此，内阁大学士派笔帖式前往各部领取官印。

内阁笔帖式来到兵部，接待官员不敢怠慢，带上部堂书吏鲍干等人，陪伴来人前往兵部库房取印。走到存放印章的区域，看到兵部各司、厅、所的印信，逐一排开，摆放在案上。这些都是要经常取用的，排在它们后面的是两个大木箱子，里面存有兵部的大印。和朝廷各部院衙门一样，兵部有两枚大印，衙门日常使用的称为"堂印"，随驾出巡时使用的称为"行印"，即"行在之印"的意思。行在，指的是天子巡行所到之处。皇帝在外到达哪里，哪里就是行在。兵部堂印存放在第一个大木箱子里面的一个铁匣之中。第二个大木箱子里则存放着兵部行印，还有兵部知武举关防及行在武选司、职方司等官印。这些都是不常用的。一干人等走到第二个大木箱子前面站定。

这第二个大木箱子虽然有锁，但平日并不上锁。打开箱子，行印就应该放在里面的一个木匣之中。可是，几个人翻看木箱，找不到木匣。大家立刻紧张起来，慌忙把木箱反复翻腾了好几遍，都找不到木匣。难道行印不见了？

兵部接待官员大叫起来："赶紧找，每一寸地方都不能放过！"一群人分头在仓库的各个角落翻腾起来。空气都似乎凝固了，安静得出奇，仓库里似乎只剩下人们紧张的呼吸声。不一会儿，本库的库丁康泳宁在屋角堆放的、像小山一样的旧稿案顶上，发现了印匣。打开一看，空空如也。行印真的不见了！

在场的官员知情不妙，一边派人去报告兵部堂官，一边组织人手在仓库里翻天覆地地查找。很快，兵部尚书、侍郎等本部长官纷纷赶到仓库，扩大搜索范围，在整个衙门里外手忙脚乱了一天一夜，还是一无所获。当夜，分管兵部事务的内阁大学士明亮也来到衙门，和各位长官挑灯夜商。无奈，丢失衙门大印，事情太大、隐患太重，没人敢隐匿消息。事实上，兵部这一天闹得鸡飞狗跳，人多眼杂，事情想捂也捂不住了。

第二天，三月初八，御驾刚启程行至汤山，嘉庆皇帝就收到内阁大学士明亮联合兵部尚书普恭、戴联奎等人的紧急上奏："兵部大印丢了！"一场匪夷所思的闹剧，拉开了序幕。

印信是国家名器的象征，是大小官员行使职权的凭据。历朝历代对印信的使用和管理，都有严明的制度。朝廷衙署掌握中枢大权，印信制度更为严明。"各部之堂印通行天下，各省将军、督、抚、提、镇以为凭据，实属紧要，关系重大。"堂印保管在专门的印房，设官吏全天候轮流看护。雍正三年，雍正皇帝下谕规定，中央各部拣选满汉主事各一人，专门掌管用印事宜。凡用印，必须严格执行印钥印牌制度。使用官员凭批准文书领印牌、印钥，取印时印牌押在印房，用毕还印后，取回印牌交差。保管官员收回印信检验无误后再行封存，并建立专项账簿，将用印缘由、次数、日期等记录清楚。此外，各衙门用印，除必须在衙门公堂使用、主要官员监临外，往往要求另有监印官，每用一印须加盖监印官衔名戳。以上所有规定，本意是为防止冒用官印。加上各部原有的仓库管理制度，各部大印的管理理论上是安全可靠的。谁想到，竟然会发生丢失大印这样低级的事故。

勘察现场，行印印匣子遗留在仓库内，明亮等官员据此认为是盗贼在仓库内行窃后，为了方便携印而丢弃的。存放兵部大印的大木箱里面，其他各处印信都完好。但是，其他印信都是铜质的，只有行在兵部印信及钥匙牌是银质的，而且是纯度极高的白银。盗贼窃走银印及银牌，明亮等人也判断是窃贼贪图银子。

此处插叙一下清朝官印的材质。一般是拥有者身份越高，印信材质越好。

皇帝之宝是用金、玉、栴檀木雕刻而成。皇族之印也称宝，用金、玉制成。中央各部、司、将军、都统等高官用银印；外派各行省官员随官职不同而使用银印或铜印。府、州、县官使用铜印。而低级官员、佐杂官员则用钤记，也就是木头刻制的印信。同样的材质，官印的用料考究、成色十足，比民间选材质量要好得多。

失印后，明亮等人自请“严加议处”，同时考虑到皇帝出巡期间的用印需要，请旨以兵部堂印暂代。为查出实情，他们奏请将涉及之人和看库更夫、皂役押交刑部，严加审讯。

嘉庆皇帝接到紧急奏报，百感交集。嘉庆皇帝个性温和、待人宽厚，在位 20 多年来勤勤恳恳，却不断遭遇莫名其妙的事故。不是在紫禁城门口撞见刺客，就是查赈官员被赈灾的地方官勒死，不是各级官员置三令五申于不顾前赴后继贪腐，就是朝廷千方百计开源节流结果还是到处缺钱，“千古未有事，老是出在大清朝”。如今又多了一桩怪事，那便是兵部把大印都给丢了！嘉庆皇帝已经出离愤怒，无言以对了。

兵部掌管天下军政，职责甚重，而行印有调动军队、钤发火票[①]、批发军需等大权。先不说政令畅通问题，万一行印落入歹人之手，遗患无穷。叛乱分子有了兵部大印，甚至可以起兵造反。事关重大，嘉庆即刻传谕，命令在京王大臣会同刑部，收齐嫌疑人，抓紧审讯，务必查出失印的详情；同时启动问责，先将兵部值班官员革职拿问，再追究兵部长官责任。其中，分管兵部的内阁大学士明亮，年已八十六岁，挂名管理却不经常到署办公，首当其冲负有领导责任，念其往日功勋，撤职、降五级处理；兵部尚书戴联奎，左侍郎常福、曹师曾，右侍郎常英，摘去顶戴，降级调离兵部处分。嘉庆皇帝对失印事件非常生气，对近年来曾任职兵部的松筠、和世泰等大臣也逐一点名，叫他们听候调查结果，再接受处理。兵部长官中，只有现任右侍郎吴其彦，因为

① 火票：清代发给驿传系统传递紧急文书的凭证，因“其速如火”而得名。

到任不久，且出差在外，侥幸免于处分。

嘉庆皇帝另调王公大臣负责审案，由庄亲王绵课牵头，内阁大学士曹振镛、吏部尚书英和协助，刑部堂官参加，组成专案组进驻兵部。

绵课等人勘察现场，发现存放行印的木箱已现腐朽，印匣扔在屋角旧稿堆顶上，符合窃贼偷印的特征。再翻看出入库记录，发现去年（嘉庆二十四年）秋天皇上去木兰围场行围狩猎的时候，兵部行印随同前往，秋围结束时办理入库。经办官员是兵部当月值班的主事何炳彝、笔帖式庆禄。讯问两人，他们都记得去年九月初三，行印归还兵部，两人开匣点验无误后送回仓库。何炳彝告诉专案组："当天行印到司，庆禄说印信关系紧要，必须亲眼看视。我向庆禄开玩笑说，你坚持要开匣验看，难道还怕被人换成石头不成？"庆禄说："当日是书吏鲍干将印匣打开，取出行印，我用手指弹了几下，行印发出啮啮的声音，确实是银子的响声。"庆禄信誓旦旦地说："如果行印入库时，印匣中无印，我愿以头颅作抵。"同时，当时在场负责听信传事的高级差役管帼林也做证，说亲眼见到何炳彝、庆禄开匣看印。这多条供述可以证实：行印的失窃时间是在去年九月初三至本年三月初七之间。在这半年时间里，凡是进出仓库牵涉之人，包括值班官员、用印官员、办事书吏、看守兵丁差役等都是嫌疑人。专案组和兵部将这些人员都开列名册备查，多达数百人，加上嘉庆皇帝下令收押的去年秋围期间接触过行印的书吏、差役等数十人，排查的线索繁复、嫌疑人众口纷纭，案件审讯的工作量巨大，犹如大海捞针。可是，专案组舍此之外也没有更好的侦破思路，只好硬着头皮奏报嘉庆皇帝。

嘉庆原本还怀疑大印是否是在库房失窃，或是在使用时就已经失窃在外，接到绵课等人奏报后也认为是在库失窃。窃贼能够进出兵部衙门且盗印携出而不被发觉，嘉庆认定是"内贼"所为，极有可能就是兵部的书吏、差役行窃。因此，嘉庆和专案组把审讯重点放在了兵部书吏和差役身上。

专案组进驻后，取印当日接待书吏鲍干、看守库门的兵丁、进出仓库的库丁和多名杂役最先送交刑部审讯。通过对书吏等的审讯，绵课等人了解到，兵部仓库的门钥匙由值班官员保管，用印时派人领取，由官员随同领印之人一起到达库房，再将钥匙交给库丁入库取印，库丁出库将钥匙交回。每次开关库都有多人在场，想要偷走一颗高纯度的白银大印，非常人所能做到。但是，兵部库房都被翻了个底朝天好几遍了，行印还是不见踪迹；而登记簿上明明记载去年九月初三行印查验入库无误，那么只能是有人在这期间把行印给偷走了。

书吏鲍干，既是发现失印的当事人，也是去年行印入库的经手人，是最重要的人证，首当其冲受到了重点审讯。鲍干上堂后，绵课等人见他身材不高、体形瘦弱、衣着普通、相貌老成，一副典型的中年刀笔小吏形象。专案组讯问他行印保管情况，鲍干回答与其他人相同。另外，他还供称去年九月三日行印入库贮箱之后，十三日曾有本部书吏周恩绶请领知武举关防，十六日送回，当时并未见缺少行印。专案组随即传讯周恩绶。他也供称去年用印时，与鲍干一同入库交印。鲍干将印交回并装入铁匣，陪同的是兵丁张幅受和杂役贺殿臣，张提灯照明，贺揭开箱盖。张、贺二人随即被带来讯问。这两个人见识有限，受审时紧张加上恐惧导致胡言乱语，一会儿说没进库门，一会儿又说是用钥匙打开的木箱。绵课见回话不着边际，挥挥手下令将二人带下堂去。

当日找到印匣的库丁康泳宁也受到了重点审讯。专案组对他就不怎么客气了，连日严刑伺候，拧耳朵跪铁链，拷问的重点就是他如何知道印匣在旧稿堆的高处。康泳宁坚持称是当天临时找到的，而且是和杂役纪三一起找到的。纪三承认九月初三和康泳宁一同爬上稿堆，找到了空匣。当时康泳宁情绪激动，大喊“有人害我”。专案组问康泳宁“谁要害你”，康供称是经常送本子进库的差役何氏父子，数年前曾和自己争夺库丁的缺，积下嫌怨。失印当天，康泳宁自知看守之责难逃，脑海中首先怀疑是何家有意陷害自己。何家父子随即被抓到刑部大堂拷问，一问三不知。绵课拿他们与康泳宁当面对质，结果把双方家长里短、鸡毛蒜皮的事情问出来一大堆，撕咬得越来越厉害，越来越不像在查案，倒像是在处民间纠纷。

在讯问过程中，差役任安太进入专案组的视野。任安太是传信差役，经常出入仓库，具备作案条件，同时有人揭发他与民妇孙氏勾搭成奸，对孙氏出手阔绰。任安太、孙氏迅速归案严讯。孙氏将与任安太通奸夜宿、任安太每月赠予钱粮等事交代得清清楚楚，可一说到行印就茫然无知。绵课等人看这孙氏披头散发，那任安太畏畏缩缩，不像是有胆盗窃大印之人，更像是普通的奸夫淫妇，问不出什么也就放到一边。

在大海捞针般的审讯初期，专案组多路并进，有疑必查，希望能从海量信息中筛选出有价值的线索。果然，重点审讯的鲍干透露出来一条线索。他揭发本部书吏周恩绶觊觎大印、之前多次求情舞弊：

去年十二月间，兵部武选司江西科书吏金玉林、唐宝善找到鲍干，说有事求他盗用堂印盖几个章。鲍干没有答应。之后，曾经在部堂和鲍干做过同事，后来选充武选司江西科书吏的周恩绶亲自出面，屡次向鲍干与另一个部堂书吏陈政求情，说有一道假札，须用堂印，承诺用银子换取盗用堂印一用。鲍干还是没有答应。今年二月十八日，兵部司务厅书吏许垚奎邀请鲍干赌博，鲍干输了京钱 100 吊、白银 50 两。这是一笔大数目。许垚奎情愿只要白银 30 两，条件是有事求鲍干帮忙。鲍干便问何事，许垚奎说还是周恩绶的事，求盗用大印盖章。许说，行文手续什么的都不用他操心，只借大印一用，要求不要声张。鲍干踌躇再三，还是不敢答应，也没有举报揭发，更没有向周恩绶当面提及此事。本月初九失印案发，兵部将鲍干押解刑部审问，周恩绶寻机拉住他，叮嘱不要供出自己。

二、兵部的糊涂账

周恩绶图谋作弊，疑点很大，专案组认为这是一条重要线索。

专案组迅速提来周恩绶等人严讯。兵部堂书陈政证实周恩绶确实曾两次央求他和鲍干盗用印札，许垚奎也供认聚众赌博，赌赢后利诱鲍干盗印。周恩绶一开始拒不承认，经与鲍干、陈政、许垚奎三人对质，才交代了缘由：

江西省绿营军官郭定元寻求升迁，由于已经四十八岁了，怕年龄过大影响升迁，恳求武选司江西科书吏沈文元将档案年龄改小了五岁，沈文元暗中帮忙做了改动。结果到了两江总督衙门那里，发现郭定元年岁不符，咨请兵部核看履历原件。这就给沈文元出了难题。他当时正要由吏转为官，机会难得。为了奖励长期兢兢业业、卓有成绩的吏员，清朝给书吏设计了入仕途径。少数服务多年，业绩能力出众的书吏，有机会担任低级官职。虽然只是从九品小官，但是身份的质变。沈文元生怕查出修改档案影响前程，便找到鲍干、陈政帮忙偷盖大印回复两江总督衙门。二人不同意，沈文元又转托周恩绶。周恩绶三番两次都没能说服鲍干，就用一张空白札付，私自填写改换年龄冒充档案原件。沈文元给了周恩绶 50 两银子。这是一桩舞弊案中案，但舞弊者觊觎的是兵部堂印，而非失窃的行印，且最终也没有得逞。专案组判断，周恩绶舞弊应该与行印失窃无关。

查案初期，由于没有特定侦破方向，没有特定嫌疑人，审讯多头并进、全面开花。受审的书吏、差役们口供繁杂，加上随意指认，议者纷纭，专案组千头万绪，核查任务繁重。即便查了，真假难辨，更加云里雾里。承审官员叫苦不迭，而临近秋审，其中的刑部官员要准备正事，纷纷借机离开。刑部官员是专案组的主审人员，经验丰富，审案全靠他们。他们离开后，审讯人手严重不足，失印案虽然没有停止，实质上已经停顿不前了。

四月三日，嘉庆皇帝谒陵回到大内，仍然没有见到失印案的审讯报告。庞大的专案组用了将近一个月时间，竟然对案子还毫无头绪！嘉庆下令将绵课罚俸半年，曹振镛、英和及刑部堂官各罚俸半年，承审此案的其他官员罚俸一年，严令他们从次日起每天赴兵部审案，早去晚散，不可懈怠。

在皇帝严令之下，审讯工作迅速升级。所有官员云集兵部，调集人手把衙门大院和毗邻民房仔细搜检，就连房屋内的炉灶及院内浮土都不放过，一一刨开察看。强光照耀之下，任何污泥浊水都暴露无遗。

专案组首先发现兵部衙门聚众赌博现象严重。每天下班之后或长官不在，该部从大堂到厨房都成为赌场。库丁在水房赌钱，差役在厨房聚赌，衙门里吆来喝去，乌烟瘴气。其次，兵部的官员值班制度并没有贯彻落实。当值官员夜间并不在署值宿，偶尔有一二人在署过夜，也是次日一早就回家，没有做到随时有人。本应当由官员掌管的堂印及库门钥匙，白天由当班兵役掌管，夜间交值宿书吏收存。钥匙管理混乱，作弊隐患巨大。再次，专案组现场发现兵部仓库后的围墙有新堵上的门形。经讯问，原来是衙役黄勇兴因为要娶儿媳妇，想将花轿穿衙而过，就在去年九月十一日凿开了兵部仓库的后墙，直通街外。失印案发当日，他才匆忙堵上门洞。专案组要捉拿黄勇兴问话，发现其已于本年四月初一病故。同时，专案们还发现领班衙役靳起凤在仓库后头居住，他的小院也有后门通往大街，只是加了封条而已。至于专案组问话的兵部官员，很多人一问三不知，对所管工作生疏得很，更不用谈对衙门和属下书吏、差役们的掌控了。

大印丢失查无音信，兵部政务废弛、漏洞百出的问题却一览无余。兵部官吏玩忽懈怠到了极点，种种规章制度形同虚设，在这样的大环境中丢失大印也就不足为奇了。作为天下最高军政机关的兵部，不能做到戒备森严、固若金汤，起码也得做到工作有序、照章办事，为什么会出现如今这般颓废荒唐的景象呢?

兵部官员们难辞其咎。兵部官员编制两百多名，但日常在署办公的估计不会超过二十名。客观而论，传统政治体制下的官员所学非所用，加上调转频繁，对业务工作很生疏。而兵部事务又是专业性比较强的工作，不是读圣贤书出身的文官们能轻易驾驭的。所以，绝大多数的兵部官员来了衙门，也没有多少公务有能力处理，只能依靠下面的书吏和差役们。吏役群体长期盘踞衙门，熟悉规章制度，又利用长官们的客观无知和畏难情绪，上下其手营私舞弊。主观而论，评判官员职业生涯成功与否的核心标准或者说唯一标准，便是品级的高低。兵部官员们追求的不是政绩出色、业务精湛，而是早日升迁，势必将时间和精力投向攀缘逢迎、交际应酬。平步青云春风得意之人，无不是孜孜以求仕途之人。埋头工作处理政务的官员，被官场视为异类甚至是笑话。首先，工作越多出错越多，清朝官员考核严格，公务差错会耽误升迁，得不偿失。工作越多越占用时间和精力，影响迎来送往谋求升迁。因此，当官和做事渐渐成为对立名词。在清朝，寻求当官者不干事，认真干事者升不了官。官场给初入仕途者传递了这样的信号：要想升官，就别埋头干事。其次，清朝衙门办公条件简陋。各衙门缺乏办公经费，官吏需要自筹费用办公。升迁的热灶烧不旺，衙门的冷板凳也不好坐。同时期吏部官员何刚德记载清朝吏部值班的当月处"屋极湫隘"，夜里"阖署阒无一人"，给值班官员的晚餐只有一碗两碟，清苦得很。吏部如此，兵部类似。可是各部又不能没有值班官员，这项苦差就交给了新分配到部、资历浅的新任官员了。明了上述情形，兵部官员不在兵部办公便可以理解了。他们能定期到所管衙门点卯报到就算应付工作了，稍微负责一些的，不时地蜻蜓点水般查问一下书吏们经办的公文，其实也是一知半解不明所以。

嘉庆皇帝得到报告，降谕痛骂兵部："各衙门当月官员在署值宿、保管库门印钥是职责所在，竟然并不亲自监管，全都仍有吏书差役等人携带、领取，随时开关。官廨为办事公所，门户墙垣关防紧要，皂隶贱役竟然胆敢任意穿墙打洞、自辟门路，差役娶媳妇的花轿嫁妆都穿衙门而走，闻所未闻！而兵部尚书、侍郎、郎中、员外郎、主事等人不闻不问，没有一人出来管理。整部官员形同木偶，实属溺职。该衙门废弛已极！"

在皇帝看来，整个兵部都烂掉了，完全没法要了。嘉庆掀起了第二波严厉的问责浪潮。以仓库后墙开洞的日期为节点，涉及官员都遭到处分。直接相关的官员立刻革职，没有保管钥匙的官员永远停升。对兵部堂官的惩罚最能说明严厉程度：去年时任兵部尚书松筠是治边有功的元老重臣，现已调任盛京将军，年近古稀，因本案降级为山海关副都统；继任兵部尚书和世泰是皇后的亲弟弟、嘉庆的小舅子，且在任不到半年，嘉庆也毫不犹豫将他革职，同时革去御前侍卫、正蓝旗满洲都统等职位，仅保留总管内务府大臣；刚刚来兵部代理尚书的普恭，上任才五天时间，也受到“降三级留任”的处分。在第一波问责浪潮中已经遭到降级的戴联奎、常福等四位堂官，现在改为革职。可以说，兵部前任和在任官员几乎清洗了一遍，以为玩忽职守者戒。

严惩只是善后，并不能帮助破案。又过了半个月，四月十七日，兵部失印案还是没有审出实情。专案组由庄亲王绵课领衔上奏，自请处分。此举看似无奈，其实是脱身之计。专案组诸位官员审讯一个半月，拷问上百人，连有价值的破案线索都没有找到，实在无计可施，希望通过处分自己由皇帝另派他人接手这个烫手山芋。

嘉庆皇帝也认为专案组无能，同时认为失印案经过绵课等人多日审讯，嫌疑人口供屡次更改，此时再另委他人审理于事无补，更加拖延时日。嘉庆的态度是，绵课等人既要受处分，也要继续审出实情。于是下令将绵课等人先行拔去花翎，曹振镛等人降为二品顶戴，严令他们加紧审讯，限定在五月五日之前查出窃贼或起获行印。如能限期前破案，予以开复[1]；否则，将于六日另行降旨治罪。

专案组脱身不成，只能硬着头皮继续“磨”案子。压力有时候真的能激发破案的潜力。绵课等人重新梳理案情，发现口供之中存在疑点。兵部衙门形同赌场，书吏差役们聚赌成风，那么赌资从何而来呢？其中，赌资玩得最大的是书吏们。兵部书吏胆大妄为到在办公室及各书吏家中轮流聚赌，输赢高达数十两甚至上百两。而他们的合法收入每月才区区几两饭食银。其中输得最惨的就是最早的重点审查对象鲍干。鲍干于本年二月间曾在许垚奎家中输了100吊京钱和50两银子，输红了眼要一注押200吊，其他赌徒不许。鲍干当场翻脸嚷骂，为多人所证实。鲍干这个中年书吏，看似老实，想不到隐

① 开复：撤销官员的行政处分，恢复原先的职务、荣誉或待遇等。有时也指革职罢官的官员复出任职（但非原职）。

藏着亡命赌徒的一面。

进一步调查发现，行印的入库和请用，鲍干都是主要经办者；发现失印时，在场人员指认鲍干毫不慌张，在其他人四处查找的时候提出以车驾司的行印充抵；受审时，鲍干多次揭发别人，提供了多条办案线索，都查而无用。鲍干充当兵部书吏多年，凡事肯帮忙、有担当，在书吏中有威望，看似不起眼儿，其实是书吏群体的关键人物。承审的刑部办案老手们直觉判断，这个人身上有故事！

专案组把鲍干设定为重点突破口，严刑拷打。鲍干确实是“有故事”，咬牙硬撑，顶住了刑部的刑讯拷问。不管刑部用什么方法，鲍干继续东拉西扯或者坚决否认，就是不吐露有价值的信息。刑部官员经验丰富，对鲍干使出了审案的“大招”——熬审。

所谓“熬审”，就是审案者轮番上阵，嫌疑人昼夜无休，连续不断地受审。熬审之下，嫌疑人不是突破生理和心理极限，如实招供，就是难免精神恍惚，露出破绽。审案者根据嫌疑人供述细节上的疑点，或者利用供述前后矛盾冲突之处，找出漏洞，深挖下去。刑部官员也不再拷打鲍干，而是不让鲍干睡觉，反反复复讯问行印出入细节。鲍干起初供述还很正常，好几天没有睡觉后，反应开始迟缓、说话开始游离，在说到去年行印入库情形时提到何炳彝等人“只于印囊外加封，并未开启印匣”。

等一下！之前何炳彝与庆禄两人可是明确说亲手打开印匣，目睹大印无误后再办理入库的。庆禄还信誓旦旦地用脑袋担保呢。如今，入库的目击者鲍干却说没有开匣检查，这可是一个重大纰漏。何炳彝、庆禄迅速被提到刑部接受严厉审问。两人起初坚持大印正常入库。刑部官员有备而来，指出兵部行印的印匣是有木屉的，同时印囊上有四五个骨扣，而从稿堆上寻出的空匣并没有木屉，囊上也只有一个铜扣，也就是说失印现场发现的匣子，根本就不是装载行印的匣子！这是怎么回事？何炳彝、庆禄二人在证据面前惊慌失措，胡言乱语几句之后不得不承认去年秋围结束以后，兵部行印归还仓库，他们两个人只瞟了一眼就让入库了，根本没有查看。匣子里有没有大印，谁都不知道！三月份失印案爆发，二人为了撇清责任，串供咬定行印正常入库，严重误导了专案组的思路。

专案组之前是判断行印于入库后在仓库失窃，如今看来查案的重点要提前到去年秋围期间。大印是否在秋围期间就已经丢失，又是谁办理了虚假入库?

三、到底谁偷了大印?

经查去年秋围期间，兵部尚书对行印的管理严格，大印存放在中堂帐房，使用时登记领取钥匙，就在帐房现场加盖。但是，车驾出行期间的大印就疏于管理。兵部安排了四名书吏每日轮流背印，在背印和下宿环节都缺少严密的管理制度，听由书吏携带。审讯的重点自然转移到了去年随行的书吏身上。

四月二十三日，随围书吏王振纲在拷打之下招供：兵部行印有两个匣子，其中有一个木匣是备用的，平日放在兵部捷报处，防备着正式的印匣损坏后替换。两个匣子在木屉、锁扣等细节上存在差异。专案组前往捷报处查看，发现备用木匣也不见踪影了。捷报处书吏俞辉庭、朱宪臣嫌疑巨大，随即收押严讯。俞、朱二人供称听说行印失窃后，怕被牵连，私下把备用印匣烧了，事后将匣上铜扣埋在捷报处后院。去后院起获所埋铜扣后，经过比对，根本就不是印匣原件。如此一来，俞辉庭两人的嫌疑更大了，等待他们的是大刑伺候。俞辉庭的抗压能力不强，而且案子查到这一步，证据确凿，辩无可辩，很快便全盘招供：

去年八月二十八日夜，秋围大队伍在归京途中停歇在靠近金山岭长城的巴克什营。随围背印的书吏到了晚上把行印交给捷报处保管。当晚值班的捷报处郎中是五福喜。五福喜将行印交给书吏他尔图，随即带领几个人赶往前站。

他尔图将行印拴在营帐中间的杆上，拜托书吏俞辉庭照看，自己去吃饭玩耍了。俞辉庭也是倒霉，一路上倦乏了，不知不觉在帐房中睡过去了，等醒来发现大印不见了！

俞辉庭吓得四下寻找，印匣就是不见了踪迹。他知道丢失大印，罪责很重，万分恐慌之下不是向长官汇报，而是想着如何去遮盖掩饰。书吏群体把持政务营私舞弊的行为惯性，塑造了他们遇到问题不是按照规章制度解决，而是粉饰平安、掩盖撒谎的做派。问题越大，掩盖的本领就越大。俞辉庭首先想到捷报处有行印的备匣，随即取出来；又用黄布包裹京钱试验重量，直到装入金钱1吊500文最近似行印的重量，便装入匣内锁好，使得匣子端起来手感最像真的；俞辉庭再伪造封条，将匣子封妥，仍旧拴在原处。书吏他尔图回来，不知情况有变，背上印囊就赶往下一程。

暂时蒙混过去后，俞辉庭不能心安。第二天向朱宪臣透露此事，嘱咐他不要声张。抵京后，俞辉庭盘算着如何骗过即将的入库和将来的出库环节。他发现书吏鲍干是关键角色，能够在出入库环节经手掩盖，便邀请鲍干到饭馆喝酒，将内情和盘托出，并且央求他设法蒙混入库。鲍干一开始是拒绝的，俞辉庭许诺酬谢白银50两，鲍干就答应了下来。鲍干分析，行印入库时，值班官员通常不会打开验看，俞辉庭的假印可以蒙混过关，但是第二年请印就很难掩盖了。俞辉庭哀求他想个办法，鲍干心中没底，但也暂时应承了下来。

负责保管行印的书吏他尔图还蒙在鼓里，于九月初二将行印上缴捷报处。值班郎中还是五福喜。他果然看都不看，就禀报时任兵部尚书松筠，说秋围已经结束、没有再用到行印之处，请将印匣钥匙、钥匙牌封作一包，连同被调了包的假行印木匣一起交给乌林太。乌林太也没有查看真伪，就随同笔帖式中敏于第二天送到兵部仓库。九月初三当日，乌林太、中敏二人在兵部衙门口会齐，一同进署，将"印匣"及钥匙、钥匙牌都交给值班主事何炳彝接收。何炳彝也没有开匣验看。一会儿，值班笔帖式庆禄来到，与书吏一起写好封条，由鲍干粘贴送入仓库。从始至终，没有一个官员想到要按照规章制度来开匣查验。假印，就这样堂而皇之地进入仓库。

转眼到了第二年，又到了用印之季。俞辉庭又找鲍干商量掩盖。书吏的行为逻辑，除了发现问题一味掩盖问题之外，在问题实在没有办法掩盖的时候，就习惯于炮制新的问题覆盖旧问题。总之，不能让问题暴露出来，得过且过，书吏的职业生涯能糊弄过去就算成功。鲍干想出了“制造假案”的主意：他找到仓库值班差役管帼林，说服他一同伪造行印被窃的现场。管帼林索要钱财，鲍干给了京钱 20 吊，管帼林就答应了下来。三月初四夜晚，鲍干让管帼林打开仓库，同时在外望风，自己独自入库揭开大木箱盖子，捧出假的印匣，用俞辉庭所给钥匙开启小锁，取出钱包，把空匣子放到旧稿堆之上，伪造了一场“失印案”。

为了应付检查，鲍干还与管帼林订立了攻守同盟，约定了几天后取印的表演。大家按照剧本演出了失印当天的一幕。鲍干或许是对自身演技太过自信，私自“加戏”。原本商量好将印匣的钥匙、钥匙牌扔进火炉销毁，鲍干也许是想留个纪念，也许是见钥匙和小锁可爱，竟然带回家中存放。这就成为了鲍干作案的关键物证。拿到俞辉庭的供述后，刑部搜查了鲍干家，就起获了印匣小锁和钥匙，经与现场遗留的备用印匣鼻扣试套，正相符合，坐实了鲍干的犯罪。

鲍干确实是经验老到的部院老吏，阅历丰富，心理素质高超，即便和俞辉庭当面对质，仍然百般抵赖。直到把在他家中柜底搜出的印匣小锁和钥匙摆在面前，鲍干这才低头认罪。为慎重起见，专案组还取来 1500 百文京钱做实验，用布包裹放在匣内，手感确实沉甸甸的、很平稳，像捧着真的印匣。

沸沸扬扬多日的失印案，竟然是书吏监管不力丢失行印、继而集体造假掩饰的闹剧。案件发生大半年，且集体表演多时，一切都发生在兵部长官的眼皮子底下，竟然没有一人察觉。其实，鲍干等人的剧本，掩饰环节不少、涉及人员众多，官员们稍微掌握本部门的人员和业务，就能识破闹剧。可惜，荒怠昏庸的兵部官员既没平日积累又没现时智慧，破案后面临更加严厉的问责。

时任兵部尚书松筠，身为兵部堂官，对堂印负有保管之责。他竟然委托给捷报处官员，捷报处官员又推给书吏，书吏也不把管印当一回事，散漫松懈，导致大印被盗。松筠在主动抛弃保管职责之外，又有失察之罪，且对部门管理和工作风气严重失职，罪上加罪，再革去山海关副都统。松筠久历行伍，历任军队要职，且长期驻守边疆，称得上是当时名将。可怜他，在古稀之年降为骁骑校。骁骑校是烫基层八旗军官。松筠从宰辅高官因此案一路跌落到小小骁骑校，夹着被褥去印房值宿。有人劝阻"老大人不必如此"，松筠看得很开，淡然说道："军校之职，提铃值宿而已。我虽然曾任朝廷大员，如今只是骁骑校，怎么敢旷职！"时任署理行在兵部侍郎的裕恩，革去侍郎、前锋统领、副都统官职。当时值班的捷报处郎中五福喜、送印的笔帖式中敏有违职守，革职。值早班的郎中恒泰也没有发现行印失窃，交部议处。最恶劣的是兵部仓库值班官员何炳彝、庆禄，没有按照制度开匣验看在先，推卸责任编造谎话在后，错误引导办案方向，革职发往边疆效力。因为庆禄夸下"愿以头颅作抵"的海口，形同光棍无赖，附加枷号一个月，期满后再押解边疆。该案的主要责任者，俞辉庭枷号一月，然后发往伊犁给兵丁为奴；鲍干则枷号两月，期满后发黑龙江给兵丁为奴。绵课、曹振镛等专案组官员最终破案成功，撤销之前的处罚，官复原职。

兵部失印案的台前表演结束了，演员们都遭到惩处了。然而，案子远非结束，幕后的真相依然隐藏在黑暗之中。那就是：兵部行印究竟去了哪儿？偷印的人又是谁，偷了印想要干什么？案子迅速进入了第二阶段，可能是更重要的阶段：抓贼寻印。

去年秋天丢失行印的巴克什营地方，在案发不久后遭遇严重山洪，街道房屋遭到清洗，居民星散。如今在当地清查窃贼，非常困难。嘉庆皇帝命令直隶总督方受畴、直隶提督徐锟广撒网密搜查，暗中派遣探员在长城口内、口外各店铺、歇脚处查访行印盗贼，同时在当铺钱肆中查访从去年秋天至今有没有拿镕化的高纯度白银换钱的人。方、徐二人选派了精明强干之人，乔装打扮，分头查访。那一段时间，秋围沿途的村镇关隘、河道码头、沟壑溪流、旅舍店铺，都出现了一批批密探，反复查问可疑人员。直隶省还派出探案精英，化装成商人，专门到当铺打听有没有高成色的银饼。直隶官府同时希望在盘查兵部往来公文上打开缺口，试图发现有无加盖失窃日期之后的行印的文书。一旦找到如此“假公文”，就可以通过使用者倒查来源。可惜，兵部行印失窃后就没有留下任何印记。没有发现一纸加盖行印的公文。

直隶提督徐锟对查案尽心尽职，将从巴克什营到密云的百里长途，分作三段，每段 30 余里，派 2 名军官、6 名官兵专职负责，穿梭巡视。徐锟还在内部设立赏格，寻找线索。但是费了许多力气，窃案还是茫然无绪。徐锟不气馁，把眼线撒往周边偏远地区。可是嘉庆皇帝先放弃了，批示道：“此印大约难得，此贼必须严缉。”

丢失的大印确实难得，之后也没有出现过。没人知道盗贼到底是谁，他为什么没有使用此印？按说，兵部行印威力巨大，加盖一道公文就能谋取巨大的利益。可是，假冒兵部公文的风险非常大。尤其是行印只能在皇帝出巡时才能使用，生效时间很短。那么，能否交易行印变现呢？也不行。盗贼不可能拿着行印在黑市吆喝：“兵部大印，新鲜出炉，欲购从速！”黑市从业者也讲究安全第一，接手大印的危险太大，估计除非江湖宗师无人胆敢接手。谁拿着大印，就会把官兵的围剿惹祸上身。所以，兵部行印失窃后，就如石沉大海，再没有现身了。此案最大的可能是某个小蟊贼因为偶然，从酣睡的书吏身边窃得了大印，发现赃物身份后吓坏了，始终捂在手里，或者干脆又丢弃到犄角旮旯去了。

行印不可复得，嘉庆皇帝命令礼部重铸了新的行印。为了与旧印有所区别，防止旧印“重出江湖”，新印的印文和印式略有改动。新印所需的银两及工钱，勒令时任兵部尚书松筠和署理兵部侍郎裕恩缴纳。嘉庆还通令朝廷各部院堂官到任时要瞻拜堂印和行印，皇帝出巡时各衙门行印必须存放在堂官的帐房内。堂官必须亲自保管钥匙，且在行印返京归还时，必须亲自验收。嘉庆皇帝亡羊补牢，务求杜绝印信丢失的低级事故。

嘉庆皇帝希望通过严密制度来堵塞漏洞，殊不知任何制度都要落实到执行者头上。没有人认真踏实地贯彻落实，任何制度都是空中楼阁、一纸空文。人是大环境中最活跃、最关键的因素。兵部行印失窃案充分说明，完备的制度在松松垮垮的执行者面前，如何变得形同虚设，导致严重后果。从另一个角度来讲，拥有制度执行权的官员们，不作为或者胡作为，也是滥用职权。他们比简单的执行不到位，危害更大。规章制度如此，法律也是如此；兵部官员们如此，所有掌握公权力的人群亦是如此。不改变清朝官制的主体框架，就不能锻造出埋头实干、认真负责的官员队伍，嘉庆皇帝的亡羊补牢还是逃不出头痛医头，脚痛医脚的窠臼。清朝之后虽然没再发生大印丢失的闹剧，但书吏们盗印盖章、买卖公文的现象一直存在，至于文过饰非、抠字修改的交易就更普遍了。

兵部失印案几位主要官员，则继续活跃在政坛上。嘉庆皇帝去世、道光皇帝继位后，绵课、曹振镛延续高位，尤其是曹振镛从政超过半个世纪，历经乾隆、嘉庆、道光三朝，最后达到内阁大学士、军机大臣。因为丢失大印遭到重罚的原兵部尚书松筠，在晚年也得以东山再起。嘉庆皇帝逝世后，继位的道光皇帝在葬礼上看见年迈的松筠，不胜悲怜，扶住他哭了起来，第二天就任命他为都察院左副都御史。松筠此后历任左都御史、都统，道光元年再次出任兵部尚书，后调任吏部尚书、军机大臣。巧合的是，松筠和曹振镛两人都病逝于道光十五年，前者享年八十三岁，谥号文清；后者享年八十岁，谥号文正，都是清朝后期历史上从政时间长、留痕众多的人物。

行印凭空消失，从盗窃案开始，以舞弊小品结束。一个低级错误引发了匪夷所思的情节，原本以为是一个精彩的盗窃与侦破的故事。结果，朝廷花了九牛二虎之力仅仅是揭开了兵部政务废弛、舞弊成风的盖子，再也无力深入整顿，也没能够查清案情真相。

08

捐纳造假

假官销售产业调查

一、假官竟然可以买卖

捐纳是个历史名词，在清朝特指买官卖官。捐，是捐出财物的意思；纳，是收纳钱财的意思，一进一出，两个中性词似乎掩盖了卖官鬻爵的肮脏本质。那么，捐纳本来就是上不了台面的事情，竟然还能造假？买官卖官又如何造假呢？我们的故事要从一起发生在北京城里的“自首事件”说起。

清朝在北京城里设立东、南、西、北、中五城兵马司，维持京城治安、管理市政市容，同时也能接收百姓的诉状。道光九年（1829 年）八月，烈日当空照的一天，一个名叫周载的人向南城兵马司“自首”。

周载犯了什么事呢？他又为什么要自首呢？只听周载说，自己串通直隶山海关通判承瑞，在京城里作弊。同时，周载举报户部捐纳房办假照。原来，周载曾任刑部书吏，服役期满后留在北京，利用自己在官府工作的经验和积累的人脉，做些“中介”工作。这年正月，宗人府书吏杨文祥介绍来京城报销的山海关通判承瑞认识了周载。承瑞希望能在报销芦殿工程费用时得到关照，许诺给周载一成“部费”作为答谢。当时，地方官员到京城各部院报销工程或者政务款项，为了减少刁难、加快进度，都要向相关部院的办事官吏送礼乃至行贿，这笔费用称为“部费”。金额少则几十两，多则数万两。承瑞这个在山海关任职的地方官，显然没有过硬的官场人脉，便找到了周载这个役满书吏。

周载早已经役满解职，可是仍然和官府维系着紧密的联系，爽快应承了下来，开始为承瑞四处活动。周载辗转请托，找到了负责这项工程的工部营缮司书吏帮忙。原本这事应该以双方皆大欢喜的结局收场，想不到，周载和介绍人杨文祥就“中介费”分成问题产生巨大分歧，谁都不愿意吃亏，进而新账旧账一起清算，发生了激烈的矛盾。杨文祥估计是自恃在职书吏的身份，事事欺压周载一头，摆出一副“你能把我怎么样”的姿态，深深刺激到了周载。周载就以“自首”的形式向南城兵马司投案，不仅坦白了承瑞报销请托的内情，还揭发了杨文祥参与的更严重的问题：办理户部捐纳假照！也就是买卖假官。为了证明自己并非空口无凭，周载列举了好几位平时相熟的中间人作为证人。

在这里，相信很多读者都会感叹北京城里竟然存在像周载这样的官府中介群体。这个群体以各部、院、寺、监的书吏为主，这些书吏熟悉朝廷典章律法，知道各部门办事程序和漏洞。关键是官员三五年一换，但是书吏们长年累月在一个部门从事特定的专业工作，形成了专门的圈子。只要想办成某件事情，书吏们就能找到熟人，或熟人的熟人。可惜的是，他们不用专业知识和人脉关系来办好事，而是借机寻租，以公谋私，甚至敲诈勒索，无孔不入，成为了天子脚下首善之区一道独特的风景。

“自首事件”的主人公周载，就长期在刑部混事，知晓刑律。他虽然说是自首，实际上是提起控诉。他心中有数，自己那点事儿实在算不得什么，最多就是挨几下板子。他所揭发的杨文祥买卖假官则是大罪，难逃重罚。我们可以把周载此举理解为以退为进，讹诈对方。

接下来的进展，也都在周载意料之中。先是有好几个人，不是熟人，就是老同事，纷纷找周载说情。他们劝周载，大家都是吃这碗饭的，抬头不见低头见，不要把关系闹得太僵；杨文祥愿意赔你 3000 两银子，你就撤回控诉吧。来劝周载的人中，来头最大的是两个姓爱新觉罗的宗室，一个是宗人府笔帖士额哲本，一个是宗人府主事桂伦。两人也是中介群体的一员，屈尊来劝周载息事宁人。面对威逼利诱，周载都坚决不接受，坚持自首到底。南城兵马司就把案子上交到了刑部。

刑部审讯开始后，戏剧性的一幕发生了。周载提供的证人全都改口，不是否认自己参与过任何报销中介的行为，就是否认自己认识什么叫周载或者杨文祥的人。周载马上明白自己被对方陷害了。因为周载坚决不同意私下和解撤诉，所以杨文祥一方买通了相关人等，装疯卖傻乃至反咬一口，将周载陷于极为被动的局面。

周载毕竟是游走过官场、见过世面的人，面对逆境不至于轻易举手投降。周载之前就是刑部的书吏，他知道只要没有自己的认罪口供，这案子就完不了。他咬牙硬撑，调动所有的法律和知识储备，将报销舞弊和捐纳造假的种种情况一一列举，对嫌疑人指名道姓。周载直言户部捐纳房的书吏蔡绳祖、任松宇、庞瑛等人公然买卖官衔执照，同时引经据典，坚决要求和相关人等对质。这本来是一场假自首真讹诈的戏，现在变成了周载自卫反击的战斗，变成了“滑吏之间的对决”。周载一方坚决举报报销舞弊行为，同时着重揭发户部捐纳房造假，躲在暗处的一方则把这一切都归结为周载的胡言乱语。

案子僵持不下，很快成为一个劲爆的谈资流出了刑部，流传在四九城的勾栏瓦肆。御史姜梅知道这个案子，上奏道光皇帝。也许是信息掌握不全的缘故，姜御史以周载案子为由头，揭发服役满的书吏串通舞弊、朋比为奸的现象。书吏并不是官员，属于官府征调有一定文化基础的老百姓当差的行为，本质上是一种役。书吏服役期限一般是5年，期满后不得再次充役。这项规定并没有充分落实，部分书吏会改名换姓再次服役，通过操作常年服役、终身服役，甚至子承父业。少数没有机会继续服役的书吏，则充当了权力寻租的中介。役满书吏寄食京城，干的就是中介的活。在京城各部院服役的书吏，来自五湖四海，朝廷特别规定京城书吏役满后，要返回原籍，为的就是防止串联舞弊。姜御史在奏折中指出，中央各部院衙门的书吏役满回到原籍的不到十分之一二，大多数千方百计留在北京内外串通，或者说情铲事，或者招摇撞骗，或者造假舞弊，或者设局讹诈，八仙过海，千奇百怪。奏折也提到了户部捐纳房：

> 周载呈控宗人府供事杨文祥一案内，有要证任松宇、庞瑛、蔡绳祖三名，皆户部捐纳房役满吏也。任松宇等因被控匿不到案，现经刑部奏奉谕旨严拿，臣思伊等若非自知罪戾，何至无故潜逃？是其被控假照一节，未必尽属无因。

应该说，姜梅御史的这道奏折点面结合，揭示了京城书吏狼狈为奸的丑态。道光皇帝接到奏折后，也是相当震惊。他没有想到眼皮子底下竟然有这么一群人，败坏社会风气，恶化政治生态。如果朝廷律例森严，各衙门政治清明，照章办事，哪里还有书吏们腾挪的空间？而书吏们等权力中介能够生存下来，而且活得有声有色，恰恰说明朝廷律例废弛、政治混沌，同时他们的存在又进一步加剧政治黑暗。这是道光皇帝完全接受不了的。他命令步军都统衙门和顺天府、五城兵马司尽快查清役满在京书吏的恶行，将这些书吏统统逐出京城；命令刑部抓紧审讯周载案。

得知皇帝接到御史奏折后下令清查役满书吏问题，周载高兴得手舞足蹈。周载虽然役满，但他早就有备无患。周载在京期间于顺天府大兴县娶了个媳妇张氏，安家落户，将籍贯落在了大兴县，所以不属于“没有回籍的役满书吏”。加上皇帝都关注了自己的案子，周载以为胜券在握。那么，周载能笑到最后吗？道光皇帝的一纸命令，能将役满书吏问题清理干净吗？

周载太小看自己所属的京城权力中介群体的势力了。这个群体的人数难以确数，关系盘根错节，对于揭露黑幕、与群体为敌的“叛徒”毫不手软。周载就是京城权力中介群体的叛徒，而且是惊动了皇帝，眼看要置整个群体于死地的“大叛徒”。所以，他们更是要把周载置之死地而后快。

审讯开始了，刑部官员根本不和周载讲道理、摆事实，甚至不听他多说话。官员只抓住他违法舞弊之处死死追问：“你有没有招揽地方官员办理报销事宜”“你有没有联络各部书吏给他人提供方便”。周载干过，就可以定罪。周载不服，张口想揭发其他黑幕，差役就上前掌嘴；周载再不服，引用律条申辩，差役就摁住他跪链，一跪就是连续五天。而且，刑部没日没夜地提审周载，根本不给他休息。最后，周载精神崩溃，承认了敲诈勒索、诬告他人等罪名，被打入大狱。

估计杨文祥和额哲本、桂伦等人听到消息，会松一口气，认为周载惹的麻烦差不多就过去了。他们同样太小看周载了。周载在刑部混迹多年，又背水一战，迸发出了惊人的能量。他以妻子张氏的口吻，书写了一份状纸。状纸描述周载被屈打成招的过程，着重揭发户部捐纳房售卖假照一事，列举了蔡绳祖、任松宇、庞瑛等“圈内”享有盛名的售假者名字，同时控诉刑部审问官包庇假照团伙。偷偷写完后，周载想方设法把状纸送出监牢，送到了张氏手上。张氏随即上书代夫诉冤。估计周载同时指点张氏，拿着状纸找谁、通过哪个衙门传送等，虽然过程比较曲折，中间经历了几个月的时间，最后成功送到了道光皇帝的案头。

道光皇帝看到状纸，作何感想？役满书吏舞弊的情况就让他大开眼界了，如今又曝出了书吏买卖假官的情况，则让道光皇帝目瞪口呆。卖官鬻爵，自古有之，清朝并非第一个这么做的王朝。道光朝也不是最早启动捐纳的时期。早在康熙前期，因为平定三藩、治理河工等的需要，朝廷就放开了捐纳的口子，允许百姓花钱买官。但是，反对捐纳的声音始终非常强烈，清朝的捐纳工作也就时断时续，显得遮遮掩掩。大抵上，朝廷财政情况略为好转，就收紧乃至停止捐纳。道光皇帝心底是反对捐纳的。他曾经对大臣说：“捐纳为官者总不令人放心。”道光不信任买官的人的能力、品性，担心他们上任后胡作非为，鱼肉百姓。所以，他登基伊始，就下令停止捐纳。无奈道光朝财政吃紧，捐纳依然当作权宜之计在运行。

买官卖官本来就不是什么见得了光的事，想不到这还能造假？周载状纸揭发的捐纳黑幕，刺激到了道光皇帝。周载状纸，一是将造假主犯都列在了名单上，有名有姓，清清楚楚。二是指明了安徽人林德先就是靠假捐获得的官职。为了弄清真相，道光皇帝下令审讯相关嫌疑人，同时调查林德先的捐纳详情。清朝捐纳黑幕，徐徐开启……

蔡绳祖、任松宇、庞瑛等人都是役满的捐纳房书吏。刑部随即派人拘传，任松宇、蔡绳祖已经闻风而逃，不知踪迹。庞瑛挣了钱以后，于几年前给自己捐了一个县丞官职，已经到陕西上任去了。刑部行文捉拿时才知道他办理了丁忧回籍。庞瑛祖籍浙江省山阴县、寄籍顺天府宛平县，但人已经不知去向。道光十年（1830 年）二月，道光帝谕令逮捕在外地任职的要犯庞瑛，迅速解部严讯。命步军统领衙门严拿闻风潜逃的任松宇、蔡绳祖等人，归案审判。

道光十年闰四月，安徽省将林德先捐官档案资料送到户部核查，发现所送材料与户部咨文版式不同，且文内并无该捐生身家清白册结字样。户部也查不到办捐的底档，林德先明显属于“造假得官”。

种种情况表明周载的控告是实情！道光皇帝觉得案情重大，派大学士托津、长龄，协办大学士卢荫溥，军机大臣曹振镛、文孚、穆彰阿等重臣会同刑部堂官严审此案。同时命令户部将道光八年以来办理执照的所有书吏一并审讯。道光皇帝由安徽联想到别的省份，命令各地督抚彻查本地有没有假捐执照。与此同时，刑部与步军统领衙门、顺天府等密集追捕犯人。军机处行文相关地方和部门，命令迅速缉拿犯人送到京师会审。

这是要把捐纳造假案搞大的节奏啊！

二、捐纳造假产业链

有了皇帝的高度重视，抓人并非难事。道光十年五月初十，中城监察御史奏报，中城兵马司副指挥熊常铣抓住了潜逃在京的要犯庞瑛。原来，庞瑛没有回祖籍丁忧，而是返回北京，继续参与售卖假照的生意。听说出事以后，庞瑛东躲西常，最终还是被熊常铣逮住了。

没过几天，潜逃回浙江老家的主犯蔡绳祖在杭州落网。浙江巡抚迅速奏报道光皇帝并派人押送京师。从北京潜逃浙江，江苏省是必经之地。江苏巡抚陶澍接到谕旨后，按照名单询问、搜查嫌疑人的亲朋好友，在各处关津、客栈搜查和秘访，很快就抓住了逃亡途中的任松宇及刘东升、李廷瑞等嫌疑人。

随着案件进展，不断有新的嫌疑人被揭发出来，随即遭到通缉。役满书吏赏淳、谢孚宸、马怀玉，姚凤山、庄倡伶等，都曾经直接参与造假售假，有的还不忘给自己捐个小官。另外，蔡绳祖的儿子蔡应联、庞瑛的弟弟庞湘、庄倡伶的女婿姚钧等人，虽然没有直接参与假照案，但都跟着沾光，用亲人办假照赚的钱给自己捐了真实的官职。当然，这群买卖假官团伙成员，不管是给自己还是给晚辈，都是真捐，买的是真官。

造假团伙被捕后，紧接着便是抄家和家产清算。这些书吏作弊多年，人们以为他们家资丰厚。可是说来可怜，官府还真没抄出多少银两来。比如，从任松宇在苏州的住处只抄出皮箱 8 只，里面收放寻常男女衣服及当票钱文，并无田契房契等贵重物品。蔡绳祖在杭州的公寓内也没有银钱，只有装满衣物的箱子数只及其他的零星器物。该团伙之所以资产不高的原因有二：一是大规模的造假售假，导致供应充足，每笔交易成交价很低。从后来的供述来看，每个假官的交易额只有一两百两银子；二是制假售假的环节众多、参与人数众多，导致收益分流严重。因此，嫌犯的家产寥寥可数。

清朝书吏的法定收入十分微薄。作为本质上的服役，在衙门中当书吏是百姓的义务。既然是义务，官府就不发俸禄，更不发津贴，只是每月发放象征性的“饭食银”。顾名思义，衙门只管书吏工作餐，不管其他，甚至连文房四宝都要书吏自备。另一方面，清朝官员编制极少，每个衙门甚至每个州县都只有区区几名正式官员，仅能够决策大事要事。日常行政和管理，不得不依靠数目庞大的书吏。如此一来，巨大的权力掌握在衣食无着的人手中。营私舞弊几乎是必然的后果。清代书吏，对前来办事的百姓吃拿卡要，就是对走流程的差役乃至官员也敢伸手要钱。官员去相关部门办事，书吏无不索要规例孝敬、印结钱、用印钱、部费，等等。就连福康安、曾国藩之类朝廷重臣，找六部办事，也不能免俗，需要和刀笔小吏们就费用问题讨价还价。

户部捐纳房的书吏，守着卖官鬻爵的摊子，自然琢磨着如何从中谋取私利了。

捐纳制度施行之后，名目日渐繁多，手续日趋复杂，旁观者看得眼花缭乱，望而却步；书吏们精通条条框框，上下其手。捐纳原本就是捐官职而已，到道光年间几乎仕途上的一切都可以买卖，名目泛滥成灾。比如，捐升，就是现有官员花钱升官；捐加级、捐衔，也就是在现有官衔基础上买更高的级别和头衔，比如知县是正七品，结果地方上很多知县都是五六品甚至正四品，比顶头上司知府的级别还高；捐贡监，也就是买贡生和国子监的监生资格，有了贡监资格后就可以参加乡试，博取更高功名；捐减、捐复，官员犯错或者犯罪了，遭到降级乃至革职处分，可以花钱减免；捐典，官员和老百姓都可以花钱给自己和家人购买封典诰命等荣誉。不同名目的捐纳价格不同，程序不同，但都导向共同的结果：官员如过江之鲫，难以计数。清朝后期全国大约有 1500 个县，可是捐纳知府就达千人，捐纳知县更是成千上万，这还不算通过科举、军功、保荐等方式得到官职的人。于是，官员候补成为清朝后期的普遍现象。很多人候补三四十年都没能获得实任。不过没关系，很快又发明了“捐免候补”，花钱可以直接上任，只是价格比买官更高。囊中羞涩的，可以“捐插队”，就是在候补的顺序靠前。此外，还有“捐指省”的，就是花钱买去特定的省份任职，而不用参加吏部的随机安排；对安排的职位不满意的，可以花钱“改捐”，改换到其他地方乃至领域任职。以上林林总总已经相当复杂，如果在这些名目上再进行“组合捐”，就又能吓倒一批人。

如果你弄清楚了捐纳的种种规定和门道，而且你又恰好宦囊充裕，那么你就要开始与各个衙门、各个官吏打交道了。捐纳的流程需要你提供身家清白档案，证明自己家世清白，没有违法犯罪、没有拖欠税赋等行为；提供在京同乡官员的印结，由他们担保你是本人，陈述属实等，最后去户部、吏部等各个衙门走完一套套手续。全部流程费时费力，折磨心智，而且花钱如流水。清朝后期，知县捐纳的明码标价是 1000 两纹银左右。然而，准备全副档案、疏通全套流程，花费在两千两上下都是正常的。

就在有意捐纳者望而生畏的时候，熟悉情况又有门路的书吏们从天而降。他们告诉买官者，只要给他们一口价的银子，就能在约定时间内给你捐纳执照。这样的交易是不是非常经济实惠，是不是很吸引人？

捐纳中介业务就这么开展起来了。后人难以确认，一开始这项业务是不是单纯的提供中介服务。书吏们利用业务优势从中赚点辛苦钱，无可厚非。但是，可以确定的是，这项业务很快就变味了。中介很快发现，相比规规矩矩地准备材料、疏通流程，直接提供一张假执照，更方便、更迅速，利润也更高。捐纳中介很快变为买卖假官。寻找中介的一部分买官者，应该是为了省心省力，主观上并不知道买到的是一个假官。但是，相当一部分买官者，潜意识中应该意识到中介提供的执照可能有假。可是只要这张执照能畅通无阻，能换来自己想要的，大家又何乐而不为呢？于是，大家睁一只眼闭一只眼，都投身其中不可自拔。

有市场就有交易，北京城的捐纳造假事件愈演愈烈，几乎成为一个半公开的行为。参与者越来越多。有一定能量的书吏差役乃至百姓，都参与其中，或多或少、或长或短地从中分沾利益。当道光皇帝主导的清查活动迅猛开展起来后，拔起萝卜带起泥，嫌疑人越抓越多，一度引起社会震动。

涉嫌的大多数书吏籍贯浙江。浙江省是“书吏大省”，民间有以文谋生的传统，在各地给基层文官当幕僚、师爷的浙江人很多，在中央各部院衙门充当书吏的浙江人也很多。书吏工作需要私底下的沟通协调，还有许多说不清道不明的铺垫工作，所以书吏行业盛行同乡相互举荐、互相扶持，客观上形成了“无浙不成衙”的现象。因为服役期限的限制，也因为书吏并非多么光彩的职业，在京的浙江书吏没有一个人是只用了一个姓名的，大家都有多个化名——比如庞瑛就另有“庞煐”的常用名，甚至有的人同时充当过数个部门的书吏，或者又顶替他人的名额。真假一时难辨。

这就为办案的官兵、差役们留下了折腾的空间，有人随意指认，有人趁机报复，有人索要钱财，所到之处，鸡飞狗跳。任松宇祖籍会稽县东关，知县张霄带人上门搜查未获，就开始扩大范围，趁机侵害百姓，竟然将与任松宇无关的任谋燕吓死。庞瑛挣钱后为弟弟庞湘在湖北捐了个从九品的小官。案发后，庞湘也遭到逮问。庞湘心理承受力太弱，在进京途中自缢身亡。未被抓获的逃犯日子也不好过，没有钱没有地方落脚，终日凄凄惶惶。与蔡应联一起逃亡的刑部书吏马怀玉，得病不敢求医，在淮关附近的小庙里奄奄而终。

社会上百姓受到惊扰，官场里官员也不得安生。捐纳造假事发后，对捐纳官员的真伪进行审核就成了题中之意。此事不仅极为敏感，而且操作难度巨大。

出事以后，归口管理捐纳事务的户部最紧张，赶紧加强捐官档案的审查工作。道光十年闰四月，户部尚书禧恩下令本部门抓紧清查部存档案，要求捐纳房时任官员，对于各省送过来的捐官档案逐一认真详细查看。很快，户部就在福建、广东、四川等省送上来的捐生身家清白册中查出 35 人造假；又在江西、湖北、广东送上来的人名银数册中查出 21 人造假；在广东咨请户部复查的档案中查出 1 名假官。这还仅仅是加强对现存档案的检查，没有对库存的旧档案进行系统、彻底的核查。同时，各省衙门也开始核查本省捐官的名册，发现存在疑问的纷纷发文到中央核对底簿。一时间，中央和地方都忙得人仰马翻，可能牵涉其中的捐纳官员自然人心惶惶，即便是正常流程走下来的捐纳官员，乃至科举正途出身的官员，也受牵连，难以平静工作。

骚动很快上传到了道光皇帝那里。道光皇帝有“宽仁”的美誉，他既想彻查捐纳造假又担心查办扩大化，反而破坏了大局稳定。思来想去，道光就设了一个嘉庆二十一年的上限，也就是往前推了 15 年，再以前的就不再追究了。朝廷只清查这段期间的捐纳档案，既往不咎。其次，道光皇帝和大臣们达成一个共识：内部处理。捐纳造假的情况各衙门内部掌握，不向社会公布。同时，检查捐纳官员的真伪，将真正的捐生张榜公示，对假照不一一追究查办。而对于那些“不知情”的捐纳贡生监生的读书人，则明确准其补足银两缺额后，换取真的执照。如此安排，清查的板子高高举起、轻轻放下。板子只落在了那些主导造假的书吏和中间人身上，放过了绝大多数购买假照的捐纳官员。只要说一句“不知情”，然后补上差额银两，假官们就可以漂白身份了。

道光皇帝真的是宽仁有余，胆略不足。办案难能风平浪静，大案要案更会掀起波澜。哪能一有风吹草动，就主动退缩？遗憾的是，道光皇帝是一个守成之君，缺乏果敢精神和大刀阔斧的改革勇气。我们分析道光年间的许多案件，可以发现两个明显的特点：第一，道光皇帝主观上痛恨贪赃枉法，对腐败分子痛恨不已。因此，贪腐案发，道光态度鲜明，起初都是要求严厉查处。毕竟贪官污吏贪的每一个铜板，理论上都是道光皇帝的钱。贪官污吏们是从道光皇帝的口袋里掏钱，他能不痛恨吗？第二，随着案情的发展，道光鲜明决绝的姿态慢慢变得摇摆混沌起来。能到达道光皇帝桌上的案子，不是牵涉众多的大案，就是指向制度顽疾的要案，哪一个处理起来都不轻松。守成之君是改良者，而不是改革者。道光皇帝是在现有制度和官僚体系中成长起来的，一直到 39 岁才继位。他的思想已经被现有环境固化了。当案子暴露出来的腐败涉及某个官僚群体或者某项制度的不正当、不合理，道光并没有勇气，也没有能力进行改革。他很自然地迷失在固有观念之中，只能头疼医头，脚疼医脚，把案件处理淡化、弱化，揪出主犯要犯严惩不贷，对于大众群体和背后制度则轻描淡写、一扫而过。捐纳造假案是这么处理的，东陵贪腐案等其他案件的处理也是如此。

如今，道光皇帝的处理原则确定了，就看下一步如何善后了。

三、制假售假集团的下场

道光皇帝在案发之初质问大臣：“小小书吏，无品无衔，怎么就能将国家名器朝廷官位玩弄于股掌之间？”大臣们面面相觑，无一人能够回答。

在捐纳制度的设计中，户部居于核心地位。捐纳者准备好身家清白等材料后，拿着银两到户部缴纳钱款，换取户部出具的证明执照，也叫作“照纸”。照纸就是捐纳者获得官员身份的证明，上面注明了捐纳者的信息、捐纳的名目、现有的职衔，等等。吏部根据户部执照来安排捐纳者的职位，或者授予相关的待遇、封典。户部掌握审核、确认的大权，是核心环节关键部门。随着买官者越来越多，户部特意设立了捐纳房专司其责。捐纳房就成了核心的核心、关键的关键。

捐纳执照上当然少不了要有官印，也就是户部大印，同时还要加盖捐纳房的关防。何谓“关防”？关防也是官印的一种，为长方形。明初“空印案”爆发，明太祖朱元璋发觉后，改用半印，以便拼合验对，取其“关防严密”之意，故名关防。原本正方形的大印改为半印，就成了长方形。之后，关防不作勘合之用，但形制未变，用来颁给临时设置之官。清沿明制，正规官员使用正方形官印称“印”，临时派遣官员则用关防，分别以银、铜铸造。因为捐纳并非传统政治制度中的固定衙门，卖官鬻爵本身也不是什么光彩的事。历代皇帝都将之视为临时之计、救急措施，所以捐纳执照上就加盖关防。

既然是权宜机构，户部就要抽调其他部门的正式官员来捐纳房兼职。清朝兼职不发双薪，只是多承担一份责任。兼管官员有本职工作，同时一般仅兼职一年左右，自然不会对捐纳房的事务上心。一般来兼职的官员，每月能到房内点卯几回，过问一下大概情况，就算是尽到了职责。大量繁重的日常工作，全由书吏承担。领导不上心，日常又不在岗，捐纳房的书吏营私舞弊起来，比其他部门的同行更加轻松便利。户部捐纳房额设书吏 20 名，5 年役满另行更换。考虑到该部门是一个临时机构，捐纳房书吏的饭碗比其他部门的同行稳定。户部对他们的管理也不像正式机构那般严格。该房书吏役满后违规留任或者改名换姓再上岗，或者像蔡绳祖一样，役满后依然在捐纳房任意出入，舞弊现象较其他衙门更为肆无忌惮。

捐纳造假案留下了不少文书资料，后人可以从中看出书吏们是如何突破制度限制，将买卖假官的事业发展成京城一大灰色产业的？

其实，早在嘉庆十九年，户部捐纳房书吏符某就因为办假照犯案被查处——估计符某的假照制造得还不够真实，或者他没有将各个环节疏通好。想不到，他失败的教训反而启发了捐纳房的后来同事。当时房内任职的书吏蔡绳祖从符某造假案中发现了挣钱捷径。他探听到部门里的书吏沈载希、赏七、老朱二等人私下也在办假照，便设法入伙。因为本身就办理捐纳执照，所以偷出空白的执照来造假对他们来说易如反掌。接着，他们又偷偷刻了 4 枚大印，分别是户部堂印、司印、捐纳房、关防和国子监监印。为什么要刻国子监监印呢？因为有需求。且不说很多人捐纳的名目就是要国子监的监生资格，老百姓捐官都有先捐监生资格再以监生身份进一步捐官的惯例，需要国子监确认，所以国子监监印是必备的造假工具。

话说，蔡绳祖加入造假集团后，迅速后来居上，成为团伙的首脑。他虽然在造假技术上没有过人之处，却很擅长招揽生意。蔡绳祖联络了很多捐纳的客户，逐渐就由他来负责招揽报捐的人。团伙其他成员照单生产，分得赃款。沈载希是团伙中掌握大印的角色，他在道光二年病故，将用砚石私刻的户部堂印、国子监监印交给了亲戚张氏；再将的司印、捐纳房关防留给蔡绳祖。沈载希此举等于给亲戚留下了一口饭碗，之后蔡绳祖每办一份假执照，都找张氏盖印，张氏一次收十两银子。再后来，老朱二也死了，其子继承父业，接着当书吏，继续参与假照生意。

蔡绳祖团伙的生意做得渐入佳境，其他书吏看在眼里，羡慕得牙痒痒。有意思的是，没有人去告发，而是纷纷仿效发财。很快，又一个造假售假的团伙在捐纳房诞生了。主谋庞瑛勾结任松宇、王大等人，用砖头私刻了堂印、关防和旧封套等，再偷出户部照纸，又从国子监书吏那里买来了国子监的照纸，也兴冲冲地干了起来。后来，他们连买照纸的钱也不愿意花了，就找人刻板印刷，对原来制作粗糙、容易出事的假印也进行了更新换代。

问题来了，难道就没有接收假官的衙门对来人真假提出过质疑吗？有。曾多次有外省提出疑问，发文到户部核实前来报到的官员真假。核实的工作最后都转到捐纳房，也就是造假团伙的手里。蔡绳祖、庞瑛等人采取补填、挖改档案等手段遮盖过去。面上的事情掩护过去后，没有人继续追根溯源，认认真真从头核查，导致十几年来这些造假团伙的行径一直没有暴露。两个造假团伙竟然相安无事，各忙各的生意，有时又内外勾结，分分合合。捐纳房的其他书吏陆续有人参与，进进出出，真仿佛是“铁打的生意流水的伙伴”。

其中的骨干人员，逐渐明确为 4 个人：蔡绳祖，祖籍浙江萧山县，先做户部书吏，嘉庆四年充捐纳房书吏，十年役满后仍经常进出官衙办事；庞瑛，浙江山阴人，先在捐纳房当书吏，报捐县丞，道光元年复充当该房书吏，5 年赴陕西任职，丁忧解任后再回京师参与办理假照；任松宇，祖籍浙江会稽县，道光元年充当捐纳房书吏；刘东升，四川成都人，嘉庆二十三年充当捐纳房书吏。他们的胆子越来越大，开始与其他部院的书吏差役联手，又与社会上的银铺、当铺合作，形成了印制假照、招揽捐项、加盖假印、收取银两、坐地分赃的“一条龙”服务。一条完整的买卖假官产业链形成了。

对蔡绳祖等人的生意真正构成威胁的，反而是来自“客户”。总有一些捐生拿到执照后前往户部核对真伪，或日后拿着假照继续办理其他名目捐纳。遇到这种情况，蔡绳祖等人免不了又要买通相关人员，偷改案卷，蒙混过关。捐纳房兼职的郎中、主事等人，茫然无知，造假者几乎每次都能得逞。

当然，他们也有蒙混不过去的时候。就在案发几个月前，道光九年（1839 年）四月，安徽人曹瑾向中城兵马司举报过户部捐纳房办假照一事。举报人曹瑾曾任礼部书吏，任满后留在京师，干一些中介赚钱养家。他通过关系代人报捐国子监监生多名，后来凭着自己的业务经验和社会阅历发现拿到的都是假照。曹瑾不甘于受骗，吵闹的要索回 1400 两捐银。蔡绳祖退还了 480 两就没有下文，曹瑾讨要无果，便提起诉讼。

中城副指挥熊常铣，也就是后来抓住了庞瑛的那个官员，察觉到有利可图，特别上心，三番五次差人传讯。蔡绳祖私下托人求情，讨价还价后拿出 18000 两银子求和销案。曹瑾的敲诈，关系到造假团伙的整体利益，所以 4 个骨干凑了这笔巨款。曹瑾等人极为开心，分了 4000 两给熊常铣。熊常铣见银票数额过大，令暂存中间人徐二处。蔡绳祖一方吃了大亏，也有人出来打抱不平。宗人府笔帖士额哲本、主事桂伦得知此事，前往兵马司质问熊常铣为何派人在外索要银两。熊常铣害怕了，矢口否认，私底下赶紧派人将银票退回。蔡绳祖拿出1000两答谢，其中额哲本和桂伦各得266两。这可能是造假团伙遭遇的最大的危机。大家也能明白为什么后来熊常铣能抢先将庞瑛逮捕归案。那是因为他本来就牵涉其中，熟悉相关人等的情况。

话说案发后，造假团伙作鸟兽散。蔡绳祖将假印交给平日交好的、告病休养在京的山西保德州吏目庄倡伶收藏，自己潜逃他乡。庞瑛逃至他外甥家躲藏起来，在九月还找刘东升办过一次假照。道光十年二月，刘东升毁印潜逃，庞瑛又找任松宇办过一次假照。任松宇在三月间将假印封贮棕箱，交给他人收藏，自己逃至阜城县，写信回来吩咐把假印砸成碎渣，抛弃在井里。

所有人员归案后，案情很快水落石出。蔡绳祖和赏淳、姚凤山、庄倡伶等人办理假的监贡职衔和封典六七百名，得银六七万两。赏淳因为替蔡绳祖偷出稿件，他所招揽的捐生，蔡绳祖免费给他盖章，不收银两。赏淳这一项得银两3000两。庞瑛和任松宇虽合作比较紧密，但在造假业务上相对独立，分别经办假照300余份，分别得银3万余两。而刘东升经办的假照，都是由庞瑛负责协调，刘东升从中分得白银四五千两。这些是蔡绳祖等人供认或者有据可查的，因为年代久远记忆有误，真正的造假数目永远成谜了。

九月二十四日，托津等人将已经查明情况奏报道光皇帝：

户部查明，假捐监贡共3477名，假捐职衔加级共1223名。其中查明窜名稿内的共356名。假捐的职衔最高的是员外郎。其中有冒充监生假捐知县、冒充官员假捐过班的，文稿内的名字履历都是粘改。同时吏部查出道光五年加捐封典的5名官员，经户部查明原捐的职衔也是假照。

道光皇帝下令将蔡绳祖、庞瑛处斩，严令朝廷各部院书吏各派出几名代表现场环视观斩。任松宇与刘东升之后也被即行正法。原本被定为绞监候的赏淳，在当年秋审当中归入情实，被推出去处死。此案爆发出来的"案中案"——曹瑾敲诈案，熊常铣革职发往伊犁充当苦差，曹瑾杖责流放。宗室额哲本、桂伦非但知情不报，还串通分赃，遭革职圈禁[①]处分。

因为有两位宗室牵涉进了假照案，主管宗人府的定亲王、肃亲王遭到责处。定亲王奕绍是道光皇帝的侄子，原本很受信任，他主动奏请处分。一场大问责揭开了序幕。

案发后，户部尚书禧恩等现任官员立刻自请处分。从嘉庆二十一年至案发的15年间，历任户部尚书和左右侍郎都按照任职年限，和失察假照的数额承担相应的责任。失察假照最多的户部尚书英和与顾皋，分别失察3117名和3196名。因为英和已经因为其他案件遭革职、流配，本次免于处分。顾皋降四级，勒令退休。黄钺失察2851名，降三品顶戴。现任户部尚书禧恩失察1874名，王鼎、耆英等失察1000多名，降二品顶戴留任。比较尴尬的是，现任内阁大学士和军机大臣当中，很多人都曾在户部任过堂官。其中主审假照案的内阁大学士托津失察475名，穆彰阿失察744名，降四级留任。卢荫溥失察199名，降三级留任。失察假照最少的户部堂官文孚失察29名，成格失察2名，也都遭到了降一级留任的处分。

对于曾经管理过捐纳房的中级官员，处分更加严厉。道光皇帝认为，承办捐纳事务是捐纳房官员的专责。对于下面的书吏私办假照毫无察觉，对各省送上来的捐官身家档案并不核对，对于各种假的证照和加捐名目又不详查原始档案，全都放任下面的书吏横行无忌，这不是一般的玩忽职守。因此，对于相关司员处罚起来尤其严厉。任职年头较久的6名官员，立即革职。在任3年的，降四级调用；在任两年以上的，降三级调用；在任一年以上的人数最多，都被降两级调用，包括已经退休和丁忧的也不能免除。其他在任不满一年的官员全都降一级调用。国子监失察书吏偷窃照纸的官员、吏部办理封典时不认真核对的官员，也都遭受了降级及罚俸的处罚。

① 清朝律法规定，宗室犯罪，应枷及徒以至军流地，都折以板责，圈禁于空房。类似于现代的徒刑。

道光皇帝在当年年底查看嘉庆十四年对冒领库项案失职官员有从重流配的处罚，觉得自己对假照案的处罚还是太宽了，再次传谕。命令所有原来已经革职的涉案官员全都永不叙用[①]；其余遭到降职调任的所有官员，在新的岗位上停止其升迁和转任。也就是说不让他们今后能够官复原职或者调任其他岗位。由此可见，执法尺度，完全是皇帝一时兴起决定的。

捐纳房现任书吏也株连受罚。20名现任书吏全都以渎职、荒怠的罪名遭到革役，杖责八十，责令地方官押回原籍看管。涉及的吏部、刑部、翰林院、理藩院的一些书吏也分别受到了从严从重惩处。而引发本案的周载、杨文祥等人的结局，史无明文，不知详情。为消除书吏舞弊之风，内阁奉旨制定了《役满书吏回籍章程》，要求役满书吏必须离京，限半年内返回原籍；落籍大兴、宛平的役满书吏不准再充当书吏，严禁包揽词讼；要求各部院书吏连环取保，相互监督。

客观地说，捐纳造假案的问责，和事后对书吏加强管理的力度，都不可谓不大。但细细分析，这些都是在既有制度基础上的调整，依然没有跳出头痛医头，脚痛治脚的窠臼。包括捐纳造假案在内的书吏舞弊事件，在清朝层出不穷，表面原因是书吏管理不善，尤其是对役满书吏的监管缺失；中层原因是清朝官制不合理，官员数量少而职责过重，而官员业务能力又过于薄弱，不得不依赖书吏等行政辅助人员；深层原因则是清朝集权太重又缺乏有效监督。

史学家对道光皇帝的评价普遍是因循守旧，少有建树。他整顿吏治，清查陋规，动作不可谓不多，力度不可谓不大，然而，道光皇帝明白顽疾的病根在什么地方，就是拿不出切实有效的医治之法。胥吏舞弊，部院造假现象禁而不绝，渐成燎原大火。延至晚清，大臣郭嵩焘感叹："本朝与胥吏共天下。"

① 革职永不叙用，是清代最严厉的行政处分，属于"顶格处理"革职未加"永不叙用"的处分可以撤销，受罚官员可以开复。

09

黄玉林案

官盐、私盐与盐枭

一、贩私盐惊动了皇帝

何为盐枭？枭字本意是恶鸟的意思，后来引申为凶恶、强大的坏人，比如枭雄。“盐枭”指的就是中国古代贩卖私盐的枭雄，用法类似于现代人常说的“毒枭”。而我们要说的这个盐枭，叫作黄玉林，是清中期最大的两淮盐枭。凭什么说黄玉林是两淮地区最大的盐枭呢？因为连当时的道光皇帝都知道他的大名，而且多次特地下旨布置缉拿、处置黄玉林。一个贩卖私盐的凶徒，能得到皇帝的“垂青”“重视”，不能说绝无仅有，也是千年罕见。

我们的案子，得从道光十年（1830 年）的一道密折讲起。

当年四月，道光皇帝接到一道密折。清朝只有少数官员才有资格给皇帝上秘密奏折，谈的不是敏感的机密，就是重要的问题。但是这道密折，主要是向道光皇帝介绍一个人：黄玉林。

话说，江苏有一个重镇，叫作仪征。仪征南临长江，东靠运河，处于两条航运大动脉的交汇处，水陆交通方便，位置非常重要。有个叫黄玉林的豪强，暴力占据了仪征的老虎颈码头从事食盐生意，吸纳周边的盐贩子会聚到此处，筹措到大批量食盐后再运到湖北阳逻、江西蓝溪两省交界的地方囤积发售。为此，黄玉林组织了规模庞大、数量众多的贩盐船只。大的沙船能装载数千石食盐，三两连樯，小的猫船也能载百石，百十成帮，蔚为壮观。长江下游一带，运送食盐的船只跨江连海，接连不断地把盐运往长江中下游的各个州县。有人可能会说，这不是挺好的嘛？说明食盐贸易发达，运输通畅，经济繁荣。黄玉林是搞经营的一把好手啊！

问题是，中国古代是国家垄断经营食盐，严禁私自贩卖。所以，黄玉林的经营活动是违法犯罪行为，他销售的盐是私盐。为了说明此事的严重性，这里便要插叙一下古代的食盐垄断制度。

食盐是人类生活的必需品，需求量巨大，不仅利润可观，食盐税收是清朝仅次于田赋的第二大税收来源；而且关系到国计民生、社会稳定，食盐短缺会引起社会动荡。从汉武帝时期开始，历朝历代都垄断经营食盐，从生产、运输到销售各个环节都由官府控制。清朝继承了这项制度，在全国内地划分两淮、长芦、四川等11个产盐区，每个产盐区有若干盐场，称为“场”。在盐场生产食盐的工人称为“灶户”，灶户只能按照国家定价把出产的食盐卖给官府。官府再指定了每个盐场对应的销售区域，称为“岸”。特定产盐区的盐只能在指定的岸销售。而有资格联通“场”和“岸”的盐商，必须向食盐管理部门购买运销食盐的许可证，称为“盐引”。盐商凭着“盐引”到指定“场”取盐，然后运到对应的“岸”贩卖，完成产销过程。

纵观这个过程，清朝对盐业实行国家定价，强制采购，再以盐引的形式向特地商人征收食盐税收，大体上是“官督商销”的思路。理论上说，灶户私自生产销售的食盐、没有盐引运销的食盐，以及有盐引但是数量、场岸不符的食盐，都是非法的，都是私盐。

清朝管理盐业的机构是盐运司、盐道衙门等，长官分别是盐运使、盐道等。纵观整个行业，核心是盐商。盐商直接向国家交纳食盐税收，直接面向终端用户，掌握食盐的定价权。没有盐商，食盐产销就贯通不起来，国家也收不到盐税。作为监管机关的盐运司必须依靠盐商，盐商也必须依靠盐运司，从后者那里拿到特许经营权。双方的关系难舍难分，盐运使常常借助少数实力强大、能力出众的盐商来推动行业大事，慢慢地形成了地位不同、分门别类的盐商群体。地位最高的是极少数“总商”，他们是实力雄厚的商人，往往承包产盐区的税收任务，从而获得该区域的行业主导权。此外还有“运商”，就是购买盐引、贩卖食盐的商人；“场商”，这是直接向灶户收购食盐进行转卖的上游商人；最后是“窝商”，类似于占据了盐业的特许经营资格，慢慢的自己不直接参与经营，而把资格转租给他人的盐商。由于享有特许经营权和其他优惠政策，比如涨价等，盐商获利丰厚，甚至可以说是暴利。他们生活奢侈，衣食住行追求豪华，奴仆成群、宅院遍地，一掷千金，一定程度上推动了清朝城市的发展，资助了文学艺术的进步。但是，所有的这些成本都是由普通消费者支付的。所以，食盐价格越来越高，而且往往只涨不跌，居高不下。

食盐价格只涨不跌的一个重大原因是，盐商群体只对盐运使负责，不用对市场和消费者负责。他们眼光朝上，既不去推动食盐生产技术的进步、品质的提升，也不去考虑消费者的需求。只要和官府搞好关系，保住特许经营权，盐商就能维持穷奢极欲的生活。为此，盐商对盐运司衙门上上下下都非常舍得花钱，上自盐运使下自普通差役，时不时就奉送各种陋规。大的盐商还专门聘请一些朋友，经常来往各级盐业管理机关，帮盐商游说行业政策、争取优惠条件，甚至帮助官员出谋划策，解决公私大事，俗称“大司客”；同时雇用一些能干的仆人，常驻在各级盐业管理机关，给官吏差役们打杂，处理各种琐事，讨好官吏差役们，称为“小司客”。盐运司衙门活少钱多、有人伺候，是朝野公认的肥缺，其中又以人口稠密、经济发达的两淮盐区为最。驻扎在扬州的两淮盐运使是清代官员公认的“天下第一美差”。逐渐的，盐业衙门遇到什么难事、麻烦事、尴尬事，需要花钱出力，甚至赈灾缉私，都叫盐商去解决。各种摊派、勒索，让实力不俗的盐商都皱眉头。可是，商人不做赔本生意。盐商们投资在盐运衙门的所有成本，最终还会落到消费者的头上。

与垄断盐商相对应，从唐朝开始，就有人肩挑背扛、走街串巷，向老百姓推销私盐。私盐有两个特点，受到了老百姓的热烈欢迎。第一，私盐便宜。这一点大家很好理解，毕竟私盐没有缴税和各种隐性的开支，成本更低。清朝中期，私盐的售价只有官盐的一半甚至更低。第二个特点就不好理解了。那就是私盐的质量远远优于官盐。为什么垄断产销的官盐，质量反而不如私盐呢？

首先，官盐名义是盐场统一生产，实质上依然是个体灶户生产的。衙门和盐商几乎没人关心品质控制、工艺改良。相反，私盐贩子为了吸引顾客，无时无刻不上心思考食盐的质量，以质量取胜；其次，盐商销售官盐是垄断经营，贩运迟缓、服务恶劣，甚至销售掺杂着土灰、贝壳的劣质食盐。而私盐贩子之间存在着激烈的市场竞争，大家拼服务保质保量，吸引消费者购买。两相综合作用，私盐远胜于官盐，消费者纷纷购买私盐。道光年间，保守估计官盐和私盐的销售比是一比一，私盐贩子能占半壁江山；悲观估计是，私盐占据了百分之七八十的市场。盐商在私盐的冲击下，日子越来越难过；而官府的盐引也销售停滞，国家盐税大大减少。

历朝历代都打击私盐，清朝对贩卖私盐的惩罚尤其严厉，其程度超过其他犯罪。私盐贩子可以被处斩，甚至还有法外用刑的。比如嘉庆年间，对于贩卖私盐的漕运粮船水手会处以枷示的惩罚，也就是在烈日下戴着大木枷示众。那么，清朝缉私的效果如何呢？私盐屡禁不绝，愈演愈烈。这从根本上讲是因为食盐垄断经营体制和消费者的需求严重脱节，而另一个很重要的原因恰恰是严格的缉私政策。为什么严格的缉私反而助推了私盐泛滥呢？

举个例子：清朝规定私盐贩子聚众到十人以上、带有军器的，或者没有携带兵器，但规模在二十人以上而拒捕伤害官兵差役的，限官员四个月缉拿结案，如果逾期，专管官降三级留任，兼辖官降一级留任，统辖官罚俸六月。处罚后延期一年内缉拿。可在实践中，私盐贩子游走不定，加上抵抗意志强烈，贩盐案件极难在限期内结案。官员为求自保，最现实的做法是大事化小，小事化了，甚至对走私行为隐瞒不报。

而对缉私官兵差役们来说，认认真真对付私盐贩子，先不说会遭到犯人的顽强抵抗、以命相搏，风险太高，就算抓住了私盐贩子，审讯结案也是个烦琐而漫长的过程。盐贩被捕后，地方官常常不能立即结案，犯人供词反复，兵役相应就要被羁留，随时做证或提审。非但不能及时拿到奖励，还耽误正常生活和工作。认真缉私风险高、收益低，而睁只眼闭只眼，反而能收到盐贩的贿赂。所以，官兵差役们最现实的选择就是雁过拔毛、放纵走私。上司催促逼迫急了，兵役们就捉拿几个零星小贩交差，于事无补。

对于朝廷缉私制度的无效，雍正皇帝有清醒认识："贵卖夹带，弊之在商者犹小；加派陋规，弊之在官者更大。"（《清世宗雍正朝实录》雍正二年二月丙午条）官员的腐败和放纵，盐商的骄奢淫逸，是官盐售价畸高、私盐泛滥的重要原因。官盐昂贵，老百姓深受其害，而朝廷也没有得利。真正受益的只有盐业衙门的官吏，还有盐商群体。

清朝道光年间，两淮地区的私盐贸易达到全盛，产生了不少私盐集散的码头或者据点。私盐贸易形成了一套隐形规则，形成了一个与正常社会平行的社会体系。盐贩为了抢占码头大打出手，激烈竞争使得他们相互厮杀。零星的盐贩在兵役缉拿和同行厮杀的双重压迫下，走向联合。他们结拜同盟，形成了一个个走私集团。集团首领就是盐枭。淮南的大盐枭为了防止同行黑吃黑，常常聚集数百人筑土开壕，四面安设炮位，配备鸟枪、长矛、大刀等军器，装备一点儿都不亚于官兵。私盐集团军事化以后，州县官员就更没有能力剿灭他们了。盐枭横行江河，官府不敢过问，朝廷的权威和法制荡然无存，已经成为了朝廷的心腹大患。要知道，唐末的黄巢、元末的张士诚都是盐枭出身，然后翻江倒海、称王称霸的。

在两淮盐枭中，黄玉林是佼佼者。他的走私船刀枪林立，足够自保之余，还反过来抢劫官船上的官盐。在长江下游江面，官船反而成为了弱势。黄玉林的实力可见一斑。更可怕的一点是，强大的资本和多年的经营，使得黄玉林集团向各级官府渗透，在大小衙门遍布耳目。官府的缉私举动，黄玉林知道得比官兵们还早；各处关隘，都有受贿的官吏、兵役，任其往来。黄玉林集团畅行无阻。呈递给道光皇帝的密折，用了十六个字形容黄玉林集团：“器械林立，辘轳转运，长江千里，呼吸相通。”

道光皇帝看到这十六个字，震惊之余，感觉到了更深一层的恐惧。江淮地区的官府无所作为，实力薄弱，盐枭日益横行，怎么能保证黄玉林不会成为下一个黄巢或者张士诚呢?

道光皇帝下决心：一定要铲除黄玉林！道光十年闰四月初一日，军机处向两江总督蒋攸銛转达圣旨，命令他调动一切力量缉拿黄玉林。道光皇帝给了蒋攸銛不小的权力，如果兵力不够，授权他“随宜调度”；如果官员不行，授权他在江苏范围内随调文武官员，甚至可以奏明抽调其他省份官员。总之，一定要将黄玉林拿下，并“严究党羽，尽绝根株”。

那么，蒋攸銛是何许人也，他能完成这个艰巨的任务吗？

蒋攸銛是年过花甲的朝廷重臣，他勇于任事，执政经验丰富，历任四川总督、直隶总督，晋升体仁阁大学士、军机大臣。道光七年（1827年），蒋攸銛调任两江总督，后加太子太傅衔，是道光信任的老臣。

蒋攸銛出任两江总督后，很快发现盐务废弛、积弊重重。他有心改革，于道光九年举荐王凤生署理两淮盐运使。王凤生比蒋攸銛小十岁，同样勇于任事且经验丰富。他在多个省份担任地方官，精通刑名、漕赋、盐政、水利等，认真务实，事必躬亲。王凤生上任后，很快就提出了改革盐政的18条建议，重视食盐生产、疏浚河道加强运输、整顿缉私队伍等，还难能可贵地抓住了官盐昂贵的要害：官府压榨，相应提出了自律建议，节约成本。蒋攸銛赞同王凤生的思路，正准备施行这些措施，就接到了要求缉拿黄玉林的圣旨。

二、自首的大盐枭

蒋攸銛充分意识到了缉拿大盐枭的难度。早在两个月前，他就派遣以能干著称的署理常州营游击金万全，带领一部分兵勇，改装易服，不动声色，秘密前往扬州，联合当地的王凤生，暗中布置缉拿事宜。针对黄玉林武装的打击行动，早在圣旨下发之前就展开了。

道光十年闰四月初七日，地处扬州城繁华街头的两淮盐运司衙门口，看守差役们慵懒地留意着不时进进出出的人员。临近中午，有一行人大摇大摆，缓步向盐运司衙门走去。为首者是一个干练利索的中年男子，穿着得体的绸缎衣裳，目光平和、气定神闲，走到衙门口的领班差役面前站定。

差役端详了为首者一会儿，轻蔑地问了一句：“你干什么？”

为首者面带微笑、不卑不亢地回答："我来自首！"说完，他轻轻举起右手，身后随从及时递过来一张名帖。差役们陆续聚拢了过来。为首中年人客气地把名帖递过去。

领班差役不屑地把名帖夺过来，半信半疑地举起来，和凑过来的差役们一起轻声念出来："黄玉林"。"林"字念完，现场顿时寂静了下来。领班差役表情凝固，用疑惑中夹带恐惧的眼神重新端详来者：你就是纵横东南、名震江淮的黄玉林？！

黄玉林的大名如雷贯耳，名声大到什么程度呢？他几乎是传说一般的存在，一般人是没有机会见到真人的。人们传说黄玉林神秘的发迹经历、富可敌国的财富，更津津乐道他创办的江湖规矩，传播他积攒的江湖名声。

黄玉林足够强大到可以制订私盐行业的游戏规则了。发迹后，他不仅慷慨资助有困难的盐贩同行，并且规定，盐贩除了贩卖私盐外，不许抢劫商贾；过年过节，他向周边的贫苦百姓派发年礼。对于缉私官兵差役，黄玉林主动奉送银两。贩运私盐的商队常常数百人结队而行，隔几个人就有武装人员护送。队伍在缉私官兵的注目下，畅通无阻。遇到有的官兵被上级逼迫过于严重，黄玉林也会主动提供"走私线索"，让官兵们抓到几个私盐贩子，缴获部分私盐。兵役们可以交差，基层官员可以邀功升迁，皆大欢喜。可以说，黄玉林一定程度上营造了官匪相安无事、各得其所的隐蔽秩序。那么，这个人们传说中的大盐枭，为什么突然自首了呢？

署理两淮盐运使王凤生接报后，不敢私自处置黄玉林，派人把一行人安置在衙门里看管起来，同时飞马报告两江总督蒋攸銛。之前接到道光圣旨的时候，蒋攸銛、王凤生就曾商议对策。王凤生分析了官府和黄玉林的实力对比，认为官府并没有剿灭黄玉林武装的十足把握，即便成功剿灭也要付出惨重的代价。况且，贩卖私盐已经糜烂成一个全局性的问题，除掉一个盐枭，很快就会崛起另一个盐枭。所以，他建议，不如改剿为抚，也就是说"招安"盐枭群体，然后利用受招安的盐枭"以毒攻毒"，起到事半功倍的效果。

在这里，皇帝的圣旨和地方的考虑出现了分歧。皇帝往往出于意识形态的考虑，进行理论上的推演，颁布命令。而地方官员的考虑更多基于现实利益，进行可能性的分析，更加务实。黄玉林在一般人的观念里，对照朝廷律法，肯定难逃一个“死”字。蒋攸銛等人更多考虑的是，官府有没有能力让黄玉林死，或者他的死能给地方带来什么利益？应该说，蒋攸銛、王凤生等人的考虑更具有可行性。在实践中，中国古代，地方官府对于巨枭大盗的处理，以安抚为主。人们戏称，强盗最理想的“职业规划”是：杀人、放火、受招安。

圣旨和地方利益不符，这就需要地方官员说服皇帝来接受自己的观点了。如今，在黄玉林问题上，蒋攸銛的难题是如何让道光同意“招安”计划。接到圣旨后，蒋攸銛就赶紧回复，汇报了自己预先安排金万全缉拿黄玉林的措施，同时指出黄玉林已经于本年三月透露出自首的意思。黄玉林为什么想自首呢？蒋攸銛给出的理由是：黄玉林害怕自己贩私罪名太大。给出这么一个不靠谱的理由后，蒋攸銛建议，黄玉林经验丰富，组织能力出众，在盐贩中人脉广、威望高，如果他真心悔罪，“似乎”可以招徕一用。道光皇帝维持了对蒋攸銛的充分信任，在重申要彻底解决黄玉林武装的同时，要求蒋攸銛大胆办理、处置周到，承诺自己不在紫禁城遥控。

有了道光的态度后，蒋攸銛让王凤生出示晓谕，宣布凡是私盐贩子都准其自首，照例免罪。招安告示有没有作用，蒋攸銛心里没底。可是，他很快就接到了王凤生报告，说黄玉林果然自首了！这就是开头的那一幕。蒋攸銛实在是有些喜出望外。

五月十二日，蒋攸銛奏报道光皇帝，黄玉林带领同伙伍步云、伍光藻等8人、船舶12艘、私盐3.7万斤，向两淮盐运司衙门投案自首。经审讯查明，黄玉林是湖南零陵人，现年53岁，原本以驾船为生。嘉庆十七年，黄玉林在仪征多次讹诈钱财被抓，判处流放黑龙江为奴，嘉庆十九年遇赦放回。道光元年，黄玉林又在仪征贩卖私盐被抓，流放福建，因难耐贫苦，于道光四年三月十二日潜逃，第二年重返仪征。他害怕被抓加罪，看到当地在缉拿盐枭贺三虎，希望立功自赎，曾经亲自指路，将贺三虎抓获。但贺三虎反指黄玉林也贩卖私盐，黄玉林不敢出面对质，再次潜逃，来往于江楚之间，伙同同乡伍步云等人贩卖私盐。

蒋攸銛描述的黄玉林的这段历史，大体上是可信的。只不过，黄玉林指认贺三虎恐怕不单纯是为了立功赎罪，更深层的目的是借助官府的力量打倒现有的大盐枭，方便自己取而代之。接下来，蒋攸銛花了不少笔墨来“洗白”黄玉林，希望道光皇帝能同意自己“以毒攻毒”的计划。他首先指出黄玉林和认识的盐贩们时来时去，行踪无定，并没有聚集在一起结党为匪，也没有持有器械抗官拒捕。其次，蒋攸銛认为黄玉林“实出于真心悔罪”。第三，蒋攸銛搬出了淮南盐商，说盐商们愿意联名担保黄玉林，认为黄玉林对盐贩出没路径最熟悉、走私规律最精通，如果任用黄玉林来缉私，一定能见效，帮助官盐重新畅销。

综上所述，蒋攸銛认为黄玉林的罪过，一是在流放时脱逃，二是贩卖私盐。因为悔罪自首，可以免除私自脱逃和贩卖私盐的罪，只要执行重新流放就可以了。但是考虑到如今两淮盐政凋敝，正是消除积弊的用人之际，黄玉林熟悉私盐贩卖内情，认识众多私盐贩子，自己又情愿随同官兵缉私，将功赎罪，可否暂时宽免他重新流放，责令他引导官兵缉私。如果能拿获大盐枭，到时候再奏请皇帝开恩；如果不能立功赎罪，就从重治罪。伍步云、伍光藻等黄玉林的随从也都畏罪自首，应照律免其治罪，一起帮助官兵缉私。

蒋攸銛的奏折表现出了强烈地利用黄玉林等人打击盐贩的意图。道光皇帝决定接受他的意见，五月二十一日下旨留黄玉林等人引导缉私。同时，道光皇帝强调“此事系权宜办理，朕因缉私紧要”，不得不特许从事。他严厉指出，蒋攸銛等人一定要随时观察，不能迁就黄玉林等人，以免生出其他事端来。

事情发展到现在，蒋攸銛取得了与道光皇帝利益博弈的暂时性胜利。黄玉林案的处理，基本按照蒋攸銛的设想在进行。黄玉林暂时免于处罚，随同官兵一起缉拿私盐贩子去了。

蒋攸銛的胜利反映出古代官员在中央和地方利益博弈过程中的艰难困境。其中的根本原因是，朝廷律法和决策是高度归纳总结出来的，是面向一般情况的，而中国幅员辽阔，各个地区的实际情况千差万别。况且，不同人群的心理和诉求，也是五花八门的。所以，朝廷的指令未必符合地方实际，未必在地方上能够行得通。一个合格的地方官员，就需要在中央命令和地方实际之间，有时候甚至要在圣旨和自己的想法之间，寻找到一个微妙的平衡。既不能让朝廷感觉到政令不通，中央权威受到损害，又要维护好地方利益，把地方上的问题切实解决了。这是对地方官员的真正考验。从某种角度说，就是要扛着朝廷的大旗，去做自己想做的事。当然了，一旦出现了纰漏、爆发了冲突，名实不副的问题就会暴露，所有压力都得地方官员自己去承受了。所以，地方官要在夹缝中博弈，非常难办。

在黄玉林处置问题上，道光皇帝和两江地方政府出现了矛盾，通过文字博弈了好几个回合。推而广之，在人事权、财政权等诸多问题上，清代朝廷和地方政府都存在分歧，反复博弈。以下各举一个例子说明：

在官员人事问题上，理论上所有的官员的任免、升降都由皇帝说了算，具体事务是由朝廷的吏部来执行。地方督抚在理论上，对吏部的任免文书是不能说一个“不”字的。一个官员拿着重庆知府的官凭来到成都，四川总督不能拒绝他赴任。但是，吏部任免官员时考虑的主要是按照制度办事，是如何把官员都及时、公正地分配出去，而不是这个人是不是符合岗位的实际要求。所以就会出现一个刚刚二十出头、新科进士出身的小伙子，从未离开过父母家庭，却被分配到少数民族杂居的西南边陲县城担任知县；或者，一个在黄河中流防治水患、修堤筑坝几十年的官员，得到了提升，可是只有西北地区管理马匹的职位空缺，就任命他去管马了。我们不否认，有少数官员能力全面，在不同的环境下在不同的岗位上都能做出成绩。可是，对于大多数人来说，这样的安排并不是人尽其才。对于地方督抚来说，新来的官员可能完全不适应当地的工作需要，让外行人胡来，会严重损害地方利益。所以，从康熙年间开始，地方督抚就以“工作需要”“人地相宜”为理由，争取到了辖区内少数职位自行推荐官员的权力。后来，地方督抚反复援引、不断扩大对辖区内官职的“提名权”。同时，他们以抽调官员外出办事、组织专案组工作组等形式，调动辖区官员的工作。到清朝后期，地方督抚掌握了对辖区内大多数官职的实际支配权。

在财政权上，地方和中央的博弈更激烈。理论上，地方税收全部要上交中央，州县官员开支动不动就是逐级申请。苛捐杂税，就是地方官员争取财政权的反映。清朝从雍正年间开始的耗羡归公，则是朝廷试图操纵地方自主财政的尝试。争夺财政权的另一个例子，就是地方官府对牙行的管理。牙行是古代商业、手工业乃至运输物流行业的行会组织，职能从帮忙中介、提供仓储、经营食宿发展到自营买卖、贷款收账等，最终集行业组织与大经济体于一身。它是明清经济发展的产物，老百姓和个体从业者越来越离不开牙行。明清时期，牙行必须持有官府发给的牙帖，没有牙帖就不合法，也没有官府的背书。牙帖就和盐引一样，成为了特许经营的资格。地方官府逐渐销售牙帖牟利。同时，兴办的牙行越多，官府可以摊派勒索的对象就越多。牙帖发放，直接关系到地方官府小金库的丰盈。所以，牙帖发放越来越滥，而且疏于管理，问题频发。清朝中期开始，朝廷三令五申不许新增牙帖。地方官府置若罔闻，照发不误。

如此上有政策，下有对策，难道皇帝就不知情？清朝皇帝对地方上的小动作，知道得一清二楚。他们之所以采取默许的姿态，主要是出于对封疆大吏的信任。皇帝深知，如果对封疆大吏管得死死的，他们在地方上很难施展拳脚，发挥才能。何况，哪一个封疆大吏不是皇帝细心观察、精心挑选出来的？皇帝大体上还是相信他们确实是工作需要，出于无奈才搞些小动作。所以，道光皇帝采纳了蒋攸銛的意见，对黄玉林网开一面，允许他将功赎罪。

当然了，皇帝对地方督抚的信任也不是无限制。一旦督抚的小动作出现了大问题，和皇帝的预期渐行渐远，紫禁城的雷霆大怒就会接踵而至。地方督抚会受到额外的处罚。具体到蒋攸銛身上，黄玉林能否按照设想，缉拿盐贩，就和他的切身利益息息相关了。

三、票盐制改革

黄玉林会改邪归正，好好帮助官府缉私吗？蒋攸銛利用盐枭以毒攻毒的策略会不会奏效呢？

道光皇帝很关心黄玉林案的进展。他在紫禁城左等右等，等了两个月，就是没有等到蒋攸銛有关此案进展的奏报。道光皇帝坐不住了，在七月中旬发上谕询问黄玉林的“从良状况”。因为蒋攸銛已经于六月请了病假，两江总督一职暂由江苏巡抚陶澍署理。道光下令陶澍不要有任何顾虑，据实陈奏黄玉林案进展。他明明白白告诉陶澍自己的态度，如果黄玉林能够协助缉拿盐贩，保障官盐销售，可以免去既往罪过；如果日久并无成效，就要另想办法了。黄玉林案关系两淮盐政，道光警告陶澍，如此事办理不善，“该署督自问咎将谁属？”

道光把话说得这么重，陶澍不敢马虎，很快回报了情况：黄玉林自首后，在六月带领官兵缉获老河影地方的贩私盐船，当场抓获盐贩李玉良等 12 名，缴获大小船只 11 艘，并在各船起出私盐 170 包、枪刀火药等物品多项。另外，由于黄玉林的示范作用，陆陆续续有盐贩闻风自首。盐运司衙门统计自首盐贩有 400 多人，其中有产者 170 名、无业者 243 名。这些人都聚集在盐运使衙门。陶澍考虑到这些人刚脱身盐贩队伍，信息灵通，上奏建议在其中挑选优秀能干的，编入巡盐差役队伍，其余的编入营伍保甲。

陶澍的这道奏折，干货不少。首先，陶澍继承了蒋攸銛的“以毒攻毒”的策略，希望利用黄玉林打击盐贩力量。他花了大篇幅奏报黄玉林戴罪立功的成绩。这些成绩证明，招安盐枭协助缉私的设想取得了成功。其次，陶澍建议扩大招安规模，在闻风自首的盐贩子中挑选合适的优秀人才，进一步充实以毒攻毒的力量。毕竟，堡垒是最容易从内部打破的。要想铲除盐枭势力，利用自首盐枭，是大有前景的尝试。

陶澍的这道奏折，直接把道光皇帝和两江官府在黄玉林盐枭案中的意见分歧公开化了。在道光皇帝看来，贩卖私盐是严重的违法犯罪，答应让私盐贩子将功赎罪，已经是自己做出的巨大让步了。而进一步把自首的私盐贩子编入官府体制内，当兵当差役，就跨越了道光皇帝的底线。官差的编制，关系到官府体制，关系到朝廷的颜面，怎么能让私盐贩子漂白成官差呢？道光帝接到陶澍的这份奏报后，异常恼火，质问纷纷招集私盐贩子，"成何政体？"黄玉林等人罪大恶极，如果能引导官府缉私，也只能赦免既往罪行，怎么还能"格外恩施"呢？至于入伍吃粮、漂白成官差，万万不可行。

对于黄玉林引导缉私的成绩，道光和蒋攸銛等人也存在认知差异。黄玉林缉拿的私盐、自首的私盐贩子，在皇帝看来只是数据而已。而在两江总督看来，这些成绩解决了困扰他们多年的难题，是实实在在的、来之不易的成绩。地方官府更知道缉私成绩的分量，明白离开黄玉林自己很难取得这些成绩。这是朝廷和地方官府的认知差异，进而导致双方的利益分歧。

面对皇帝的斥责，地方官员不能再重复自己的策略。事实上，地方利益考量并不能消除皇帝的怒气，反而可能激起皇帝更大的愤怒。于是，署理两江总督陶澍沉默以对。可惜，沉默不能消解道光皇帝的疑问。八月二十五日，陶澍正式授职两江总督，道光仍关心黄玉林案件的进展，再次特意询问陶澍：黄玉林投首之事，蒋攸銛办理有无错误，陶澍应"据实密奏"。

陶澍这个人厚道，没有独自回奏。而是在九月初十日，卸任两江总督的大学士蒋攸銛与新授两江总督陶澍联名奏称，汇报了招安黄玉林后的情形。

话说，黄玉林确非善类。他受招安后，带领官差缉拿了部分私盐贩子，但他更多的时间却是在街市游荡，还时不时和认识的扬州商人畅饮。蒋攸銛、王凤生等官员担心黄玉林在扬州闹出事端来，就把他押解到江宁（南京）软禁起来。蒋攸銛特意指派江宁协副将惠普恩专门看管黄玉林。

惠普恩禀报说，黄玉林在江宁闲不住，老想离开软禁地。他到底有什么想法呢？一天，黄玉林的一个跟班，找了一个时机出去办事，鬼鬼祟祟地向扬州方向走去。他没想到，惠普恩安排的官兵一直尾随着他，一出城就把他摁倒了。官兵从黄玉林跟班身上搜出了一封书信。这是黄玉林写给滞留在扬州的同党伍步云等人的书信。主要内容是黄玉林“恐人占去老虎颈马（码）头，致伊进退无路，嘱令仍回仪征守定巢穴”。原来，这是黄玉林安排党羽别放弃老巢，意图东山再起的密信。看来，黄玉林贼心不死。既然他不是真心从良、做个良民，为什么还要来一出自首的戏呢？

黄玉林是自首，是他寻求利益最大化的一个冒险。分析黄玉林的这个冒险，有助于我们加深对大盐枭、土匪头目等地下社会大佬处境的理解。

首先，地下社会和正常社会同样存在激烈的竞争，甚至更残酷。黄玉林是两淮首屈一指的盐枭，却不是唯一的盐枭。两淮私盐贩子的来源，大致有三类：第一类，官方称之为“回匪”，是凤、颍、光、陈等地的回民；第二来是“胯匪”，是兖、沂、莒、济的掮力；黄玉林则属于第三类，失业水手。在这三类之中，“回胯赋性最悍，动辄拒捕”，失业水手在硬碰硬方面，并不占优势。黄玉林的崛起，主要靠的是“智取”。他靠信息畅通、来去无踪，运用各种手腕，纵横捭阖，才能力拒回、胯两股势力独占码头，势力越来越大。但是，其他两股势力始终虎视眈眈，给黄玉林保持着巨大的压力。黄玉林自首的很大一个考量，就是想借助官府的力量对付竞争对手。

自首受招安，既能让官府的压力荡然无存，又能借刀杀人，引导官府去打压仇敌，这样的好算盘谁不愿意打呢？私盐贩子如此，绿林好汉同样如此。

其次，地下社会的大佬，也渴望获得正常社会的身份地位。黄玉林在江湖上是大盐枭，但大家都知道这是黑色身份，有危险，没保障，关键是见不得光，还不能光耀门楣。招安后，私盐贩子能够获得正常社会的身份，如果戴罪立功还能谋得一官半职，何乐而不为？从漂泊无根的江湖浮萍摇身一变成官府的官吏差役，招安在这个过程中扮演着桥梁和手续的作用。招安对象的江湖实力越大、江湖地位越高，他和官府讨价还价的筹码就越多。黄玉林也意识到了这一点，所以才坦然自首，希望能漂白成朝廷的官差。

黄玉林把官府想简单了。即使两江地区官府有任用黄玉林的想法，无奈道光皇帝不同意。道光只想驱使黄玉林缉私，不想交换官职。同时，官府制度森严，规矩众多，加上蒋攸銛等人刻意的监管，黄玉林受招安后感觉约束太严，行动不自由。不仅没有得到一官半职，还被官府看得紧紧的，黄玉林觉得严重得不偿失。他不仅失去了对私盐生意的掌控，而面临着竞争对手侵吞他势力范围的危险。最终，黄玉林决定东山再起，找机会脱离官府，重出江湖贩卖私盐。

摸清楚黄玉林真实状况后，蒋攸銛、陶澍认为他“居心狡诈，反复无常”，奏请将黄玉林发配新疆。联名奏折递上去后，蒋攸銛又上了一道密折，担心黄玉林可能从新疆脱逃，逃回江南贩私，建议将黄玉林即行正法。在皇帝的明确态度和强硬要求之下，两江地方官府完全接纳了道光皇帝的要求，改“抚”为“剿”对付盐枭。

道光很快谕令将黄玉林正法，并下令陶澍防范黄玉林的党羽，务必铲除私盐集团。同时，道光发泄之前两江官府对自己旨意“选择性执行”，打着朝廷大旗贩卖私货行为的不满。道光宣称，以前蒋攸銛奏请准许黄玉林自首，“朕即觉其办理未善”；之后，蒋攸銛先和陶澍联合奏请将黄发配新疆，不久又密奏处决黄玉林，“是何居心！”蒋攸銛“事前既无主张，事后又复苟且”，交部严议。至此，蒋攸銛承担了两江与朝廷利益博弈失败的所有责任。

陶澍接到谕旨后即于九月二十八日将黄玉林正法；随同自首的伍步云等人，从扬州提到江宁省城关押，交藩司审问。其余自首的400多名盐贩，在黄玉林被正法后，受到极大震慑，大多数自行散去，相当部分被官府编入地方保甲，当个纳税良民。

不久，部议蒋攸銛革职查办。道光皇帝加恩，让他以侍郎补职，九月，蒋攸銛调补兵部左侍郎，第二个月死在赴任途中。蒋攸銛宦海沉浮一辈子，因为两淮私盐案子处理不当没能圆满收场。他遗留下的盐务乱局，又会如何发展呢？

幸运的是，接班蒋攸銛的陶澍是一代名臣。他不仅学问好，而且勇于任事，不畏艰难，处理了许多别人避之不及、疑难复杂的政务。陶澍当京官时，条陈过吏部选官、地方政务的积弊；外放地方后历任多省的布政使、巡抚，兴修水利、处理司法陈案，还把矛头对准积重难返的漕运问题，试验成功了海运漕粮。那么，陶澍能处理好“后黄玉林时代”的两淮盐政吗？

之前，我们谈到盐价昂贵，症结有二：一在于官府的陋规和勒索，一在于盐商的垄断和封闭。陶澍以两江总督兼管盐务后，以身作则，首先拿官府开刀，尽可能杜绝陋规和勒索需索。陶澍兼管盐务后，每年可以多领5000两养廉银，但是他分文不要，不仅自己不拿，也不让其他官员拿。此外，他还革除各种盐务陋规16万多两，大大降低了官盐的成本。

陶澍更重要的动作，是给两淮盐务介绍了一位重要的客人，那就是：市场！他打破官盐特许经营体制，实行票盐制度。就是打破盐商对食盐的垄断，不再限定盐商资格。谁给国家缴纳盐税，谁就可以贩盐。人们纷纷前来交税领票，场面十分踊跃。如此一来，官盐壁垒消失了，成本降了，价格低了，贩卖私盐很快无利可图，而且也没有必要了。原来的私盐贩子现在改做官盐的生意了，因为一经纳税，所运之盐即为官盐。陶澍指示减少手续，加快流通，又加强对黄河两岸渡口船只的管理，打击运盐道路上的匪徒，便利食盐销售。这样一来，官盐很快重新畅销，甚至在部分地区供不应求。本来，两淮盐政亏损700多万两，经济上已经走到了绝境。但经陶澍改革后，道光十一年至道光十七年两淮完纳盐课2640余万两，存银300多万两。

两淮盐政经陶澍的整顿，起死回生。在这其中，陶澍敢于打破垄断，肯定自由贸易，尊重商品经济和市场规律的做法，值得后人学习。市场的力量，显而易见；打破垄断的效果，也显而易见。

⑩

东陵贪腐

黑手伸向皇帝陵墓

一、打虎难下手

发生在清朝道光年间、扑朔迷离的东陵贪腐案，不仅案情重大，而且牵涉面极广，一度掀起了朝堂上下暗流汹涌，结果却大事化小，模糊处理。

首先介绍一下这个案件的主角：琦琛。琦琛是新任马兰镇总兵兼总管内务府大臣。总兵是清朝的正二品武官职位，麾下将士成千上万，统辖特定区域。内务府负责皇帝事务，大到皇室财政收支，小到皇宫的吃穿用度，都归内务府统管。它是清朝规模最大的政府部门。总管内务府大臣也是正二品。琦琛同时兼任这两大实职，完全算得上是位高权重，威震一方。道光十九年（1839年）七月二十四日，新官上任的琦琛来到任所：直隶遵化马兰镇，正式就任。

遵化这个地方，需要特别说明一下。遵化原本是直隶蓟州下属的一个县，清朝入关的第一位皇帝顺治皇帝死后，埋葬在遵化，建起了孝陵。从此，遵化就成了清代皇帝、后妃的陵园所在地。到道光朝时，一共有三位皇帝即顺治、康熙、乾隆以及他们的后妃葬在这里。这些陵寝统称为东陵。从雍正皇帝开始，清朝又在直隶易县营建陵墓群，称为西陵。东西陵遥相呼应。遵化因为东陵的缘故升级为州，下领玉田、丰润两县；易县也升级为易州，下辖涞水、广昌两县。遵化州的地位非常重要。朝廷在此屯兵，守护祖宗陵寝，而马兰镇总兵就是负责东陵安全的最高军事长官。

朝廷各个部门在东陵有诸多派出机构，各司其责。比如，礼部在东陵派驻司一级的官员，负责礼仪、祭祀等事务；工部也派驻了司官，负责有关工程事务。但是，陵墓主要归口内务府负责，所以内务府派驻东陵官员最多，责任最重，起主导作用，礼部、工部等派驻官员变成配合内务府工作了。为了统筹诸多部门的事务，做好东陵的日常维护与管理，朝廷往往加派一名总管内务府大臣常驻负责。琦琛就兼任总管内务府大臣，显然是为了工作统筹的需要。他一肩挑了马兰镇总兵和内务府大臣两副担子，正可谓是位高权重，是东陵地区的一把手了。

但是，琦琛上任后迅速发现，自己的权力被架空了，很多事情根本做不了主，说的不好听一点就是形同傀儡。这是怎么回事呢？又是谁在侵夺他的实权呢？

我们来看看琦琛都遇到了哪些事情。首先，他在遵化城的大街上常常见到拖运巨大木材的马队。琦琛一问，这都是内务府派驻东陵的筹备库管库郎中庆玉的财产，都要拉到庆玉在遵化及其周围开设的木材厂去的。琦琛一打听，这个庆玉不仅是朝廷命官，更是隐形富豪，在遵化开设了钱庄、当铺、铁铺、绸缎庄，还把生意做到了京城。琦琛从下属官兵和派驻官员嘴里多次听到，庆玉家在直隶各地都有土地和房屋，光在遵化的住宅就超过 1000 间房屋，房屋装修雕梁画栋那是肯定的，就是台阶都是汉白玉的。大家谈起庆玉，就是一个形容词：有钱！

其次，官员们虽然对庆玉的财富羡慕嫉妒恨，但都爱往庆玉家里跑，都和庆玉关系不错。琦琛发现遵化地区已经形成了一个以庆玉为核心的隐形网络。不单单是朝廷各衙门派驻东陵的办事官员，就连马兰镇的官兵甚至遵化州的地方官员，都唯庆玉马首是瞻。大到皇陵的修缮祭祀安排，小到总兵衙门的办公经费短缺，官员们都习惯于去找庆玉解决。遵化的衙门口就差粉刷一条标语了：有事没事，找庆大人聊聊！

琦琛决定会会这个庆玉。借着下属参见新上任长官的机会，琦琛看到了内务府管库郎中庆玉：年逾古稀，须发皆白，但身体和精神状态都不错。琦琛在和他谈话过程中，觉得这个人确实有能力，经验丰富，而且人情练达、世事洞明，完全算得上是一个“东陵通”。庆玉从嘉庆十六年（1811 年）起就在东陵办理有关修建工程，一开始和其他司官共同办理，慢慢地独当一面，最后又包揽了粮仓、财税等事务，一干就是 28 年，从一个壮年变成了一个古稀老人。东陵的事情，明的暗的、远的近的，几乎没有他不知道的、没有他记不住的。

清朝的郎中是正五品官，庆玉因为资历和功劳的关系早升为了正四品。可他宁愿高官低配，不愿返回京城，屈尊一个正五品的郎中，在遵化山区安家定居。

那么，庆玉是一个一心扎根艰苦地区埋头苦干、无私奉献的好官吗？显然不是。

庆玉联络遵化文武官员，交结应酬，每年还定期往来京城馈赠厚礼，这些钱是哪里来的？庆玉规模惊人的豪宅、遍布各地的耕地、满大街的店铺，这些钱又是哪里来的？琦琛早在京城任职的时候，就听说东陵有一个土豪“庆郎中”，家资丰厚、出手阔绰。只是谈起他的发家史，大家又都露出只可意会不可言传的微笑。别人不说琦琛也明白：庆玉的财富都是不义之财，都来自朝廷给东陵的拨款。顺治、康熙、乾隆三位先帝及其后妃的陵寝，修建完成后都要定期维护。道光皇帝登基后即在东陵选定自己的“万年吉地”，修建陵墓。道光陵墓工程持续 7 年之久，耗费白银超过 200 万两；第八年发现陵墓渗水，抢修无果后决定弃用拆除，又耗银六七十万两。这一建一拆，主要发生在庆玉实际负责期间。此外，朝廷在遵化设置永济仓，向八旗子弟发放粮米。永济仓也归庆玉负责。庆玉有没有靠山吃山靠、水吃水呢？琦琛很快就查明，庆玉的木材厂拖运的大木头，就来自皇陵拆卸修缮工程；庆玉家的装修，也直接挪用了皇陵的工程物料。此外，庆玉仗着自己人脉广，在京城有后台，作风蛮横、行事霸道，常常在家中处理公务，违规违法操作，简直把公务和家务混为一谈，有把东陵当作私人财产的嫌疑。

琦琛确信庆玉劣迹斑斑，他是个嫉恶如仇的人，决心将庆玉绳之以法！

在清朝，自下而上的反腐败，最危险的不是涉腐的嫌疑人，也不是反腐的监察和司法人员，而是反腐的发起人！如何保护自己，同时把庆玉彻底击倒，是摆在琦琛面前的课题。琦琛当然知道庆玉有庞大的人脉网络保护着他，自己不知道谁在这张网络的顶端；琦琛也知道庆玉的斑斑劣迹，要逐条落实，每条都找到确凿的证据，不然就会被反咬为诬告。总之，除掉庆玉的难度很大。

琦琛不怕。宦海沉浮几十年，琦琛以“狷介”著称。翻译成现代口语就是做事讲原则，不留情面，不怕得罪人。这个性格特点让他吃了不少的亏，但也让他一路走得心安理得，赢得了部分力量的支持。因为不合群，琦琛不能出任外省的巡抚、部院的尚书，而是来到了东陵。同样是二品官，马兰镇总兵兼总管内务府大臣，并非很好的职位。得知琦琛的任命后，睿亲王[①]仁寿、内阁学士禧恩都暗中与他联络过。仁寿、禧恩都是多尔衮的后裔，都知道庆玉在东陵胡作非为，也都痛心疾首。列祖列宗长眠之地，怎能容忍宵小胡来？他们都支持琦琛法办庆玉。禧恩曾经担任过总管内务府大臣，和庆玉打过交道，可能给了琦琛一些直接的指点。狷介的琦琛，有了部分宗室成员的支持，更有信心除掉庆玉了。

琦琛从整顿政务入手。庆玉一心求财，为了运送木材方便，竟然修改了马兰镇新东口城门，城内大道随处可见木材车的车辙痕迹。琦琛到任后，将东口门改回原处，又出告示重申城内秩序。同时，他暗中查访庆玉的所作所为。经过小半年的酝酿，道光十九年十二月初五，琦琛正式上奏揭露庆玉贪腐，打响了“东陵贪腐案”的第一枪。这关键的第一枪，琦琛是怎么瞄准的呢？

东陵内务府筹备库每年十一月都要清理账目，把当年的银两收支核实造册，报送北京的内务府核题。这原本是一项常规工作，一般由筹备库发起申报，总管内务府大臣过目后报到北京，就算完成了。但是本年十一月，琦琛突然新派内务府郎中、员外郎各一人，拿着到任时庆玉呈递给自己的筹备库清册，逐款逐项详细审查账目。一切收支都以书面文书为据。这一查，就查出问题来了：

有一项石门岁修工程用银3850两3钱4分3厘，但是工部事先核定的价格只有850两3钱4分3厘，多支出的3000两白银没有依据。查账郎中质询庆玉，庆玉回答，本年度三月份曾发文暂借白银3000两。又问他，实际多支出的银两，有没有报销呢？庆玉这才又拿出了一份内务府公文。查账郎

① 睿亲王是清朝八大铁帽子王之一，始封者是努尔哈赤第十四子多尔衮。多尔衮死后，被顺治帝剥夺封号。乾隆时多尔衮的后人得到世袭罔替亲王的许可，一直世袭至清末。

中一看，这是当年三月份内务府确认的报销依据，庆玉隐藏在家里长达八个月之久，没有呈堂画到。而且内务府公文同意报销的只有 868 两 1 钱 4 分。既然事后内务府只同意多报销 800 多两银子，那么庆玉接到文件后就应该把预先多领的 2100 余两缴库归款。庆玉竟然将公文在家隐匿八个月之久，而且不及时缴还多领的银两，还进一步把这笔钱算入实际开支款项中。琦琛认为他故意隐匿公文，想蒙混过关侵吞公款。说到侵吞公款，确实还查到庆玉存在几起赤裸裸的贪污行为。本年三月份，遵化州地方官府押解 500 两官银到库，庆玉私自收下，过了八个月都没有缴纳库房；另外，报销清单内有修理房间门座工程，庆玉于本年六月领走白银 370 两。经查，这项工程纯属子虚乌有，庆玉涉嫌虚构工程冒领款项。

调查还发现了庆玉有收藏公文的“癖好”。各衙门的公文，必须收存在衙门里。但是，查账官员并没有在筹备库衙门发现许多作为凭证的公文稿案，一问，庆玉承认都在自己家里放着呢！尤其是有关钱粮工程的财务公文，大多数都在庆玉家中收藏着。庆玉手里拿着这些文书和单据，想干什么？琦琛在奏折中直言，这恐怕是庆玉盘踞衙门、把持工作、乘机蒙混舞弊的重要手段。

庆玉的胆子远比旁人想象的要大，做事情毫无顾忌。琦琛不用多费难度，就探访出来许多严重问题来。比如，庆玉贪婪到连皇帝的陵墓都不放过，雁过拔毛。琦琛秘密探访得知，庆玉在修缮顺治皇帝陵墓孝陵的隆恩殿时，拆下多件楠木，仅交给石门工部楠木 7 件，其余都占为己有，存在自己开的木材厂内。他家装修很多地方都用了楠木，还用汉白玉做台阶，这些好东西都是哪儿来的？至于其他非名贵木材，庆玉把回干树株做成房间木料数十间，都堆在庆兴估衣铺内。又比如，舆论盛传，庆玉的儿子、副内管领魁明，孙子、主事恒龄，都在家吸食鸦片。道光朝严禁鸦片，重罚吸食者。在职官员吸食鸦片，是要革职查办的。

之前，庆玉给外人的感觉是经验丰富、办事能力还是可以的。琦琛查访发现，这也是假象。十二月初十，琦琛专门上奏，查出庆玉道光十八年闰四月修理孝陵隆恩殿时，指挥拉运石料的重车，直接从孝陵的神路五孔桥桥上通过，轧坏神路和五孔桥，过了一年多车辙痕迹尚存。同时，庆玉还把宫门西间的门框碰损约长2寸5分、宽1寸5分，用红油遮盖。在整个过程中，庆玉不仅亲眼目睹，还公然骑马从孝陵的神路和五孔桥上通过。皇陵是圣地，神路轻易不能踩踏，只有皇室祭奠时才能使用。庆玉在上面骑马，指挥工程都是严重的逾制。事发后，庆玉报修神路和五孔桥，试图掩盖此事。朝廷没有同意，罪证因此得以保存下来。

琦琛在揭露庆玉的奏折将这些初步发现的问题一一罗列，最后指出："庆玉是盘踞东陵的积年大蠹，做事情惯于蒙混舞弊。我到任时就知道他的为人，但是担心泄露消息，不敢展开详细调查。现在已经查明的种种不法行为，就已经令人发指。"所以，琦琛请旨将内务府四品衔郎中庆玉革职；庆玉的同僚、东陵内务府郎中明吉，员外郎色钦、魁安等人免职，一起交给内务府议处；奏请钦派公正廉明的大臣前来查办此次贪腐大案。

应该说，琦琛进攻的弹药比较充足，对庆玉的揭露也是有的放矢。道光皇帝看到奏折后，大吃了一惊。想不到在祖宗长眠之侧竟然有这样胆大妄为的蛀虫，提笔写下了"殊属可恶"四个字。圣旨要求，庆玉立即革职，拿问抄家，涉及官员免职听候调查；派遣工部侍郎文蔚为钦差大臣，赶赴遵化与琦琛一起查办。

东陵贪腐案的第一枪，琦琛打得很不错，完全达到了预期的效果。那么，庆玉及其背后的力量会做什么样的辩解或者反击呢？

二、谁走漏了消息？

道光皇帝下令将庆玉拿问抄家时，特地提醒琦琛"亲赴该员家内严密查抄，毋许走漏风声，致有藏匿寄顿"。

这里的“藏匿寄顿”，前者指的是把财富隐藏起来，后者指的是把财富转移给他人。如果嫌疑人提前处理了赃款赃物，案情就没有凭证了，案件非但没法结案，琦琛还可能落一个诬告的罪责。所以，不用道光皇帝提醒，琦琛也知道争分夺秒抄家，查封罪证。琦琛能不能彻底扳倒庆玉，很大程度上取决于能否完整查获罪证，也就是庆玉的巨额家产。

道光皇帝是十二月初八颁布圣旨，下令将庆玉抄家查办的。两天后的初十，琦琛就上报了查抄庆玉家中的情形。可见，琦琛早就做好了准备，没有耽搁一分一秒。他初九接到圣旨，立即把庆玉拿下，看管起来，又亲自率领官兵，飞奔庆玉家中查抄。

抄家的官兵到了庆玉家，估计有一种“刘姥姥进大观园”的感觉。实在是太奢华了！就连见过世面、在京城逛过王府的琦琛，也在奏折中描述“庆玉家中房间甚多，院落曲折”，财产实在太多，一时间无法彻底查抄，就下令把各屋门窗都用封印封闭，派兵看守，以便将来详细查抄。庆玉家中不但有汉白玉台阶，很多室内装修使用了楠木，而且琦琛在房屋里看到了行宫陈设的字画，甚至有皇家更衣殿的陈设。中国传统社会是一个身份社会，区别身份的重要标识就是吃穿用度。不同身份的人只能使用与自己身份相符的器具物品，否决就乱套了。皇帝御用物品，其他人尤其不能错用，否则就是僭越大罪。如果说庆玉只是在房间里僭越使用行宫物品，还能解释说是他偷偷摆谱，满足虚荣心。问题是，琦琛发现庆玉家所盖房间有斜山角梁、万寿重椽、垂花门、抄手游廊、厂亭等，简直是仿照行宫款式建造的。这种明目张胆的僭越，只能解释为庆玉胆大包天、有恃无恐，一点都不加修饰了。琦琛还派兵查看庆玉给自己提前建造的茔地阳宅，发现坟墓前有连座九间十檩大房（这是非常高规格的阳宅），装饰着汉白玉刻字对联、金漆装修等，虽然不算是僭越，但超过了四品官员能够享受的死后哀荣，属于违制。

另外一路官兵，查封了庆玉在遵化开设的南北木厂，发现厂内堆贮着大量木材，其中有大小楠木多件（庆玉家后院也堆积着楠木）；查封庆兴估衣铺，发现其中也堆贮着回干松木房料。此外查封的庆玉产业，在马兰峪有钱铺一座、棚杠铺一座，在遵化城内有当铺一座，在平安城有钱铺一座、烧锅一座，在邦均镇有当铺一座、布铺一座，在马伸桥有钱铺一座。庆玉的买卖做得不小。琦琛得知庆玉在北京城有乾元寺住房一所、庆祥绸缎铺一座、广立木厂一处，另有中立木厂虽然不是庆玉的商铺，但庆玉每年回干树做成的房料，大多数由中立木厂代销，是重要的利益关联厂商。所以，琦琛奏请道光皇帝下令步军统领衙门查抄上述产业，同时捉拿庆玉产业的看守审讯。

查抄过程有一个小插曲。庆玉有一处空闲的宅院，有 102 间房屋，规模很大，借给了奕絪居住。奕絪是谁呢？奕絪是出自乾隆帝第八子仪亲王世系的第三代贝勒，道光皇帝的堂侄子。清朝皇帝在各处祖宗陵寝安排了守陵的宗室，奕絪是看守东陵的宗室贝勒。他所居住的宅院也在查抄范围内。奕絪不得不奏明自己借住宅院的原因。他说，守陵宗室的随任府第房间墙垣门座年久坍塌，木材糟朽不能用，没法居人了。从道光三年起，前来守陵的宗室都借住庆玉的空房，到他已经是六任宗室了。也就是说，庆玉通过免费出借一个空闲的宅院，把前后 6 位贝勒爷纳入自己的关系圈子。而他这处大宅院，算不算来源不明的巨额财产呢？道光皇帝接到奕絪奏折后，下令把这处应当查抄的宅院，直接赏给守陵贝勒居住。

内务府郎中五品官，年俸是 80 两白银，就算庆玉按照四品衔领取年俸，也才 105 两银子。他的巨额产业是从何而来的？那些奢华的装饰又是从何而来的？

除了巨额财产来源不明外，在庆玉家中还起获了大量稿案公文。庆玉几乎是把自己家当作衙门的档案室了。他私藏公文，又想干什么呢？在这些公文中，最重量级的是，庆玉家竟然藏有二十多年前，嘉庆十七、十八、十九、二十年，前任总管内务府大臣福长安接到的皇帝朱批 14 件。奏折经过皇帝用红笔批示后，称为“朱批”。朱批一般直接发给相关官员处理，是君臣之间一对一直接而私密的交流。按照清朝档案文书制度规定，官员每年年底要将朱批缴回。庆玉私藏朱批，不仅暴露他胆大妄为，也暴露之前东陵政务管理混乱。前任大臣福长安在政务上过于依赖庆玉，违规将朱批转交庆玉处理。每一个胡作非为的下属背后，都有一个昏庸无能的上司。可惜，福长安已经于嘉庆二十二年病逝，没有办法出来说明情况了。

庆玉还有比朱批更让人吃惊的“私人收藏”。琦琛在他家查抄出了多张已经盖了章的空白公文！盖章的空白公文，那还不是想怎么写就怎么写，庆玉能够发挥的空间可就太大了。普通人稍微想一下，都知道其中的危险有多大！

最后，琦琛在庆玉儿子魁明、孙子恒龄的卧室里查获烟枪、腊捻、玻璃灯罩等抽鸦片的工具，并且查获装有鸦片的银盒。这些显然是魁明、恒龄抽鸦片的罪证。琦琛把抄家的情况奏报道光皇帝，应该说庆玉罪证累累。琦琛在法办庆玉的道路上向前推进了一大步。庆玉倒台似乎是板上钉钉的事了。但是，法办庆玉真的会如此顺利吗？庆玉有恃无恐背后的势力，又会做些什么小动作呢？

在遵化城查抄庆玉家产的同时，道光皇帝秘密下令步军统领衙门查抄庆玉在京城的产业。步军统领衙门不敢怠慢，立刻行动起来。但是，京城的查抄行为，却出现了大问题！

官兵查抄乾元寺庆玉住房，共计房屋 72 间半、游廊 31 间，发现屋内仅有粗劣的家具和笨重的器具，并无衣服银两。官兵们放眼望去，都是破杂木桌、破玻璃灯、破木箱。这可是庆玉的老家，法律意义上真正的住宅啊！怎么就寒酸成这样，和遵化的豪宅完全是天壤之别呢？负责查抄官员发现各处房屋内有家具新移动的痕迹，怀疑有人事先转移了财产。官兵抓住负责看守庆玉老家的佣人麻老审讯。麻老是遵化人，受雇于庆玉，看守京城老宅已经多年了。麻老招供说：本月初九（请注意这个时间，这是道光皇帝下旨抄家的第二天、遵化抄家行动开始的当天），麻老的遵化老乡张三前来送信，说庆玉在遵化的产业已被查封。麻老赶紧派人给京城里广立木厂、中立木厂、庆祥绸缎铺等庆玉的关联产业通风报信。同时，麻老把随同自己在北京的家属送到平日认识的内务府镶黄旗骁骑校得里布家里借住，将自己的物品也一起搬到得里布家存放。麻老说，他并没有动过雇主庆玉的东西，房屋里搬家的痕迹是他搬运自己物品的时候留下的。麻老的说法，可信吗？反正，步军统领衙门是不相信，认为其中显然有转移财产的行为。

官兵同时查抄了西四牌楼路西的庆祥绸缎铺。绸缎铺租用了内务府的 10 间官房，另外又租用了 9 间民房。绸缎铺负责人赵士文供称，铺子是庆玉在道光五年出本钱 8000 两白银开设的。绸缎铺里抄出了绸缎、银两、账簿等物品，看起来没有来得及转移资产。

广立木厂、中立木厂的情况，稍微复杂一些。两家木厂都在鼓楼东边。中立木厂开设比较早，是庆玉的亲戚李中道一个人创办的。道光八年，庆玉化名“李荫庭”，出本钱 10000 吊（将近 10000 两白银），李中道和解秉栋各出本钱 1000 吊（将近 1000 两白银），租赁了原来中立木厂的 10 间房子，新开设了广立木厂。广立木厂在事实上取代了中立木厂后，经过十多年的发展，在查抄的时候有灰瓦房 61 间，其中大部分房间提供给来往交易的商人居住。可见广立木厂买卖兴隆，已经形成了一个小规模的木材牙行。官兵在厂内查抄了木料 1183 件。也许是木材体积庞大、重量又重，搬运麻烦，所以广立木厂没有转移它们。股东李中道招供说，最近一次是在本年度的二月七日，收到庆玉送来的十几车木材。庆玉又不是伐木工，他的木材是哪里来的呢？因为李中道对运来的木材根本就不入账，所以无从查起。

步军统领衙门认为，京城查抄行动走漏了消息。而其中的关键线索，就是看守庆玉老宅的麻老。他们反复审讯麻老。对方一口咬定没有转移财产。无奈之下，统领衙门一面暂时羁押相关人员、查封相关产业；一面遵旨将麻老押解到马兰镇归案审讯。

到底有没有人事先走漏消息，给庆玉通风报信呢？有！

琦琛发现了残酷的现实，证实了这一点。十二月初九，琦琛查抄庆玉家，当时为了求速度，先将房屋门窗封闭，派兵看守，并没有翻箱倒柜、详细登记。等把庆玉相关产业全部查封后，琦琛开始着手深入查验物品。他再一次来到庆玉豪宅，一个屋一个屋地认真检查资产。大家猜猜他看到了什么？各屋的箱子柜子打开后，大多数是空的，什么东西都没有！少数有东西的，也都是一些旧衣烂衫。琦琛心中暗暗叫苦，预感自己遭到了强硬的阻力。显然是有人通风报信，庆玉提前转移了财产。自己在抄家圣旨发布的第二天就行动了，有人比自己更早得知了圣旨，而且更快展开了行动。这个人，或者这群人会是谁呢？

不过，琦琛来不及深究幕后黑手，当务之急是赶紧找到这些转移了的财产。他立刻安排麾下官兵，秘布遵化各地查访。琦琛又张贴告示，晓谕军民人等，如果有收存庆玉家寄顿的物品，立即呈报交出，如果隐匿不报，一经查出，严加治罪。

很快查出庆玉近期在振隆当铺典当了皮衣 12 件，在永济当铺典当了皮衣 10 件、金镯 6 个。十二月初十，驻军翼长西林交出庆玉寄顿箱子 2 个、包袱 1 个，章京丽淳交出箱子 2 个、包袱 2 个，已革八旗总管业普肯交出箱子 4 个、包袱 23 个、匣子 3 个，领催丰伸布交出箱子 1 个、包袱 3 个，差役泊淳交出箱子 3 个、包袱 8 个。同时，秘密查访的官兵在已革郎中博启通额家查出庆玉寄放的箱子 4 个、包袱 6 个。

琦琛逐一查看这些人交出的物品，其中业普肯上交的衣物较多，里面有元狐腋褂、元狐马褂等贵重衣物，其他人交的都是些平常衣物，甚至有旧衣服、破旧褥子。琦琛也不是好骗的，他哼哼一笑，当即派军官前往这些人的家里检查有无庆玉寄放的其他财产。这一招果然奏效。丽淳又上交金镯 1 个、金簪等 15 件、沉香手串 2 挂、褂表 1 个、白银 1567 两多。而差役泊淳则连夜雇车，企图再次转移庆玉转移到他那儿的财产，结果被琦琛安插的官兵人赃并获，当场搜出包袱 2 个、匣子 3 个、帽盒 2 个。当天夜晚，庆玉家人宋当背着一个大包袱，里面有 9 件女式狐皮大衣，形迹可疑，被巡街官兵抓住。宋当现场招供，这都是泊淳让他去找当铺典当的。看来，这个泊淳最不老实了。

他们肯冒险替庆玉隐藏财产，因为大家都是庆玉搭建的营私舞弊圈子的一员。可见，庆玉盘踞东陵，营建了多大、多深的关系网络。

琦琛担心庆玉转移财产不止上述几家，交出和查出的物品也并不是全部。他上奏道光皇帝，请求将上述官员，加上查访得知参与转移财产的内管领广运、内管领文志、章京富勒欢；庆玉侄子、员外郎魁安，一并革职。请求将庆玉幕僚、秀才孙缙，家丁、车夫等50余人一并关押审讯，彻底追究庆玉转移的财产和没有查出的田地、债权。道光皇帝基本同意了琦琛的奏请，只是认为业普肯等官员既然主动上交了，还有畏法之心，可以免于革职，不用查抄家产，只是免职交给琦琛，会同钦差大臣文蔚一起审讯。

琦琛幸亏措施得当，补救及时，基本查获了庆玉转移的产业。谁走漏了消息？

三、皇帝保护嫌疑人

追究通风报信的人是深挖庆玉案一个非常好的切入点，而追查通风报信的人最好的切入点，就是审讯最先得到消息的看护庆玉北京老宅的麻老等人。道光皇帝把这个任务交给了定郡王载铨。

载铨办事效率还算可以，很快就从麻老那里得到口供，十二月初九当天并不是所谓的什么遵化老乡张三来报信说庆玉的产业被查抄了，而是庆玉在北京的侄子、秀才恒伦送的信。当天一早，恒伦就匆忙赶过来，说庆玉要被朝廷抄家了，大家预做准备。随即，载铨传讯恒伦。恒伦招供自己在户部主事全孚家住家求学。十二月初八晚上，老师全孚回到家中，告诉自己朝廷要将庆玉抄家查问。事情开始牵涉在职京官。载铨继续传讯全孚到案。

全孚到案后，陈述了事情的来龙去脉：

本月初八日午后，全孚在办公，家人全成禀报说，工部尚书陈官俊陈大人叫老爷去说话。全孚是陈官俊的乡试门生。明清时期的科举师生关系，是带有很强约束力的人际关系，尤其是在现职官员之间。老师传见，全孚本来应该马上就去。但是当天工作实在太多，全孚一直拖到傍晚时分才赶到陈官俊府邸拜见。陈官俊对学生的迟到很不满意，一见面就问："怎么这么久不来见我？"全孚赶紧道歉："学生最近被派到神机营办差，那边事务很忙，因此没有及时来向老师请安。"

陈官俊摆摆手，示意全孚坐近了说话。全孚刚坐下，陈官俊上来就问："你知道东陵派钦差了吗？"

全孚的脑袋瓜子立刻转了起来。一个月前，陈官俊承修东陵小碑亭等工程，携带全孚前往遵化查收。当时接待的是内务府郎中庆玉。全孚能回忆起来的自己和东陵的关系，就是这些。于是，他回答陈官俊："学生不知道。"

陈官俊说："今日，奉旨派工部侍郎文蔚前去东陵办案，查办的就是庆玉的事。"全孚问："老师怎么就知道是为庆玉去的？"

陈官俊说："我在工部过堂的时候，听见穆中堂说的。弹劾庆玉十七款罪状，都是有凭有据的。"停顿了一会，陈官俊又说："将来，他的家要抄的。"

全孚看出陈官俊郁郁不乐，就宽慰老师说："庆玉名声本来就不好。至于具体查办什么内容，我也不知道。"告辞回家后，全孚把消息告诉了学生恒伦。最后，全孚向载铨承认："这实在是出自陈大人之口，入我之耳，并无一字妄供是实。"

全孚的供状，可是一颗即将爆炸的定时炸弹。陈官俊是谁？他是现任工部尚书。而工部执掌工程营造，东陵的诸多工程就由工部奏销。工部对工程贪腐负有不可推卸的责任。陈官俊自然要负领导责任。所以他对朝廷查办庆玉一事，忧心忡忡。而陈官俊又是道光皇帝的宠臣。陈官俊是道光皇帝长子奕纬的老师。奕纬是道光重点栽培的对象，一度想立为太子。陈官俊对奕纬的教育很用心，道光皇帝曾经嘉奖陈官俊"训迪有方"。不幸的是，皇长子奕纬在道光十一年英年早逝。道光皇帝悲伤异常，似乎把对奕纬的怀念之情转移到了陈官俊身上，对陈官俊待遇优渥。陈官俊屡次犯错，道光都礼遇有加、恩宠不减。所以，载铨对陈官俊涉案，忧心忡忡。

更让载铨担心的是，此案还可能牵涉“穆中堂”，也就是军机大臣穆彰阿。穆彰阿不仅是道光的宠臣，而且是首屈一指的权臣。他一直深得道光的信任和器重，案发时担任文华殿大学士、领班军机大臣。因为穆彰阿曾任工部侍郎、尚书，以大学士之尊分管工部。清朝的中央各部院虽然有尚书，但同时皇帝分派内阁大学士分管各部工作，称为“管部大学士”，负责该部事务。据说，因为清朝的六部有满汉两位尚书、四位侍郎，都是偶数，分管大学士来议事办公，各部都在大堂居中位置给管部大学士设座。“中堂”二字因此而来，逐渐代称内阁大学士。如果庆玉长期把持东陵工程、侵盗工程款项罪名坐实，穆中堂是有领导责任的。

穆彰阿是领班军机大臣，能够第一时间获取圣旨内容，而且可能参与了道光皇帝的决策，甚至推荐了工部侍郎文蔚担任钦差大臣。按说，抄家查办的圣旨涉及机密，内容敏感，穆彰阿应该有保密的意识和义务。可是，他却在工部大堂，借着和即将上任的钦差大臣文蔚“谈工作”的机会，让隔墙有耳的陈官俊听到了消息，从而引发了后续的泄密。作为一个政坛老手，穆彰阿这个举动非常可疑。

案情牵涉两位朝廷重臣，载铨不敢私自做主，把情况连同全孚的口供都奏报了道光皇帝。道光皇帝降旨将全孚免职，接受审讯；下令陈官俊去载铨那里把情况说清楚。

陈官俊来到了专案组，首先陈述了自己一个月前去东陵查看工程的情况。他说：“我同全孚一道赴东陵查工，当时就发现琦琛、庆玉两个人积怨很深，难以化解，势将决裂。我查看完工程当日就要离开。全孚要求多住一天，我催他早点走，他只好随我回来了。一路上，我们师生两人同宿在客栈中，全孚多次向我说起庆玉这个人有问题。”陈官俊首先陈述了自己和全孚之前与庆玉的关系，也为之后的供述做了铺垫。

接着，陈官俊承认自己在十二月初八傍晚把全孚叫到家里来说话。他说自己关心的是庆玉修建东陵工程的质量问题，就问全孚："由庆玉经手、我们十一月份查验的工程项目，没有问题吗？"全孚回答："庆玉办理的工程，质量是可以放心的。但是，庆玉这个人贪污挪用、短缺仓库，横行不法，也是事实。如今既让放出去了钦差，庆玉恐怕要大事不妙了。"陈官俊说："庆玉既然如此不好，又多年把持工程钱粮，这种人耗损了朝廷的元气。只是朝廷虽然向东陵委派了钦差大臣，不知道是不是去查办庆玉的？"请注意陈官俊的措辞，他承认了自己知道有钦差去东陵，但否认知晓庆玉涉案，更是否认听到过任何有关穆彰阿的信息。至于全孚之前供述的庆玉被参十七款等，陈官俊说我连查办哪个人都不知道，更不用说是具体什么条款了？至于所谓的"十七款"，更加是闻所未闻。他说："这段话是全然无有的，但不知全孚闻自何人，是何参款，可向他追问。再就是，我与庆玉素无往来，此案是庆玉不是庆玉，我不必求知，我亦无从得知。全孚是庆玉亲戚，自然是关切他的。他听我的话怎样转告他人，我实在全然不知。"陈官俊完全否认自己泄露消息，把责任全推给了全孚。

载铨又再次提审全孚。全孚说，初八傍晚陈官俊一开始确实问到之前东陵修缮的工程是否完固，说工程是庆玉经手的，他不太放心。全孚说，庆玉这个人虽然不好但办的工程还是靠得住的。陈官俊又说："现有钦差前往东陵查办案件，你知道吗？"全孚说不知道。陈官俊就说，今天穆彰阿大人到工部过堂，与文蔚商量挑选工部官员随行，马上起身到东陵去。随后，陈官俊再次问及庆玉到底有哪些问题，全孚揭露了庆玉的主要问题，说他的名声一直不太好。陈官俊当时叹了口气："若果如此，怕要动家。"在泄露消息这个核心问题上，全孚一口咬定："以上前情陈大人实因查问我经手工程无心向我谈及。"虽然他很委婉地加上了"无心"这个修饰词，但要害却是"谈及"两个字。

至于之前供述陈官俊提到穆彰阿提到庆玉被参十七款一事，全孚现在改口说记不清楚了："那日同陈大人说话前后次第记忆不清，加上陈大人屡次严词讯问我，我心中慌乱，所以上次问话时说错了。其实，庆玉被参究竟有几款，我至今都不知道。”

陈官俊、全孚师生两人，各执一词。只有两个人在场的秘密会谈，旁人难辨真伪，只能由裁判者做判断了。哪一方与裁判者的关系密切，哪一方就可能让自己的说法得到采信。陈官俊是道光皇帝的宠臣，抓紧时机向道光皇帝上奏，坚持原来的说法，强调“因何事查办庆玉，臣至今全然不知。臣所言句句皆实，不敢少有隐饰”。办案的载铨则督促官员，反复提审麻老、恒伦等人，甚至加以刑讯，无奈这几个人都咬定原供词不放。现在就看道光皇帝如何决断了。

道光皇帝是一个典型的守成之君，做事情小心谨慎、循规蹈矩，几乎没有自己的创见，也不愿意对既有规章制度进行改动。“求稳定”“不折腾”是道光执政的关键词。庆玉从道光列祖列宗的口袋里掏钱，道光皇帝自然恨得咬牙切齿。但是，道光只想查出庆玉到底贪腐了多少钱，并且追回损失，不想深究贪腐背后的详情。他也没有能力进行深究。如果道光彻底调查贪腐的前因后果，挖掘背景因素，从而进行改革，他就不是守成之君了，清朝国势也不会在他的手里江河日下了。道光拿到陈官俊和全孚两方面的口供，肯定怀疑背后有黑幕。可转念一想，挖黑幕不如追回损失。道光皇帝决定对陈官俊的处置高高挂起，轻轻落下。

于是，道光皇帝颁布圣旨，先是煞有其事地宣布要揪出送信之人从严惩办，接着话锋一转，说“以情理而论，言者或出无心，听者早已有意”，开始维护陈官俊。他对陈官俊小骂大帮忙，说陈官俊偶然言行不检点，如今遇到了这个案子，就应该据实说清楚。“朕亦断不疑陈官俊与庆玉有私，故为送信。”说清楚了就没事了，如果陈官俊仍然含混其词，就要把他革职审讯，动真格了。道光皇帝对陈官俊真的是很不错了，最后还不忘自我表扬一句：“勿谓朕薄待大臣也。”你都对陈官俊包庇到这个地步了，谁还会说你“薄待大臣”呢？

皇帝的态度公开后，下面的事情就顺水推舟了。陈官俊调整口供说：“我在工部过堂时，只听到穆彰阿同文蔚商量随员，并没有其他话。我回家后把全孚叫来，说现在文蔚奉旨前往东陵查办事件，庆玉所做的事，你肯定知道，会不会有问题？全孚说庆玉最大的问题是拆卸宝华峪工程，其次是经手的仓库短缺。我说如果真是这样，恐怕要抄家。谁知道全孚听了这话，信以为真。至于参劾十七条款，我全然不知。全孚明知我说的话都是出于无心，他因为被恒伦供出，没法推脱，反过来咬住我。这是我糊涂无知，辜负皇上天恩，请求从重治罪。”

皇帝和老师都这么说了，全孚知道自己要成为泄密事件的“背锅侠”了。这锅是甩不掉了，尝试甩锅可能带来更大的麻烦。干脆，全孚也改了供述，照搬了陈官俊的说法，最后说自己当时没记清楚，加上审讯时心中慌乱，所以之前的口供都不准确。

一天后，处理圣旨就下来了。全孚泄露消息，革职。陈官俊身为一品大员，言语不知检点，导致全孚以虚为实，走漏大案消息，责任难逃，交吏部严加议处。吏部讨论的时候，发现并没有抄家的时候传泄露、送消息的专门条文。法无明文，就寻找最接近的条款处理，清朝法制的专门名词是“比附”。吏部比附提塘官（传递文书的官员）将密封事件私自拆开窃视以致漏泄，严重者为首杖一百、徒三年。吏部建议将陈官俊革职，从重发往军台效力赎罪。道光皇帝批准了。看起来道光对陈官俊的处理非常重，但是一年多后陈官俊就东山再起，出任通政使，很快升任侍郎、尚书，重新担任了工部尚书，并在道光二十四年入阁拜相，达到了仕途巅峰。

全孚、陈官俊走漏消息一案，可算是东陵贪腐案的一个“案中案”。因为道光皇帝的包庇，真相究竟如何，陈官俊有没有纳入庆玉的关系网络，穆彰阿是不是幕后大黑手，后人不得而知。可以确定的是，道光对此事的处理，清晰表明他只想把案子局限在东陵，限制在较低的层级。

四、庆玉反咬一口

庆玉到底贪污挪用了多少财富呢？举一个小例子。

庆玉案发后，东陵的工部派驻机构自查原材料账目，查出历年来庆玉借而不还、挪用拖欠的公物，计有通梢架木 2982 根，大小板片 2110 块，竹竿 5192 根，杉木柱子 452 根，索脚托柱 421 根，桥柱 364 根，桥下承重木 233 根，楞木 336 根，绳子 15789 斤 2 两 3 钱，等等。如此众多的原材料，不是被庆玉运来建造自己的豪宅茔地，就是通过自己开设的店铺销售出去了。

如此巨大的缺口是如何造成的呢？工部派驻司员怀秀等人解释道，东陵工部各项工程事件都是庆玉一人经手承办的，常年以往工部官员们干脆将日常政务也委托庆玉处理。怀秀等人落个清闲，直到庆玉遭到革职拿问，他们才想起庆玉有没有给工部造成巨额窟窿。这一查，就发现了大问题。

琦琛在庆玉的各处工厂中发现了大多数侵占挪用的原材料，上奏说，庆玉之所以能够将公物私存在自己家，恰恰是他平日里肆意盘踞把持的证据。工部派驻东陵郎中怀秀及员外郎桂龄、舒长、常安等人玩忽职守，罪责难逃，全部交部议处。

这还只是工部一个部门发现的原材料问题，再加上之前提及的庆玉抄家抄出来的巨额资产，我们完全有理由相信庆玉有严重的经济问题。此外，在他家里发现的盖章的空白公文、私藏的朱批和公文、吸食鸦片的工具，还有连北京官员都知道庆玉“名声不好”。庆玉似乎证据确凿，罪责难逃，就等着最终宣判了。那么，庆玉会迅速遭到法办吗？东陵贪腐案会如此简单结案吗？

现实总是把它残酷的一面突然推送到人们的面前，让人猝不及防、目瞪口呆。就在大家以为庆玉要完蛋的时候，十二月二十三日，赶赴东陵的钦差大臣、工部侍郎文蔚上奏了一则要逆转乾坤的劲爆消息：庆玉举报琦琛贪污索贿！这到底是怎么回事呢？

文蔚十四日抵达马兰镇，进入琦琛的总兵衙门居住，并接手案子的审讯工作。文蔚会同琦琛实地查看了各处地方、验看了相关物品，承认琦琛参劾庆玉各款确有其事。二十二日，文蔚提审了相关犯人。先审讯庆玉的儿子魁明。魁明当场揭发，说琦琛收了他200两白银，并且接受了他们家行贿的大米、马匹等物品，所言不虚，画押为证。文蔚接着提审了庆玉。庆玉一把鼻涕一把泪、絮絮叨叨地谈了好久好久，留下了两份冗长的供状。幸亏文蔚将庆玉供状作为附件夹带在了奏折中，奏折现收储在中国第一历史档案馆，我们后人才得以看到这两份珍贵的文件。说它珍贵，不仅意味它能让后人知道庆玉胡搅蛮缠的手法，同时看清楚庆玉的真实嘴脸，了解当时衙门运行的诸多实情。道光皇帝非常认真地精读了供状，而且朱笔断句。下面，我们也和道光皇帝一样，认真研读一下：

琦大人到任后待我确实很优厚，每次谈论公事，我尽我所知回禀琦大人（好一派上下关系和睦，同心共力做工作的和谐景象。可是，庆玉第二句就来了一个“但是”）。但是，每当谈起陵寝工程，琦琛总不问我应该如何修理才能妥当、稳固，反而说什么他在西陵听到，在东陵当官一年可得五六千两银子。我据实回禀，这些话都是谣言，断不可信。陵寝工程最需要慎重，如果修理不妥，我们不仅赔修不起，罪过也就大了（在这里，庆玉暗示了琦琛贪婪的嘴巴，塑造了自身廉洁奉公的形象。接下来就是他的自吹自擂了）。我庆玉蒙历任大人委派，从嘉庆十六年会同京中奉旨派出的大人一起监督修理工程至今，恭敬谨慎办事，从来不敢草率，所以我在东陵工作20多年并无任何不妥或者赔偿重修的地方，也没有迟误。我监修的宝华峪工程，妥当稳固，当属第一（宝华峪工程是道光给自己营建的陵寝，持续修了7年耗费200多万两白银，修成后发现地宫渗水，返工不成最终废弃。庆玉竟然好意思说该工程妥当稳固，完全是睁眼说瞎话）。工程款项是从户部领出的二两标准的官银，从商人那里采办物料，如果有盈余，也只够解决参与工程的官吏们的伙食费。各位大人来到工程视察，还都需要自备盘费。琦大人听后非常不高兴，陆续把我的其他兼职裁退了，只有工程不准我辞退，让我继续监修。

琦大人又说他家老太太还在西陵，要派人去接。我马上送上盘费银200两。琦大人家眷抵达后，衙门内的家具器具都不齐备，大人又让我筹备。我就把自己家现有的家具器皿凑妥了送过去，家里没有的赶紧现做送过去。除瓷器外，我送给琦大人的家具器皿不下百十来件。至于琦大人全家上下吃的米，从七月到衙门上任至今，都是我购买送去的。开始，我买的是蓟州仓数十石大米，因为是存了一年的陈米，琦大人不愿吃；我只好现买本年的早稻粳米数十石，又从通州购买老米20余石、从丰润购买桃花米25石。这些大米已送去2石，因琦大人衙门内无处收存，有60余石大米交给我暂时代存，将来陆续取用。琦大人还向遵化地方官员索要物品。他到任后就向遵化袁知州要麸料，喂养牲畜。琦大人到任时仅有两头骡子，却每样要80石，估计拿到银号里换钱去了。现在，琦大人有两匹马，一匹是从京城买来的，一匹还是我送的呢。

除了工程项目，庆玉的另一项主要工作是管理永济仓。永济仓负责发放东陵周边八旗驻军的钱粮。清朝入关后，八旗军队及其家庭由国家供养，按时去官仓领取粮食和其他补贴。这是一笔巨大的资产，所以官仓的管理人员职位就是人人羡慕的肥差。当然，仓库的运营管理也非常琐碎。比如，永济仓的粮米是从南方漕运来的大米，需要仓库派人去通州领取，再统一发放；如此反复，粮食成本太高，转为命令由直隶省各州县向永济仓输送。可是，运输成本由谁承担？仓库额外租赁的场地费用，由谁承担？这些都没有法定的核销项目，只能负责官员自己运筹腾挪解决。更不用说具体发放过程中，核对票据、接待军民等琐碎事务了。所以，永济仓的肥差同时也是一个苦差。庆玉说，自己并不想接手永济仓管理。可是，嘉庆十六年，前任马兰镇总兵福长安一定要他负责，庆玉这才“勉为其难”接手帮忙。庆玉说了很多工作中的难处，还说他接手的时候仓库就亏缺白银六七千两。而永济仓前后两任名义上的负责人、郎中三德、三多等人，不愿干事，也不想蹚浑水，干脆给总兵上了公文，说明以后永济仓管理得好也好、不足也罢，都由庆玉负责。庆玉得以实际负责永济仓事务20多年。

由此我们发现，东陵地区政务管理混乱，各种不合规、各种潜规则，很重要的原因是像福长安、三德这样的庸官、昏官，不思作为，推卸责任，偷懒取巧，给了庆玉浑水摸鱼进而独霸一方的机会。在这20多年中，也有其他官员发现永济仓管理混乱，甚至想弹劾查办；庆玉本人一度因为其他事情遭到处分，撤去永济仓负责职务。也许是庆玉早就放出风声，说仓库亏损严重；也许是没有人愿意去做这么烦琐沉重的事情，很快又把庆玉请了回来，让他继续实际控制永济仓。至于永济仓底细到底如何？就只有庆玉知道了。也许永济仓真的是庆玉一个人在勉强支撑；也许庆玉是借口仓库事务繁重、亏损严重来吓唬潜在的接手者，方便长期霸占仓库。面对钦差大臣，庆玉强调对自己有利的潜规则，认为自己的作用“俱有前任堂台所画之稿可凭，此皆系多年之事，俱以查问不提”。意思是，这么多年都这么过来了，历任上司都是认可的。

那么，在木厂和住宅里发现的大批木材，庆玉又作何解释呢？庆玉说，工程修缮过程中拆卸下来许多木材，都是应拆应换之件，不能用在其他工程上，一般是当作烧火木柴变卖。庆玉发现其中有楠木，贱卖了太可惜，就放在自己的木厂里，以备将来用到楠木就省的买了。庆玉强调这么做是为了工作方便，自己并没有卖过一件工程拆卸木材，相反还给其他工程提供了便利。庆玉举了两个例子：第一，道光十七年，前任总管内务府大臣禧恩（大家先记住这个名字）委派庆玉修理丫髻山庙工佛楼，要用到楠木。清朝后期，楠木已经是珍稀树种了。当时从北京运来的都是新的小楠木，禧恩觉得质量不好，不愿使用。庆玉立即说明自己陆续拆存了一些楠木，并雇用车辆，拣选楠木10余件、柏木10余件运到庙里使用。第二个例子是，庆玉听说北京圆明园九州清晏工程需要用2丈6尺的大柁，刚好自己又收存了这么大尺寸的柁木，又送了6架大柁木到圆明园。禧恩也收纳了。这两笔木材都没有报销银两，为朝廷节约了经费。

在辩白自己的同时，庆玉摆事实讲历史，检举琦琛是个“大坏蛋”。他说：“琦大人为人胆大妄为，他在户部云南司时，弄虚作假，把没有存米的空仓封验，冒充粮仓。其人之欺诈如此，不问可知。抄我家的时候，都是绿营兵，没有一个八旗内务府的官兵。琦大人带领绿营兵到我家后，立刻把女眷撵出去，连随身衣物都不准拿出，作贱我到这种地步。现在绿营兵在我家把能吃的都敞开吃，我听说连圈里的猪都不放过。”最后，庆玉说详细的内容自己不能再说了。因为琦大人也是审讯官之一，庆玉认为自己不能得到公正对待。如果能撤换马兰镇官兵，换上遵化州官府负责看守，严禁马兰镇一人一丁进院打探，他才愿意继续招供。

以上就是庆玉口供的主要内容。原始的口供，庆玉说得非常琐碎、很不明晰，我进行了简单的归类。庆玉絮絮叨叨了这么多，隐藏着三大目的：

第一是避重就轻，刻意淡化自己的问题，转移人们关注的焦点。巨额财产来源不明、私藏稿案公文，庆玉都没有提及。对于工程款项账目有误，庆玉只提到了一笔：本年为了修理仓廒，我和郎中三多暂领 1300 百两白银，准备今年冬天备料明年春天修理。而收存木材、管理仓库等，庆玉虽然谈到了，但谈的是工作的不易、自己的贡献。相反，他时不时抛出琦琛的经济问题、工作作风问题，想把琦琛拉下马的意图非常明显。

第二是避实击虚，东拉西扯了许多事情，让案子变得更加复杂，方便掩饰自己的罪行。比如，庆玉花了大量时间谈永济仓的日常管理和存在问题。而在之前，琦琛等人并没有揭发永济仓的问题。又比如，庆玉选择性遗忘不少重大问题的同时，却对一些细节内容记忆深刻。琦琛原来有两头骡子，现在有两匹马之类的琐事，都记得清清楚楚。

第三是绵里藏针，庆玉抓住一切机会攻击琦琛及其依靠力量。庆玉在解释收存拆卸木材用途的时候，两次提到把部分木材送给了前任内务府大臣禧恩使用。另外，庆玉提到琦琛到任时告诉他，说禧恩和睿亲王仁寿都夸奖庆玉办事可靠。禧恩和仁寿有没有夸奖庆玉，我们不知道。但庆玉反复提到这两位，却是用心歹毒。为什么这么说呢？

禧恩、仁寿都是出自睿亲王多尔衮血脉的宗室成员，前者是辅国公、后者是世袭的睿亲王。为防止宗室干政、结党营私，清朝严禁宗室成员交接大臣。大臣和宗室王公拉帮结派，就犯了皇帝的大忌。庆玉看似随口一提，却是直指琦琛、禧恩、仁寿三人结党！琦琛等三人关系确实亲密，共同寻求法办庆玉。仁寿、禧恩是琦琛在京城的后援。庆玉枪指禧恩、仁寿，不一定能对两位王公造成实质性伤害，却能打乱对手的阵脚、阻断琦琛的援手。禧恩、仁寿两人相比，庆玉提到禧恩更多，则是因为禧恩在道光皇帝继位过程中出了大力气，深得道光宠信，历任要职，力量更强大。所以，庆玉对禧恩咬得更紧、攻击更多。

综上所述，庆玉的口供看似辩白，实质是一道道冷枪暗箭。他反咬琦琛，还咬得死死的。按照惯例，因为查案官员涉嫌需回避，琦琛不得不退出对庆玉案的审理，只剩下钦差大臣文蔚一人。文蔚上奏道光皇帝，虽然认为庆玉难免有打击报复的嫌疑，但因为涉及会审官员且案情复杂，请求将此案上移京城办理。同时，文蔚率领随行官员从总兵衙门搬到石门驿居住，恭候谕旨指示。

道光皇帝决定将琦琛免职，连同此案全部人犯、卷宗都解送北京，交给由定郡王载铨、吏部尚书奕经和军机大臣组成的专案组，严刑审讯。文蔚留在东陵，署理马兰镇总兵兼总管内务府大臣，详细清点庆玉家产。道光特别要求文蔚认真检查，申明："经此次严查之后，尚有不实不尽，日后别经发觉，唯文蔚是问。"

五、染缸中的牺牲品

琦琛、庆玉一行人押解进京之时，正是道光十九年、二十年辞旧迎新之日。沿途连绵的群山覆盖着皑皑白雪，途经的村镇在装饰着新年的味道，而琦琛步履沉重地前往京城接受调查。他原本一心为民除害，没想到被反咬一口，遭到如此处分，心情苦闷抑郁，可以想象。

琦琛早就知道庆玉是个卑鄙小人，防着庆玉继续作恶或销毁证据，但他没想到庆玉会捏造事实、中伤诬告自己。琦琛低估了坏人做人的底线。反腐者还遵守制度，想按照规矩来办事，可是腐败分子遵守制度就不是腐败分子了。造谣诬告是他们最廉价的武器，如果遇到不明真相的上级，还有和稀泥的大背景，造谣诬告就是最强大的武器。

如今，琦琛不得不花费巨大的精力来自证清白。他在别人万家团圆的时候，在冰冷的旅途中奋笔疾书，书写很多原本不需要证明，或者根本意想不到的内容。比如，庆玉状告琦琛受贿了一匹马。琦琛断然否认："我本来有三匹马，而且军营里还有良马百余匹，根本就不缺马。就算我贪马，又何必向庆玉索要，留下他日后挟制我的证据？"

庆玉指控琦琛受贿 200 两银子来接家眷到任。琦琛说："我到任次日就领取了养廉银 380 余两，派家人带上 100 两去接家眷。况且，当时我和庆玉刚刚见面，又没有深交，怎么会向他索要银两呢？我在中央任职多年，全北京都知道我洁身自好，甚至不近人情，是出了名的分毫不取。"

庆玉指控琦琛索要大米。琦琛同样否认："历任总兵的俸米，都是管理仓库的庆玉代领再送过来的。八月初，庆玉将我的米票要过去代领，送来时多了 14 石大米。我当场就要把多送的大米退回去。庆玉说历任总兵的俸米都不敷使用，最后还是要他代买大米石送来，再三恳求我收下。我收下 14 石大米后，考虑到庆玉为人狡猾，担心日后被他当作把柄，所以将大米折合白银 36 两有零，当面交给庆玉的侄子魁安及两位同僚转交庆玉，并说明以后不准他代买米粮。之后我家需要用米，都是自己去市场上购买，有店铺可查。"

庆玉还指控琦琛逼迫遵化州政府供应麸料。琦琛解释说："州县政府不需要向当地驻军衙门供应物资。我和遵化知州既没有上下级关系，也没有深交。况且，遵化袁知州是庆玉的密友，他有需要与内务府交涉的事情，都是庆玉代为办理；庆玉家催租告状等事，都是袁知州出面料理。我怎么敢逼迫袁知州供应麸料？”最后，琦琛反问：“如果我和庆玉勾勾搭搭沆瀣一气，我又怎么会出面揭发弹劾他。反而是庆玉倚仗钱多，党羽众多，根深蒂固，知道自己被参各款都是事实，无法辩解，反过来咬我，企图翻案。”

应该说，琦琛自我辩解的各款都合情合理，而且提供了可以查实的证据，是可以相信的。庆玉基本可以断定在血口喷人，诬告陷害。他人品之低劣，可见一斑。现在问题就来了，庆玉如此拙劣的诬告，稍微调查一下就可以证明真伪。钦差大臣文蔚为什么不事先查证，反而把庆玉的说法原封不动地上奏道光皇帝，导致琦琛免职接受调查呢？我们不禁要对文蔚这个人打一个大大的问号。

琦琛也觉得文蔚非常可疑，他在脑海中仔细梳理了此案来龙去脉，发现这背后极可能有一个巨大的阴谋：

文蔚是十二月十四日一早到达石门驿站，琦琛派出差官持帖迎接，并告知自己在孝陵班房恭候钦差大人光临。过了约定时间好久，琦琛都没见到文蔚的影子，再次派人去石门驿站迎接，得知文蔚先是和遵化知州袁正林交谈了两个时辰，再到昭西陵同守陵宗室奕絪贝勒见面。琦琛当时就有不祥的预感，最终下午四点文蔚才带着随行官员来到孝陵。此时，琦琛已经在孝陵等了八个小时。

接着，琦琛陪同文蔚查看孝陵建筑遭损坏情况。孝陵神路上留有庆玉施工不当留下的轧辙痕迹。钦差随行的工部司员玉某，当场称这是新轧痕迹。第二天，一行人到庆玉家查看，看了斜山角梁房间、汉白玉台阶。这次是文蔚亲自出马替庆玉说话，《会典则例》中没有明文规定这套住宅违禁。琦琛忍不住，反驳说这些装饰明显是宫殿款式，常人不能使用。查看庆玉家里张贴的行宫字画挂屏时，文蔚又说，北京琉璃厂就有卖这些仿制的宫廷字画，不能确定就是庆玉私藏的行宫真迹。文蔚一行人至此已经毫不掩饰对庆玉的偏袒了。琦琛心中暗暗叫苦，无话可说。

从十六日开始，文蔚提审嫌犯，当天连问庆玉、魁明、恒龄子孙三人，一刻钟就散了。接下去，文蔚只是让随行官员审问庆玉，没再亲自过问。这样过了六天，突然出现了庆玉父子反过来控告琦琛贪污索贿。二十三日，文蔚一行就从总兵衙门搬回石门驿居住，和琦琛划清界限。当天，遵化知州袁正林来见琦琛，告诉琦琛十四日在石门驿时，钦差文蔚曾问起庆玉的各条罪状，有没有虚假，并询问琦琛有没有收受庆玉贿赂。同时，文蔚随带的工部司官玉某，曾到马兰峪修过工程，和庆玉交情深厚，所以审讯的时候，无论是私藏木材、碰坏陵墓门框、运石不遵旧章用人抬而用四轮车、盗卖物资、子孙吸食鸦片等问题，多方引导庆玉等人回答，既不去寻求旁证，也没有审讯家人、车夫。

从这种种偏袒庆玉的行为中，琦琛痛苦地认识到：文蔚即便不是庆玉的同伙，也并非真心查办庆玉。这并不奇怪。庆玉盘踞东陵20多年，经手的工程很多，有问题的项目数不胜数，如果一一查证落实，统管工程的最高机关——工部难逃罪责。有关官员要连带受罚。而文蔚是现任的工部侍郎，自然难辞其咎。为了部门利益，文蔚把庆玉案子大事化小是最现实的选择。所以，庆玉在会奏道光时，没有汇报查证庆玉被参各款的情况，反而是奏报了庆玉的诬告。同样，工部司官玉某罔顾事实替庆玉开脱、工部尚书陈官俊涉嫌给庆玉通风报信、分理工部的军机大臣穆彰阿选择文蔚担任钦差大臣并且涉嫌故意在工部大堂泄露查办消息，也都可以理解了。所谓“官官相护”，这就是例子。

琦琛把这一切写成多份奏折，报告道光皇帝。道光二十年正月初五，道光下令将文蔚免职，调回北京接受调查。马兰镇总兵兼总管内务府大臣改派德兴前去署理。

文蔚继陈官俊、琦琛之后，成为庆玉案中第三位受到牵连的高官。他也不得不在万家团圆之际奋笔疾书，为自己辩解。文蔚的说法是这样的：

“我十四日到达石门驿的时候，遵化知州袁正林求见。我考虑到此案与地方官无涉，而且今后事务难免需要地方官帮忙办理，当即传见。我早就知道庆玉是当地‘大蠹’，担心他不甘心失败，生出枝节来。袁知州说他没发现有什么异常。我俩并没有谈到案子的详情，我也没有问袁知州琦琛是否受贿。

我吃完午饭继续起身，石门驿距昭西陵更近。我参拜后在昭西陵和奕絪贝勒见了一面，并未交谈。从昭西陵到孝陵后，再与琦琛相见。之前琦琛派人没把话说清楚，没有约随行官员一起到孝陵相见，所以等所有人聚齐又等了一段时间。

查案必须确实，有疑问就要深究。孝陵神路年久，但轧痕很新，随行官员有疑必问。琦琛当时就怒形于色，之后多次告诉我他怀疑随行官员偏袒庆玉，又说庆玉此案恐怕与工部有关。我回答说，一切秉公办理，不要说和本部有关，就是牵涉我本人，也要彻底追究。

十五日，我们一同查看庆玉住宅。垂花门等处都是官员住宅的常用款式，其中有斜山角梁房 1 座 3 间，上面盖布瓦，似乎与宫廷装饰雷同。至于汉白玉台阶是否违禁，法无明文。至于行宫字画等情况，京城确实有售卖的。除了铜表盘 1 件，沈源、曹夔音画作各 1 张，上面有澹怀堂贴落，其余物品没有查实是行宫物品。

向来审办案件，都是由随行官员先行审讯。审问吸食鸦片、追究寄顿物品，都是我督帅官员审讯的。至于碰坏孝陵门框，用车轧损石路，庆玉都供认了，查抄家产寄顿物品，都是琦琛查封的，我就没有广泛牵涉人犯审讯。二十二日我让官员再次审讯，原本可以画供定案。这都是和琦琛商量办理的。没想到，当天庆玉父子状词牵涉琦琛，我当即请琦琛来，当面告知他情况。琦琛照例回避。我既不与他会审，马兰镇总兵衙门又无公所可住，所以奏明皇上移往石门驿候旨。琦琛状告我偏袒庆玉，有意斡旋化解此案，没有确凿的证据，是污我名节。”

文蔚虽然在喊冤，但是他的辩解确实不够有力。他也承认庆玉是一条“大蛀虫”，他也承认琦琛揭发的庆玉各条罪状基本属实，自己无须核实。那么，你为什么不早日奏报，不深入调查，追求彻底结案呢？相反，文蔚当了庆玉的传声筒，增加了案件的复杂性。

北京城里同时也涌起了波澜。琦琛向庆玉开火，是得到睿亲王仁寿、宗室禧恩支持的。庆玉在状告琦琛的同时，有意无意老提到仁寿、禧恩，暗示他们三人结党，犯了宗室不得干政的大忌。事后，琦琛专折奏报了自己与两位王公的关系。他说："我赴任前，睿亲王仁寿说过庆玉人太奸猾，务必要小心防备他。禧恩说过庆玉老奸巨猾，熟悉工程，近年来有些昏馈了。除了这些，并无别的话。"

睿亲王仁寿也不得不解释："我和琦琛是亲戚关系，他赴任前，我告诉过他留心防备庆玉。"禧恩也说："我因为曾任过总管内务府大臣，琦琛赴任向我问及庆玉的为人，我说他在任多年、熟悉业务，你是明白人，到东陵一年半年后便知道他的为人了。并无别的话。"由于庆玉指认禧恩曾经收受自己私藏的楠木、柁木，没有按价支付料钱。禧恩不得不详细说明："道光十六年修理圆明园九州清晏工程需要用到大木，当时采购不到，庆玉说他那有大柁木 6 架，可以运来备用。木材运到后，发现木植间有糟朽，而且尺寸也不相符，所以就搁置在圆明园官厂暂存。我支付了庆玉 30 两银子运费，但是没有支付料钱。"经过现任圆明园管理官员查验，其中四架大柁木后来截锯成零件，用来搭建戏台，还有两架大柁木继续闲置在官厂。禧恩陈述的是事实。

仁寿、禧恩算是把自己撇清了，道光皇帝没有继续追究。庆玉的检举看似没有对两位宗室王公造成实质影响。但是，仁寿、禧恩二人本来是可以成为琦琛与庆玉等人斗争过程中的援手的，如今被动挨打，自身难保，忙于撇清自己，事实上置琦琛于孤军作战的困境。不得不说，庆玉在棋盘上轻轻动了一个棋子，下了一手好棋。

庆玉一案发展至今，反腐者琦琛反而成为了调查对象。嫌疑人庆玉的问题迟迟没有调查清楚，琦琛的情况反而先被翻了一个底朝天。那么，道光皇帝会怎么处理琦琛呢？正月十五日，元宵节，道光公布了对琦琛的处理决定：琦琛以二品大员收受属员馈送，交兵部治以应得之罪。二十日，兵部尚书奏请将琦琛革职。

琦琛是不是罪有应得呢？严格来讲，琦琛确实收受了下属的馈赠。比如，他在官衙中使用的家具、用器，就都是庆玉送来的。到任时，琦琛曾经问过下属，衙门里的木器、铺垫、帘子等物品都是谁的。下属回答，东陵本地并没有销售木器等家具和日用品，衙门里的物品大多数是向庆玉借来的，一旦遇到短缺，也都是向庆玉借用。大人将来升任时，还给他就是了。琦琛考虑到这是历代总兵的惯例，就默许了。这算不算收受馈赠呢？算。但是，清朝在制度层面并没有给予地方官府行政费用。也就是说，地方官府办公是没有经费的。小到文房四宝，大到房屋修缮，都要官员自筹资金解决。官员多数选择是让下级官吏分摊或者把成本转嫁给辖区的商户、财主，暗示他们“孝敬”。在现实操作层面，下级官吏和辖区百姓，主动表示还来不及，根本不用官员操心，衙门乃至官员家里的一切用度自然有人操办。在这个问题上，琦琛没有免俗。而严格依法办事起来，琦琛就落了一个革职的结果。

琦琛是一个悲剧人物。他勇敢无畏地试图打破几十年的旧局面，解决老问题，揪出大蛀虫。可惜可叹的是，他所处的环境是一个大染缸，官官相护，孤独的反腐者没有同盟，卑鄙的腐败者没有下线。个别想刷新吏治、有所作为的挑战者，不知不觉地就成为了失败者。琦琛就是这样的失败者，是道光年间那个大染缸的牺牲品。

六、无处安放的真相

道光二十年（1840 年）二月初七，以定郡王载铨领衔的专案组，上报了庆玉“侵盗及僭越案”的审讯情况。我们从中再次领会了庆玉“胡搅蛮缠”的本领：

首先，庆玉会睁眼睛说瞎话。比如，琦琛揭发庆玉承修孝陵工程时，违例在神路上拉运木料，轧下车迹、碰坏门框等。庆玉受审时供称，阶石太大，陵园内树茂路窄，难以拉运，必须从五孔桥上行走，自己曾经报备工部存案。

想不到，石料太重了，在拉运过程中把神路轧出辙迹，又不小心把隆恩门西间门框碰坏了。这样一来，庆玉把自己的责任摘得干干净净了。结果专案组咨询工部一查，庆玉根本就没向工部报备过。

其次，庆玉习惯性地推卸责任，而且把责任推给已经过世的人。比如，琦琛揭发庆玉房屋采取行宫款式，并用行宫字画及更衣殿陈设装饰。庆玉供称，自己奉派拆卸盘山行宫内澹怀堂时，工匠把随墙隔断带表盘画 1 件并沈源、曹夔音的画作各 1 件失手拆损。庆玉请示已故前任内务府总管明杰后，拿回去家里揭裱，事后忘记上交了。明杰已经去世了，专案组没有办法找他核实。但是，即便明杰当时知情，庆玉时候把皇宫画作用作私家收藏，僭越的罪名是逃脱不了的。

再比如，从庆玉家中查获朱批奏折 14 件和诸多空白印文、官文等。庆玉供称，嘉庆十六年间有已故的丰润县举人王秀凝在他家帮办笔墨，前任马兰镇总兵福长安有时候也请王秀凝代为处理奏折。查获的 14 件朱批都是福长安没有及时上缴，存在王秀凝馆内的。王秀凝辞职后，庆玉说自己忘记呈交。至于盖了公章的空白印文，都是历年封印时盖出来备用的。按照惯例，衙门的官印在年底要封存清洗，为了工作需要各个衙门都会预先盖几张空白印文备用，但是需要集中管理、事后销毁。庆玉一句“事竣后忘未送回，以致数年来积压多件”就想推卸责任。这显然是庆玉为自己把持政务的诡辩。在这个问题上，庆玉集中使用了睁着眼睛说瞎话、推卸责任、避重就轻等诸多胡搅蛮缠的手法。

那么，庆玉的胡搅蛮缠能奏效吗？理论上，风清气正的政治环境中是没有胡搅蛮缠的官员生存空间的。事实上，东陵贪腐案能够一波三折、风起云涌，庆玉迟迟得不到处理，恰恰说明他的胡搅蛮缠是大环境酝酿生成的。我们来看看专案组是如何处理庆玉的诡辩的：

庆玉个人的巨额财富，来源不明。比如，庆玉开设了多家木厂，里面储存了大量木材，而且自家宅院用楠木装修。庆玉的解释是：自己承修皇家工程，拆卸下来的楠木有糟朽的，之前是充当薪柴变价销售。自己觉得把糟朽处锯掉、改大为小，还可以使用，就自己运回来储存备用。至于庆玉家木厂查出的木料，庆玉也辩称是每年工匠砍伐后，留下的次品。因为“历年既久，难计株数”。如果是认真的官员，一一核实皇家工程的次品数量，无法核实的就是庆玉贪污的；同时，就算是庆玉出于节约考虑，保留的次品，也不能私自变卖，把售价归为己有。但是专案组的处理是，咨询工部后认为换下旧料木材折成薪柴处理，是有制度依据的。他们认为庆玉此举的主要罪行是“垄断居奇”，而不是更严重的贪污。

琦琛揭发庆玉勾结工部书吏刘文涛，为自己承修的工程顺利通过验收提供方便，有刘文涛写给庆玉的书信为证。在信中，刘文涛说自己要随同工部司员爱山、王巽赴东陵验收工程。庆玉供称，自己和刘文涛很早就认识。上年八月庆玉承办的工程验收，刘文涛随同爱山等人前来，向他索要银两。庆玉满口答应了下来，约定款项报销后分给他 100 两白银，不料银子没领自己就被革职了，所以银两并没有付给刘文涛。专案组审讯刘文涛，两人的口供一致。刘文涛在信中称，工部此次工程验收，自己可以设法挽回；工部的其他工程，自己也可以设法办理。意思是自己在工部的实际权力很大，可以上下其手。但是，面对专案组，刘文涛坚持说信中都是胡说八道的，自己只是想夸张自己多要点钱而已。其实，工部如何派人、如何验收，不是他一个小小的书吏能够干预的。他给庆玉的书信，是个人行为，爱山等官员都不知情。就这样，刘文涛一个人把责任揽了下来。应该说，这封信件，可以揭开工部书吏上下其手，舞弊贿赂；清朝工程验收存在腐败问题的黑幕一角，是一个非常好的反腐切入点。可是，专案组最后采纳了刘文涛的说法，把庆玉和他的这点事大事化小，小事化了了。

专案组这种大事化小，小事化了的“和稀泥”做法，在其他罪行上也表现得淋漓尽致。比如，在庆玉的女儿家中查出官金 200 两。庆玉怎么藏有官金呢？庆玉的解释是：承办皇家工程时凡有镀金的活计，所领的官金只有七成品色，如果把官金发给工匠，恐怕工匠挑斥成色，导致折耗，所以就把黄金折成白银发给工匠。查获的 200 两官金，都是他历次承办镀金活计领到的官金陆续积存下来的。对于这件事情，专案组倒是认认真真核查了。工部回复说，东陵自嘉庆十八年后办过镀金活计共 9 次，共领过官金 1060 两零。专案组据此认为，庆玉供称的 200 两官金是之前各次工程中陆续积存的，“尚非无据”。“尚非无据”四个字，就把庆玉的罪行给一笔带过了，也把专案组的责任给推卸掉了。而且，专案组还为庆玉的做法开脱，说庆玉以金易银发匠镀饰，“虽系通融办理，尚未贻误要工”。看来，朝廷还要嘉奖庆玉通融办事的功劳喽？

这桩桩件件，都说明和稀泥的专案组和朝廷，都不想把东陵贪腐案彻查清楚，就连已经暴露出来的庆玉的罪状，都不想调查清楚。只是可怜了一心除害的揭发者琦琛，把自己给折了进去。

清朝北京城有民谣说：“树矮墙新画不古，此人必是内务府。”这句话的意思是：北京城里出了一座新盖的豪宅，院子里的花草树木是新移植的，墙是新砌的，挂的画没有老画，而是新采购的当代画作，那么这人一定是在内务府当差了。北京城生活成本高昂，很多新科进士分配到中央部院当官，当了十几年京官还要到处租房住。但是，对于内务府的官吏来说，一切生活成本都不是问题。因为，全北京城都知道，内务府官吏吃拿卡要、贪污挪用，很快就成了暴发户。庆玉是其中的一个大暴发户。他土豪的名声，都传到几百里之外的京城了，京官们几乎人尽皆知。那么，他的巨额财富是如何聚敛的？庆玉估计没有料到朝廷会查办自己，所以家中的宫廷字画、楠木、官金和奏折、公文等都没有丝毫的隐藏。子孙吸食鸦片，也肆无忌惮。如果所有罪状真要处理，庆玉性命堪忧！

专案组审讯几个月后，认为庆玉隐匿公文、监守自盗，按例应斩监候。但是，庆玉能够把白银如数退出，应该按限内完赃例减二等，从死刑改为徒刑；庆玉种种僭越行为，种种贪污木材行为，照监守自盗律，拟判徒刑；庆玉承修孝陵工程，由神路进入隆恩门，导致神路轧下辙迹、碰损门框，属于玩忽职守，杖一百，流二千里。数罪并罚，庆玉盘踞把持、贪默营私，专案组奏请将他从重发往新疆充当苦差。庆玉年逾七十，本来可以从轻处罚，但因为情节较重，不准收赎。已革内管领魁明身任职官，违例吸食鸦片，发往乌鲁木齐充当苦差。已革主事恒龄曾经吸食鸦片，专案组认为已经戒绝，勒令休致，因为已经革职，毋庸再议。工部书吏刘文涛随往长官验收工程，私下给庆玉信函索取贿赂，虽然没有支付，也应照律问拟。刘文涛应革退书吏，杖一百，徒三年，交给顺天府定地充徒。道光皇帝一一照准了。

东陵贪腐案除了庆玉的种种不法行径外，在案发后存在转移寄顿财产的问题，引发了案中案。专案组审讯过程中，进一步查出庆玉在北京的财产，还有瑞复兴印局一处、胡天成等烟袋铺三处，并铁匠营地方房屋一所。

此外，文蔚查出的庆玉田契共计200余顷土地，坐落在遵化州、蓟州、滦州、丰润、玉田、三河、武清等县。专案组查明庆玉田地契约和收账的账簿不符，怀疑庆玉在京畿地区隐藏了大量的土地。之前，道光皇帝饬令直隶总督及各地官员，要求佃种庆玉田产的老百姓据实呈明。但是，专案组和直隶地方官员，并没有踏踏实实地查询土地情况，只把工作主要停留在审讯相关人员的程度。庆玉供称，自己置办的土地有总簿可以核对，至于历年收租的情况都是家人吕明等人经手的，自己并不清楚实收情况。专案组向吕明及陈八、马三、赵七、陈庆奎等人审讯，这些人都供称自己只是代庆玉收取地租而已，经手的田租都有底账可查。至于庆玉土地究竟有多少，他们作为家人哪里知道？核查田地情况，工作量大，专案组自己不愿意做，也没法做，就奏请将查出的庆玉田产总簿和收租账目，连同家人吕明等一并交给直隶总督会同马兰镇总兵，就近核查。这么做，就等于把问题推给未来了。

事实上，就连庆玉在遵化地区查获的家产到底有多少，也是一笔糊涂账。前任钦差大臣文蔚上奏，查出庆玉宅院、茔地、木厂等，住房245间、衣服1155件、金200两、银1660两零，首饰、家具、房地契纸、租册、木植等。继任的、署理马兰镇总兵德兴上奏，他和文蔚移交财产清单，一一核对，发现其中多有不符。文蔚解释说，一时匆忙，未免有措，来不及更正。德兴亲自查看，发现庆玉家各屋门窗虽然封锁了，而屋内物品都散漫在地，各箱衣服虽有件数也没有分类归清，而且各箱都只粘贴封条，没有钉锁。这样就押解进京，不仅运到北京后难以稽查，而且长途运载难免磨损。所以，德兴奏请开封逐一更正、分类归清，逐一核对后编号封箱、钉锁坚固，再加印封粘贴。

德兴仔细核查后，先发现庆玉有住房一所计 245 间，茔地房 56 间，地契 211 张，房契 79 张计房间铺面 50 所，紫檀桌椅等项共 47 件，花梨桌案共 7 件，楠木桌椅等项共 102 件。收租账簿 22 本。当铺 2 座，钱铺 1 座，钱酒铺 1 座，酒铺 1 座，估衣铺 1 座，布铺 1 座，棚杠铺 1 座。二月初四，德兴又查出房地契约 20 张，计地 93 顷 30 亩零，计房 360 间零。此外，庆玉有皮衣 12 箱、共计 320 件，金 200 两，银 1660 两零，东钱 250 吊，人参 31 枝，大小金玉银簪并零星首饰 370 件，朝珠玉玩 49 件。三月初九，遵化知州袁正林申报，查出庆玉家人王雨、梁明有寄顿皮衣、皮帽、钟表、烟壶、扳指、钱折并借贷契纸等件。大家关心，庆玉到底是多少财产？可惜的是，谁都不知道！庆玉的财富分布太广、业务太多，而且没有官员愿意埋头一一核查。这最终成了一笔糊涂账。

四月十一日，德兴奏请将由庆玉家内抄出的兵役米票 282 张，计米 879 石有零，交官仓详查。庆玉称自己经管永济仓曾垫付白银数千两，经查纯属捏造。庆玉经管官仓，不照章办事，不想着把业务办理得清清楚楚，就是为了方便自己蒙混过关。公事公办，查办官员也没有俯身埋头，彻底调查此案。官府只是重申之后要盘查清楚，以后要一年一清；以后限于开仓二十日内赴仓领取，过期不领即行注销。

即便是这笔糊涂账，也有人惦记。这里又引出了另一笔“糊涂账”。就在专案组即将结案的时候，庆玉长兄庆福之子、已故内管领华封之妻李氏等呈称，朝廷查封的庆玉财产，并非他一个人的，而是家族共同财产。李氏说，他们虽然与叔叔庆玉等人住在一起，都各自生活，各自生火。因此，请求官府把属于他们的那一份查封家产发还。专案组审讯庆玉。庆玉供称，自己兄弟三人，胞兄庆福、庆昌都已经病故。庆玉在道光四年间，由亲戚作中，与侄媳妇李氏等将家产均分，立有单据。朝廷律例规定：官员查抄家产，即便兄弟没有分产，也应该将产业查明按股计算，只将罪犯名下财产入官。因此，专案组，要求马兰镇总兵查明庆玉与庆福是否同胞兄弟，是否已经分家，查明后报告内务府照例办理。

有了专案组的意见后，庆昌之妻刘氏、华封之妻李氏又要求，除了讨要查抄的物件外，还请求将住宅、茔地发还自己那一股。因为庆玉住宅、茔地存在僭越之处，相关官员不敢决定，奏请皇帝处理。因为材料欠缺，我们不知道庆玉的家产有没有被亲属拿回去一部分。但是，有两点是可以肯定的：

第一，庆玉的巨额财产永远是一笔糊涂账。第二，对查抄家产的处理，也是一笔糊涂账。

清朝中期，雍正、乾隆对贪腐的从严从重处理。相比而言，道光皇帝对东陵贪腐案的处理是一个大倒退。雍正朝有“追赃”制度，认为贪腐官员贪赃违法，根本上是为了家族亲属牟利，因此要“父债子偿”，追究到底。经过两代以后，到了道光朝就退步成了稀里糊涂，蒙混处理了。

东陵贪腐案以爆炸性的罪行开局，罪犯劣迹斑斑，案情牵涉众多，结果雷声大雨点小，糊涂结案。当时已经是道光二十年，也就是公元1840年的春天了。就在道光皇帝和相关官员为祖宗陵寝之地的纷争终于了结而轻松下来，就在涉案官吏和没有被挖出来的官吏庆幸自己躲过一劫，终于可以松一口气的时候，英国人已经驾驶着坚船利炮，劈风斩浪，气势汹汹而来。鸦片战争爆发了！一个黑暗昏庸的政权，即将在轰隆隆的炮声中土崩瓦解。

⑪

国库失窃

千万白银不翼而飞

一、硕鼠钻进了国库

清代历史上最大规模的亏空案是道光二十三年的户部银库失窃案。

户部主管全国财政，天下税收最终汇集到户部银库。“银库为天下财赋总汇，出纳均有常经，各省岁输田赋、盐课、关税、杂赋，除存留本省支用外，凡起运至京者咸入焉。”户部银库便是清朝的国库。“国库”二字，天然地给人戒备森严、律令严肃的高大上之感，怎么会发生“失窃”的低级问题？窃贼是怎么做到的？此案又会如何处理呢？

道光二十二年（1842 年），北京城里万泰银号的掌柜张亨智，想为其子张利鸿捐纳知州官职。知州是一州行政首长，一般是从五品，介于知县与知府之间，捐纳的费用总共在白银 10000 两出头。办完前期手续后，十一月初二，张家人托付其亲家周二将 11474 两银子，分装 11 袋送到户部银库交钱。

当天，户部银库集中接收捐纳银两，由于捐官的人太多，直到傍晚才轮到张家交银。巧合的是，张亨智的弟弟张诚保是银库当差的库丁，当天负责银两的检验收纳。周二和帮手张五一起，将一袋袋白银携进库门，逐一交给张诚保。张诚保在银子上秤、验色等过程中，不知是有意还是疏忽，将第二袋误报成了第三袋。现场的监察御史、库官等官员都没有听出来。见一旁官员没有注意，张诚保就故意蒙混，继续多报袋数，实际只验收了 7 袋银子，却报成了 11 袋。周二、张五两人办完所有手续，身边还剩下 4 袋银子，统计超过了 4100 两。买官少花了这么多钱，他俩很高兴，拿着 4 袋银子就要回家。

然而，现场官员虽然没有发现张诚保的伎俩，其他库丁却是看在眼里，红在心里。见周二高高兴兴地走出银库，这些库丁一哄而上，拦住去路，讨要好处。周二自然不愿意，双方便推搡冲突起来。库丁们抢走了部分银两，周二最后只拿 3700 两银子回到张亨智的万泰银号。几位知情的银号管事人，这时也向张亨智讨要好处。作为银号的东家，张亨智完成了一桩大事，散给伙计们一些礼金，图个一团和气，也是应该的。可张亨智是个吝啬的掌柜，沉浸在400两银子的“意外”损失之中，看到银号管事们也来要钱，气不打一处来，把几个人痛骂了一顿。估计类似的苛刻辱骂，张亨智平日里也没少干。几位管事失望之余，不甘受辱，联名到衙门控告。他们告什么呢？他们一不告掌柜辱骂，二不告掌柜买官，单单告发户部银库库丁张诚保串通哥哥张亨智，偷漏国库银两！

几位管事怄气一般的控告，砸开了清朝最大规模的亏空案的大门！

也许是几位原告找到了直达天听的渠道，也许是有官员不嫌事大暗中相助，状纸成功摆在了道光皇帝的案头。道光皇帝是个庸才，眼界寻常，但在一项事情上感觉敏锐、富于联想，那便是银子！张诚保偷漏银两一事，道光迅速判断情况属实。他关心的是这是一起个案，还是持续存在的普遍现象？道光担心“此等积惯舞弊之人恐盗用已不止此一次”，于是“钦派大臣将库项全数盘查”。自从嘉庆早期以后，朝廷已经有40多年没有盘查过家底了。这次全面盘查，会有什么样的发现呢？

刑部尚书惟勤接受了这项艰巨的任务。后人自然无法目睹惟勤当日查库的景象，惟勤也没有留下详细的记载。我们只能从同时代的类似记载中想见当日景象。比惟勤稍晚的吏部官员何刚德参与过多次对户部各仓库的盘查，他在笔记《春明梦录》中留下了形象的查库记录，向后人展现了户部仓库光怪陆离的内幕。何刚德记载最详细的是缎疋库，缎疋库是户部三库[①]之一，为国家储存布匹。布匹都存在库中二层楼内，何刚德发现，楼上积土常年没有打扫。询问管库官吏得知，库藏已经200多年没有打扫过了，尘土堆积太厚就

① 户部三库：银库、颜料库、缎疋库，储存国家银两与物资。此外，清朝皇帝有内库，储存皇帝私人钱款；内务府也有三库，储存服务皇室的银两与物资，两者都不干涉国计民生用度。相比，实力最雄厚、作用最重要的，还是户部三库。

在上面加盖芦席，层层叠叠不知加盖了几次，也不知底下是否腐朽空虚。何刚德脚踩在上面感觉像踩在棉花上一样，同时一脚下去灰尘四处飞扬。查缎疋库的官员有十几人，大家分楼查点。可是，每处的布匹成百上千疋，有的以一二十疋为一捆，有的以数十疋为一捆，负责官员查不胜查，只能抽查其中一二捆而已。何刚德负责清查库存的三线罗，发现有数百捆馆藏，每捆几乎高达屋顶。怎么查呢？何刚德就命令户部当差的库役从最高处拿下一捆抽查。库役百般不情愿，可又不好拒绝，搬来梯子爬上去，高举一捆布，倒掷地上，顿时楼上尘土爆炸。查验之时正好是盛暑，清代的仓库空气流通又差，人待在仓库里时间一长就挥汗如雨，汗水和积尘一混合，何刚德的面目为之黧黑。这是库役嫌何刚德苛察，恶作剧来惩治他。何刚德也不好发作，转身和同僚谈及此事，同僚反倒埋怨他："谁叫你多事！"负责盘查的官员都相互摇头，一笑而散。至于真实的库藏情况，何刚德认为"日积月累，几不可数计"。缎疋库如此，其他仓库情况类似。

惟勤盘查银库，估计遭遇的情形差不多，但是彻查的结果却不同。银库内的银两，每千两装载一袋，码放整理。盘查官员无意间触碰了一下银袋，手感不对，打开一看所谓的"每袋千金"竟然是用白布裹着木头冒充的！惟勤等人一一清查，发现银袋绝大多数都是假的，大清的银库都快变成"木头库"了。

惟勤又惊又怕。惊的是，户部银库显然管理失职，亏空骇人听闻；怕的是，这是一起要掀起朝廷血雨腥风的大案！不知多少人要顶戴落地、脑袋搬家。自己要不要做那个拉响大杀戮警报的人？户部所辖各仓库虽然是其下属机构，但由皇帝直接选派的"管理户部三库大臣"（简称"管库大臣"）控制。银库出了这么大的事儿，管库大臣肯定难辞其咎。而历任管库大臣不是内阁大学士就是军机大臣，甚至还有王爷贝勒等宗室贵戚，哪个他都惹不起。当时的管库大臣就是内阁大学士、首席军机大臣穆彰阿。穆彰阿任军机大臣长达 24 年，其中又有 14 年任首席军机，深得道光皇帝宠信、门生故旧遍天下，权势熏天。之前长达数十年没有盘查银库，有人颇有微词，但忌惮穆彰阿的势力，谁也不敢多嘴。如今，惟勤是该闭嘴呢，还是该多嘴呢？

惟勤好歹也是刑部尚书，非等闲之辈，这个让惟勤都担惊受怕的穆彰阿到底是何许人也呢？他为什么有那么大的权势呢？

道光朝的行政可以分为前后两期，前期是以“多磕头少说话”而闻名的曹振镛掌权，后期就是穆彰阿掌权。这二人的名声都很糟糕，曹振镛是昏庸无能，穆彰阿则被后来继位的咸丰皇帝评价为“保位贪荣，妨贤病国。小忠小信，阴柔以售其奸；伪学伪才，揣摩以逢主意”。当时朝野普遍认为穆彰阿一味揣摩圣意，延续无所作为的执政作风，而且还结党营私、打压忠良，比曹振镛还不如。穆彰阿历任朝廷各部院首长，对局势的改观没有任何创见，相反还在鸦片战争期间力主求和妥协，签订了割地赔款的和约。对于王鼎、林则徐则抵抗势力，穆彰阿坚决打压；对于汹涌而来的弹劾浪潮，穆彰阿满不在乎。相反，穆彰阿长期占据要职，关系盘根错节，隐约形成了“穆党”。

据说，广东顺德才子罗惇衍年少及第，一次通过选拔即将外放学差。罗惇衍便去拜谢状元出身的内阁大学士潘世恩。潘世恩得知罗惇衍没有先去拜见穆彰阿，大惊失色，惋惜道：“你没见穆中堂就先来见我，大好前程可就没了。”罗惇衍不信。次日，宫中传旨罗惇衍年纪尚轻，不胜外任，某某学差另派他人前往。清朝 200 多年，已被放差却又收回成命者仅此一例。况且，罗惇衍并非当年外派学差中最年轻的人。穆彰阿的势力和作为，可见一斑。

穆彰阿遗留的言行不多，仔细分析略显单薄的经历，我们发现他并非一贯如此。穆彰阿进士出身，逐步升迁为侍郎。嘉庆二十年，穆彰阿署理刑部侍郎，因一日之内呈上二十多件斩立决的奏本，反而被嘉庆皇帝认为是积压案件，贬为光禄寺卿。之后的整个嘉庆朝，穆彰阿历任兵部、刑部、工部、户部侍郎，几乎成为了一个“千年侍郎”。原本勇于任事励精图治的行为，反而遭到皇帝误会，仕途严重受挫，穆彰阿在打击之后思想观念大变，变得保守圆融，明哲保身。这种状态在道光皇帝看来却是老成稳重，穆彰阿在道光前期得以扶摇直上，直至掌握大权凡 20 年。客观地说，穆彰阿不是贪官，也不是小人，相反拥有较敏锐的眼光和较高的行政能力，素养在“中人之上”。但是，穆彰阿没有把能力用来干实事，反而严诫弟子门生多一事不如少一事；穆彰阿没有把眼光用来革故鼎新，顺应大势，反而用来维护既有的制度与利益。他最终从一个锐意进取的年轻侍郎，消磨成了暮气深重且老奸巨猾的权相。《清史稿》穆彰阿的传记相当粗糙，几乎是他的官场履历罗列。之所以如此，或许是因为他真的没有留下什么阐述观点的文献，也没有突出的政治作为，恰好体现了穆彰阿的执政特点和道光朝的政治风气。

穆彰阿担任户部银库管库大臣 10 多年。银库暴露出来严重问题，首先要找他问责。可是，惟勤面对如此强大的问责对象，哪里敢在太岁头上动土、老虎屁股上打板子，甚至连揭露真相的勇气都不足。事实上，户部银库之前就陆续爆发出很多问题。道光九年发生过“户部库丁吞帑、书吏过贿案”，道光十二年接连发生了“户部银库围墙外库丁跨沟建房案”“户部库丁戴云峰等舞弊案”。这些弊案无不表明国库管理混乱，官银存在巨大隐患。可是，所有案子都大事化小，如同尘埃一般散入风中，消失得无影无踪。如今这桩新案会不会像往常一样随风而逝呢？

张诚保偷漏银两发生的时间，注定了此案不会轻易了结。事件暴露几个月之前，道光二十二年夏天，穆彰阿不顾反对，主导签订了《南京条约》，割地赔款。群情激愤，形成了一个抨击穆彰阿丧权辱国，要求惩治奸臣的群体。这些人绝大多数出身科举，以道德相互号召、以品行相互砥砺，且集中在翰林院、都察院等清要部门，人们将其与占据行政要津、负责实务的官僚群体相区别，称之为“清流党”。清流党聚集在体仁阁大学士、军机大臣潘世恩身边，早就想找机会扳倒穆彰阿了。

北京城里无秘密，银库盘点的情况很快流传到了官场。穆彰阿长期管理的国库严重亏空，这简直是给政敌天降大杀器！清流党们如获至宝，哪肯轻易放过？于是，由大学士潘世恩领衔，祁寯藻（军机大臣）、李振祜（刑部尚书）、祝庆蕃（礼部尚书）等列名，于道光二十三年（1843 年）三月十八日将张诚保盗银案连同户库亏空情况一起上奏道光皇帝，要求彻查追责。

受命查库的惟勤此时不能再捂盖子了，于三月二十六日向道光帝详细汇报盘查银库的统计结果。惟勤督率官吏核查户部的账簿，结合到银库实地盘点，统计“实应存银 12182116 两 7 钱 4 分 7 厘”，而银库“实共存银 2929354 两 4 钱 4 分，较原册所开之数实亏银 9252762 两 3 钱 7 厘”。925 万两白银不翼而飞！这是什么概念？道光中期，朝廷一年的财政收入在 4000 万两上下，也就是说将近四分之一的年收入不见了！而库存的 292 万两银子，连当年京师应发饷银、俸禄都不够，更不用说支付刚刚签订的给英国人的赔款了！

道光皇帝接到潘世恩等人的奏折，已经料到国库会有严重亏空，但以为本朝开国 200 年，多少还有一点家底。谁料想，看了惟勤的盘查报告，自己根本谈不上家底，连“一贫如洗”都算不上，而是站在了国家破产的边缘。道光皇帝感叹“朕愧恨忿急之外，又将何谕”。他对严酷的事实无言以对，不知如何是好了！

二、库丁们的生财之道

措手不及的道光皇帝已经 61 岁高龄了。

道光在历史上出了名的节俭，节俭到了对自己吝啬的地步。为了节省银两，道光皇帝严格控制自己的口腹之欲。据说，道光皇帝听说购买汤粉费用高昂，就放弃了这道偏爱的小吃；皇后生日庆宴，他只准宰两头猪，竟然用打卤面招待群臣。道光皇帝可能是古代唯一一个穿着打着补丁的龙袍的皇帝。不用说，目的也是为了省钱。可就是这么一个节俭的皇帝，还是一直缺钱。道光朝最大内忧就是财政问题。

我们来给道光二十三年的清朝算一笔账。之前蔓延 3 年的鸦片战争耗费军费 2500 万两白银，战后清政府向英国赔款 2100 万银元，分 4 年交清，令清朝的财政情况雪上加霜。当时的黄河也来捣乱，1841 年夏天黄河在河南祥符决口，1842 年夏天黄河在江苏桃园决口。朝廷堵决口赈灾民，又扔进去 2000 多万两白银。这些还算是额外开支，粮饷俸禄、土木工程等常规开支每年大约在 4000 万两左右。道光皇帝的家不好当，朝廷开支的压力贯穿道光皇帝的执政生涯，如影相随。他能做到的，一是日夜勤勉执政，及时处理各种政务，尽量维持朝廷畅通运转；二是对自己狠一点，能节省的就节省，就差变卖家产换钱了。令道光皇帝沮丧的是，即便如此，朝廷还是入不敷出，日子过得紧巴巴的。问题到底出在哪里？道光皇帝是百思不得其解。

就在道光皇帝为筹措鸦片战争赔款和黄河水灾救济的时候，突然爆出国库空虚，亏空将近千万两，他是欲哭无泪。在道光看来，自己是合格的皇帝，那么问题就只能出在不称职的大臣们身上了。道光认定，国库亏空是大臣们倦怠失职，乃至贪污腐败的结果。

在接到惟勤盘查报告的当天，道光皇帝提笔痛责诸臣。他直言国库亏空如此巨大"实属从来未有之事"，有人胆敢通同作弊，任意攫取国库官银，简直是"丧心昧良，行同借国盗贼"。道光历次派出的管库大臣、查库大臣，都是亲信大员，竟然也相率因循，毫无觉察，也没有一个大臣出来检举揭发，全都辜负了道光的信任。道光质问所有大臣："不知诸王大臣有愧于心否？"同时，道光也自责："朕自咎无知人之明！"

把大臣们全部骂了一遍后，案子还是要查清楚。道光皇帝指派定郡王载铨、大学士兼军机大臣穆彰阿、大学士兼户部尚书敬征、兵部尚书裕诚、军机大臣兼工部尚书赛尚阿组成专案组，调查亏空的原因，追究责任。

调查还在继续，国库亏空的后果迅速显现。委派专案组的第二天，三月二十七日，道光皇帝下令压缩公共事业和土木工程的经费，凡是可以裁减的即行裁减，可节省的即行节省。之后，道光又下令由地方财政筹措对英国的战争赔款，而不是由中央财政支付。为了纾缓国库空虚见底的困境，道光皇帝的基本思路是压缩非必需开支，同时把财政压力下移给各省。结果，清朝投向社会管理的拨款越来越少，就连水旱灾难救济都难以顾及。例如，1844 年至 1850 年间爆发了连续的大灾荒，波及黄河、长江流域的上千个州县。灾害程度比 1841 年至 1843 年间黄河决口更严重、持续时间更长，但清政府救济拨款银两却仅有约 900 多万两。同时，地方财政压力骤增后，各省拖欠户部应上缴税银大为增加，晚清地方拖欠中央税款成为常态，进一步恶化了中央财力。更深层的是，中央财力微弱，对宏观经济调控能力丧失，引发币值混乱、市场不稳等诸多现象。总之，道光二十三年的国库亏空案与鸦片战争一起，瓦解中国传统的财政体制。从这个角度来看，此案历史价值重大。

当然，此案的专案组不会清楚案件的历史价值，他们埋头于案情的梳理。专案组计划调查银库之前的盘查记录，赫然发现银库有关道光三、四、五、九、十二年共 5 次查库的原始文钞，竟然也不翼而飞。显然，有人想把银库的黑水搅得更浑，也给专案组一个下马威。

任何案件，只要办案人员想查，方法总比困难多。天下没有查不清楚的案子，只有不想彻查的办案人员。专案组领衔的定郡王载铨，恰巧是个一心查案的主。载铨出身于乾隆皇帝早逝的长子一脉，是年长的宗室晚辈。道光皇帝多次委派他办差、查案。载铨磨炼出了高超的办案能力，且经验丰富。更重要的是，载铨对穆彰阿妥协求和、把持朝政的做派也非常不满，对祖传的江山割让给蛮夷（英国）、自家的银库白银神秘消失痛心疾首。因此，载铨下定决心要把银库亏空查个水落石出。

载铨调查的结论是：有人偷盗国库 925 万两白银，但并非一人所偷，也非短期作案。至于案犯，载铨基本上锁定银库的库丁。巨大亏空是库丁经年累月盗银，积少成多所致。惩办库丁，自然不是载铨的目的。既然库丁长年累月偷盗官银，那么监管和查库官员是否有责任呢？载铨的厉害之处在于，他在调查结论后面附上了自嘉庆五年起至道光二十三年之间历任户部银库司员、查库御史的名单。

那么，清朝对国库的监管制度是怎么设计的？库丁何以在监管之下，数十年如一日往自己家里搬银子呢？

国库之重，毋庸多言。为了保证官银安全，朝廷制定了严格的管理制度。银库设管库侍郎一员，负责日常管理。银库作为户部的下属机构，管库侍郎例由户部左侍郎兼任。专职官员则有郎中、员外郎和司库等多人，下面还有数名书吏，处理银库的日常事务。为了预防固定官员结党舞弊，皇帝特派宰相级别的重臣充任管库大臣，作为国库的最高长官；委派御史定期稽查户部三库，简称“查库御史”；此外还不定期地选派“查库王大臣”，有权随时查验国库。这些委派官员都不是户部的官员。应该说，银库的监管制度是完备的。

银两验收、搬运、存储工作琐碎又费力，加上银库环境闷热难捱，因此征调了12名库丁从事体力劳动。官员无权入银库，只有库丁才能进入银库劳作。为了防止库丁偷盗银两，清朝制定了堪称严苛的制度：库丁进入银库，无论寒暑都必须脱得一丝不挂，裸体从官员面前鱼贯而入，入库后穿上统一发放的工作服，劳作完毕再光溜溜出来，再次接受检查。检查时，库丁要平伸两臂，露出两肋，两腿微蹲，然后抬臂拍手，跨过一个板凳，跨越时还要张嘴学鹅叫。这一套动作是为了表明自己体内、腋下、嘴里、手中都没有夹带银子。

如此严密的防范，库丁还能偷窃官银吗？能！

终日与白花花的纹银为伍，激发出库丁们五花八门的偷盗手法。第一个是：谷道藏银，就是将银子塞进肛门带出库房。这招是要吃苦、要勤加练习的。库丁要从小就用工具刺激肛门，使之逐步扩大，再用鸡蛋裹上香油塞进去扩张，再后用鸭蛋或鹅蛋塞进去扩张，最后使用铁丸扩张，直到能够塞进去十两重铁丸十颗就“学成出师”了。经过这样的训练再事先配合使用松骨药，一次用肛门夹带出银子六七锭就很平常了。据说，库丁们最喜欢江西省上缴的官银，因为江西银不仅成色足，而且外表最光洁，最适合谷道藏银。第二个手法是：茶壶带银。库房闷热，允许库丁携带茶水入库，出库时将茶壶倒扣，以示没有藏银。冬天时，库丁在壶里装上茶水，把银子藏进茶壶里，开盖使得银子冻在茶壶里，出库时自然倒不出来。另外，每次开库都要用清水洒地。挑水的库丁会设计带有夹层的水桶，把银子藏在夹层里偷带出来。第三个是“猕猴盗银”的奇招。银库曾驯养了几只猕猴看守内库，谁知库丁利用猴子喜欢模仿人的习惯，教唆猕猴吸食鸦片，等猕猴上瘾之后，再教它去偷银子换鸦片。每当猕猴烟瘾上来，就会去为库丁偷银子。猕猴动作敏捷，成为库丁盗窃库银的得力帮凶。后来银库停止养猴，这个手法也就没有用武之地了。

当然，以上手法，后人都是道听途说，无法目睹。有人经过严肃分析，认为库丁们无须使用肛门夹带等阴招损招，相反有一些陋规。比如，外省解饷到国库，每万两银子须附加解费 60 两。这笔千分之六的灰色收入，就是由银库官吏和库丁们分润。此外，银库装白银的麻袋是刷砂浆缝制，每条麻袋重 15 两，这样每出库 1000 两白银，就可以赚取 15 两白银。最赚钱的还不是这些，而是利用银两标准不同来赚取差价。国库的库平银 1000 两比北京的京平银大 36 两。而各个衙门每月是按库平银标准领取饷银，但是发放的时候却是按照京平银标准发放，这样 1000 两白银出库就能落下 36 两利润。此外，库丁们可以在收银环节弄虚作假，类似于本案起因张诚保那般与外人串通少收银两，或者收受不足成分银两，比如将六七百两甚至四五百两当作 1000 两入库。

上述种种表明，库丁在劳作的各个环节都可以中饱私囊，差使肥得流油。朝野公认库丁是杂役中最肥的差使，3 年任期役满可以落下三四万两。进出库房比较频繁、手段比较灵活的库丁，收益就更高了。同样，户部所有官员中，银库郎中是最肥的职位。3 年一任，任满能落下 20 万两，就是廉洁自律的也能分得 10 万两灰色收入。整个银库闪耀着银子的万丈光芒，官吏、库丁们趋之若鹜，分享丰厚收益之余结成了牢不可破的利益集团。满人依靠政策优势，把持了国库的所有差使，汉人无法染指。京城的汉族官员曾经笑谈，一个汉人就算荣升户部尚书，也不知道户部到底有多少银子？

也有人愤慨，监管官员难道就熟视无睹？朝廷设计的查库制度就不能发挥作用吗？

制度始终在正常运行，查库御史年年都在、盘查大臣不定期也来。一群官员像煞有介事而来，调集账簿、档案核验，抽取官吏、差役问话，认真细致一些的大不了再到库房现场产看，指点一二、训示若干。银库官吏唯唯诺诺之余，恭敬递上红包孝敬。嘉道时期，御史清查银库，库官必献上规银3000两，仆从门包亦可得银300两。最后，大家得出一切如常的报告，皆大欢喜。

数十年中，也有少数想要认真执法的查库官员。道光二年，御史陈鸿奉命稽察银库。妻子要求陈鸿送自己回老家去，陈鸿惊问为什么？陈妻回答："银库是美差，一旦有所染指，觊觎贪利之人很快就聚集到你身边。你将有不测之祸，我不忍看到你绑缚菜市口砍头那一天。"陈鸿指天发誓，要禁绝赂遗。到银库后，陈鸿发现银库中庭陈列着数盆花草，下令撤走，花草堕地盆碎，露出藏在里面的银子。陈鸿不为所动，上奏库秤年久铁陷，请求敕令工部选精铁重铸；官银送库之日，责成管库大臣率科道、银库库员检验；禁止挪压饷银、空白出纳及劈鞘等弊端。库吏千方百计笼络陈鸿，他都不为所动，还请户部分别将收银、放银情况造册登记，盖印后逐月核查。之前，御史赵佩湘严格束缚书吏，死在了任上，大家怀疑他中毒而亡。陈鸿在查库期间，万分小心，银库里一勺水都不敢饮。躲在暗处的人没有办法，直到陈鸿出督云南学政，才松了一口气。还有一次，某位尚书监督搬运官银，突然一个水桶底部脱落，掉下夹层的银子。该尚书觉得自己不能不查办，意欲发话。身边人附耳对他说："您要兴大狱吗？不顾身家性命了吗？如果有人为此半夜刺杀您，冤不冤啊？"该尚书最后只得作罢。由于官员们的不作为，或者劣币驱逐良币，户部银库的问题一直没揭盖，而且层层累积、积重难返。

银库库丁是这套规则的最大受益者。有些库丁子而孙，孙而子，把银库据为家产60余年。开库之日，银库门外一群群武装保镖簇拥着库丁，聚在树下乘凉，那架势比户部官员们威风多了。这些保镖都是库丁私人雇用的。因为库丁行业实在太赚钱了，总有人觊觎他们的钱财乃至差使，库丁面临着被绑架、抢劫的危险。有库丁服役期满，补缺要向户部尚书及相关官员行贿六七千两白银。一旦补上了库丁，上下班都得有保镖的护送，防止有人绑架。绑架之人不一定都勒索钱财，有竞争对手干脆把人绑到荒郊野林，让他延误上班遭除名，数千两的补缺经费就算打了水漂。还有人指出，库丁不能独吞巨大收益，还是要拿出大头来孝敬各级长官，小头才是自己的。

知晓了库丁们的生财之道，我们也就明白为什么银库里的银子会不翼而飞了。缺乏有效的监管，白花花的银子就是诱惑人犯罪的罪恶之源。

三、糊涂账潦草了结

所有材料在道光的案头，静待皇帝定夺。

朝野公认，道光皇帝严于律己，是一个极为节俭的皇帝。他亦自诩为勤勉敬业之君，无奈君是明君，臣非正臣，书吏差役更是胡作非为，大大折损了君王的英明。道光皇帝深感挫败。这种挫败感在国库亏空案上尤其强烈。道光本人从牙缝抠出来的银子，都填进了贪官污吏的无底洞。无底洞仿佛吞噬一切的黑暗，是制度沦陷、官吏腐败的结果，也是培育贪官污吏的温床。道光皇帝决心向贪腐宣战，下令抓捕历任库丁审讯。可是时间已经过去三四十年了，当年的库丁大多已经无从查起。近年来的库丁早就风闻查库消息，大多溜之大吉了。至于被盗库银自然杳无音信。

道光皇帝的挫败感恶化为了沮丧。他要查问题反贪腐，却找不到对象。这就好像一个初次登场的演员，做好心理建设登上舞台，却发现台下空无一人。这个演员，况且还是皇帝。道光的沮丧可想而知。他原本就对官员们荒怠玩忽不满，现在新账旧账一起算在他们头上。他先怒斥缉捕官员对交办的政务“经年累月，置若罔闻”，抓个人都抓不到。“该衙门等所司何事，玩泄已极！”严令步军统领、顺天府五城各衙门抓紧拿人，“毋许再有延宕！”

接着，道光下了一道狠诏：经手出入及验看银两的库丁、银匠一律处斩，妻妾子孙均发新疆给官兵为奴。即便是在库外当差的栅栏库丁及银库皂隶等人，一律处绞，妻妾子孙均流放二千里安置。我们不能保证在银库外当差的库丁和皂隶们的清白，但是一律绞死，难免会有罚大于罪的。至于株连妻妾子孙，执法就过于严苛了。

道光皇帝的“撒手锏”则是针对失职、渎职官员的。道光下令将历任国库管库司员、查库御史等人，查明造册登记，逐一筛别、逐一治罪。库丁们本质上是服役百姓，随时跑得了；官员们有家有业，在吏部留有详细资料，想跑都跑不了。道光皇帝把减少国库损失的希望寄托在了官员群体上。他下令：自嘉庆五年起至道光二十三年的43年间，历任银库职官、查库官员各按在任时间长短赔偿国库亏空，标准是：库官、御史每月赔银1200两；管库大臣每月赔银500两；查库大臣每次赔银6000两；已故官员按照减半标准，由子孙赔偿。

道光皇帝此举看似苛刻，却是清朝中期开始的固定制度，称之为“追赔”。之前的朝代也存在勒令贪官及其家属赔偿官府损失的做法，但没有形成一项固定的制度。清朝把追赔作为一项制度，贯彻执行下去。雍正皇帝是追赔制度的创始人。雍正认为，经济犯罪的根源在于官员贪利。而官员贪财好利的目的，是为子孙和亲属聚敛财富，创造更好的生活。因此，对贪官及其家属要痛下杀手，从根子上遏制官员贪腐的念头。雍正元年，雍正面对揭发出来的督抚贪腐案件，铁腕处置：“朕若不加惩治，仍容此等贪官污吏拥厚资以长子孙，则将来天下有司皆以侵课纳贿为得计，其流弊何所底止。”他制定了追赔制度，要把贪官“追到水尽山穷处，毕竟叫他子孙做个穷人，方符朕意”。

追赔制度，使得清朝的贪腐案件做到了“惩治有律例，追赃无穷期”。追赔制度的内容很多，包括抄没家产罚入官库、勒令相关官员分担赔偿责任等，而其中最主要也最令人深刻的，就是子子孙孙都要承担祖辈贪腐的赔偿责任。雍正元年规定，亏空之官，查其子有出仕者，解任发追，赔补完亏空款项才能恢复官职。有一些官宦人家，几代人都套在处罚赔补的处分之中。追赔制度真正做到了严惩和警诫的立法目的。

需要指出的是，追赔制度离严谨规范还有相当的距离。首先，无差别的追赔在理论上会误伤清廉官员。虽然多数经济案件没法清晰分辨涉案官员的具体责任，尤其是持续时间漫长、金额巨大的案件。但是理论上，并非所有涉案官员都是贪官。在理不清具体责任的情况下，无差别的追赔对清廉者是不公平的。其次是缺乏赔偿的统一标准。通常是皇帝和极少数宰辅大臣随意确定赔偿标准，因此就会出现同性质案件、同情况官员分摊金额不同的情况。即便指标分解下达后，官员哭穷求情的情况也还存在，往往皇帝也会给予适当的优惠、减免。总之，追赔制度确实是震慑犯罪的良法，可惜受到人治因素影响，未臻完善。

现在，道光皇帝为尽量弥补国库空虚，对官员追赔相当严厉。经查，案发期间一共有 321 位官员担任过户部库官或查库官员。按照上述标准，列名清单的多数官员的赔款金额在 10000 两上下。而穆彰阿担任银库管库大臣的时间最长，要赔款 11.04 万两，远远高于排名第二位的 4.5 万两。穆彰阿的赔款负担是最重的。但是无论是潘世恩，还是载铨都不是为了让他赔钱。他们想借此案扳倒穆彰阿。载铨上奏官员清单时，就建议：凡担任过管库大臣的现任官员，理应照溺职罪革职。由于自己也担任过管库大臣，载铨自请处分，要求革去“郡王”爵位，显示出极高的姿态。潘世恩等清流党人的指责之声，自然也不必多说。

舆情汹汹，道光皇帝不得将穆彰阿等人革职，随即却以“唯事阅多年，官非一任”为由，改为革职留任。穆彰阿轻轻松松逃过了一劫。道光皇帝实在是离不开穆彰阿，他们俩的配合已经不是简单的君臣相得，而是政治理念和风格的一致。君臣二人都认可按部就班、徐图缓进的做派。只要道光皇帝的思想没变，穆彰阿的地位就不可撼动。载铨等人用力一场，只是对着空气挥拳而已。

穆彰阿的处置决定，导致所有涉案现职官员一概革职留任。各个官员根据数额多寡勒限缴完，由宗人府和刑部具体负责追缴。这是清朝自雍正之后最大规模的追缴运动。因涉及官员太多，不得不以戴罪之人来查“罪”。穆彰阿在一年后陆续缴纳清楚赔款，数年之间其他官员也陆续完纳。因此一项，国库弥补了 200 万两左右亏空。

涉案官员中肯定有贪官，但其中不乏懒官、庸官。他们没有励精图治之心，也没有监管执行之力，但并没有贪污，没有浑水摸鱼。这些懒人庸才只是随波逐流而已。要说他们对库丁监守自盗一丁点儿察觉也没有，那也太小看他们了。如此长时段、大金额的亏空，但凡正常人都会有所察觉。多数官员不闻不问，是典型的明哲保身。不爆发问题，官继续当，钱继续拿；问题揭发了，最大的责任又不在自己，因此他们为什么要多管闲事呢？况且，揭发国库亏空案的官员，无疑是以一个人去对抗庞大的利益群体。这不仅牵涉部门利益、复杂的官场博弈，更要触动那些威风凛凛的库丁们。库丁们都不是善茬，有的甚至黑白两道通吃。一般官员还真惹不起他们。如今，这些懒官、庸官要为明哲保身买单，也算是罪有应得。

如此大面积的玩忽职守、尸位素餐，令道光皇帝寒心。将近半个世纪时间，就没有官员跳出来揭发弊政。难道，大清的官员就都是贪官、庸才和懒人吗？

抱着这个疑问，道光皇帝亲自审问了库吏：有无官员没有收受陋规？库吏回答道：有一个半。怎么还会有半个人呢？这一个，指的是监察御史骆秉章。骆秉章不但自己没有接受贿赂嘱托的银两，其仆隶也丝毫没有接受钱财。那半个，说的是监察御史周春祺。周春祺拒绝了贿赂请托的白银，但是，他的仆人却私下收取了银库的钱财。

道光皇帝饱受打击的内心，终于得到了些许慰藉。乌黑的官场中还是有闪光的个体存在，道光赶紧查阅两人的详情。

周春祺年长，于道光十年查库期间发现了国库积弊，都草拟奏折要揭发了。结果，曾任户部尚书的汤金钊是周春祺的姻亲，亲自出面充当说客，极力阻止上奏。汤金钊称："此案若发，必藉数十百家，杀数十百人，沽一人之直而发此大难，何为者？"汤尚书认为周春祺不能只满足自己正义感，沽名钓誉，而兴起大狱。最终，周春祺听从建议，此事遂止。对于周春祺的自爱，道光皇帝非常赞赏，准备召见考察以备大用。可惜，周春祺已经于数年前病逝。周春祺是江西南昌人，嘉庆中期的进士，仕途终于吏科给事中。

骆秉章晚于周春祺 10 年，于道光二十年受命稽察吏部银库。骆秉章是广东花县人，是道光十二年的进士，也以监察御史身份查库。到任后，骆秉章清查陋规，严格核验进出官银。官吏们不能徇私枉法，所以想方设法要把他弄走。恰好都察院有一个升职的机会，就有人提议升迁骆秉章，将其调离。时任管库大臣的穆彰阿，是骆秉章的科场老师，见自己的学生挺立国库分毫不沾，大为感慨。他召来骆秉章说："你清查库银之严，空前绝后。我要让你留任 3 年，这将对国库大大有利。"骆秉章回答："学生留在此地一年，官吏就已经非常难做了，如果让我留 3 年，恐怕官员们要造反啊！"穆彰阿便让他任满了一年。从这个情节也可以看出，穆彰阿并非不了解银库积弊。他对实际情况一清二楚，就是不想革除弊病、树立新风。他对骆秉章的挽留，更多的是想在现有的轨道上尽可能减少损失。这就好像一个病入膏肓的病人，身为主治医生的穆彰阿只想用汤药延续其生命，而不敢动大手术。

案发时，骆秉章也在追赔名单里（可见追赔制度不合理）。当时，骆秉章已经 51 周岁了，孤直不合群，徘徊在中级职位上裹足不前，始终没有升迁或外放的机会，仕途眼看就要到头了。估计他连凑足赔款金额都很困难。谁料到，泼天的富贵就砸到了他这个寻常的老京官头上。

道光皇帝对骆秉章的自尊自爱、刚正不阿大为赞赏。他单独召骆秉章面谈，对骆秉章的谈吐见解更加欣赏。道光皇帝感慨道："若非国库亏空，朕还不知道你的名字呢。你要好好读书，认真做官，将来为国效力。"当即下令骆秉章以庶子用。庶子指詹事府的左右庶子官职，正五品，是供清要官员进一步升迁的台阶。果然，骆秉章很快就外放地方布政使，历任湖北、湖南巡抚，四川总督，死后追赠太子太傅，谥号文忠。骆秉章与曾国藩、左宗棠、李鸿章等人并称"晚清八大名臣"。他的崛起，算是处理国库亏空案的一个副产品。

纵观国库亏空案，道光皇帝将责任推到了相关的官员、吏役身上，习惯性地忽视了制度性因素。道光朝的君臣都没有细究亏空的具体成因，盗窃确实是一大原因，但"积欠"等因素也客观存在。各省向国库押送的官银不及时、不足额，就是"积欠"。同时，"报销"制度不规范，也可能造成国库亏空。道光皇帝选择性忽视制度因素，根子是内心对既有制度的迷信与愚昧。清中期后，积欠严重。道光朝末期新旧积欠日趋严重，呈膨胀恶化的趋势，户部有案可查的总额就在千万两之上。而地方官把拖欠国库官印视为惯例，积欠日多，完解日少，朝廷催促一次地方就缴纳一点儿。督抚大员们就等着全国性积欠高达一定数额后，来换取朝廷普惠性的减免。道光皇帝在了解这些财政弊端的前提下，还选择性地忽视制度因素，不知道他的迷信从何而来？

上行下效。道光皇帝穿着打补丁的龙袍，大臣们也争相将新朝服打上补丁来上朝。满朝节俭，人人清廉，国库却越来越穷。

⑫

东乡血案

冤案的塑造与平反

一、不能承受的重税

清朝历史上有“同光三大案”，分别是刺马案、杨乃武与小白菜案、四川东乡血案。我们先来看看东乡血案。此案虽然知名度不如前两案，但历时8年、经大小审判14次，上自总督下至升斗小民数以百计的角色牵涉案件，历史价值更胜于前两案。案情惊心动魄、牵涉极广，丝毫不亚于刺马案、杨乃武与小白菜案。东乡血案暴露了当时社会结构紧绷、官府虚弱无力，中国正处于大变革的前夜。

光绪元年（1875年）五月，炎热的夏季笼罩在地处大巴山南麓的四川省绥定府东乡县（今四川达州宣汉县）大地上。炙热的水汽环绕着山梁沟壑，气压低得让人有点喘不过气来。东乡即将进入最令人难耐的酷暑时节。当月十九日，开始有七八百人聚集在县城州河南岸的观音崖，扛着一面白布大旗，上书“粮清民安”四个大字。人声鼎沸混合着热浪，一波波冲击着对岸的县城。如此阵仗吓到了官府，知县长廉下令关闭城门，除非有紧急事务禁止出入。不得入城的人群在河南岸聚集了三日三夜，非但没有散去，反而增至两千多人。不少人持杵高呼：“粮清民安！粮清民安！”

无论是摇旗呐喊的百姓，还是围观的人群，或者是各级官府，没有人能料到此事会逐渐摆脱各方的控制，犹如脱缰野马一般扫荡东乡的城镇与乡村，持续数年之久，吞噬难以确数的生命。那么，这起围城事件，到底是怎么回事？“粮清民安”又是从何谈起？困守县城的官府又会作何反应呢？

东乡百姓围城，是苦于税负太重。皇粮国税，原本天经地义，但如果粮税征收得不清不楚，百姓感觉日益沉重，自然民心不安。按制度而定，清朝的税负并不算重，且征收简便。早在康熙朝，朝廷就宣布永不加赋，封冻康熙年间的税收数量，作为之后征税的标准。理论上讲，随着清朝中期人口的爆炸性增长，每个清朝人的纳税额度不断稀释。人们的税负感应该越来越轻松。雍正皇帝执行摊丁入亩改革，将按人头征收的丁银摊入按土地征收的田赋之中。存在中国几千年的人头税消解在了田地之中，清朝人只要交纳一种正税“地丁银”。伴随税种的简化，百姓纳税的程序也进一步便利。官府事先告知每家每户应缴税额，百姓在征税期内封银拿到官府，官吏检验足额盖印后，百姓自行将封银投入银柜，全过程称为“自封投柜”。清朝在理论上确实做到了轻徭薄赋，与民为善。

问题在于，制度遭遇复杂残酷的事实，往往在实践中面目全非，甚至走向狰狞可怕的反面。四川东乡县的税收实践，便是一个活生生的例子。

清朝的税收基本以货币形式缴纳。白银和铜钱，是通行于大江南北的两大货币。朝廷颁布的兑换标准是，1000 文朝廷制作的铜钱（制钱）对应 1 两白银。但是在征税过程中，东乡县官吏不断提高兑换标准，强迫百姓按照 1 两白银对应 2000 文甚至更高的标准缴纳铜钱。考虑到这是当时地方官府通常的做法，且白银实际购买力确实在不断提高，所以东乡的缓慢加征，尚且没有触发百姓抗争的临界线。突破百姓忍耐红线的行为，发生在咸丰初年。当时，太平天国运动兴起，作为国家财赋重地的东南半壁江山陷于战火，税收无望，而军费逐年激增。国家财政几乎崩溃。清朝便把目光投向了相对安定，且享有天府之国美誉的四川省。官府在四川省加征“津贴”，填补财政窟窿。津贴仍不敷军用，同治初年四川省再加征“捐输”。四川省在下辖的 160 个州县中，除了最贫瘠的几十个州县外，每年都派定加征金额，仅捐输一项，派下来的金额就在正税地丁银的两倍左右。除津贴、捐输两项律有明文的加征外，地方官吏巧立名目，额外收取各种补贴、陋规等，统称“杂费”。种种苛捐杂税，在比较富庶的州县近乎正税的十倍，在一般州县也达到了五六倍。民不堪赋，广袤巴蜀大地上的官民矛盾时有发生。

税额高企，百姓缴纳困难，而钱粮上缴有时，州县官员为完成任务，发展出了种种土办法。东乡县地处川省边缘大巴山区，山地占九成以上，四面皆山，层峦峻岭、峭壁悬崖，自然条件较差，百姓远非富裕，自然不能及时缴纳逐年增加的税额。但是，即便偏僻乡村也有富贵人家。一些有财力又有想法的绅士就代替乡亲缴纳捐税，称为先行“垫缴”，再慢慢向四乡八村征收。他们当然不是做慈善，而是拿到乡亲们的完税证明后渔利。包揽税赋的绅士们在杂派之上再加杂派，作为自己的劳务，同时加速提高白银与制钱的折合率，吞没其中的溢价。种种额外加征，统称“浮收”。浮字妥帖地描述了少数绅士法外敛财，无律可循，又不加公示，无据可查的虚弱模糊的特征。东乡县从事此勾当的绅士们，颇有心机，要求百姓先完纳各种杂派，再缴津贴和捐输，然后才允许交正税地丁银。不按此顺序缴纳苛捐杂税，就拿不到完税的串票；拿不到串票，官府就要上门治以抗粮之罪。朝廷赋税在东乡的实践，演变为了“包税制”的变种。少数地方绅士决定了税收标准，把持了收税实权。

从“自封投柜”到“包税制”的转变，既是州县政府财政窘境的反映和公权力自我退缩，也是乡绅势力的膨胀，掌握了实质的收税权，更表现了普通老百姓在关乎切身利益问题上的一再失语与任人宰割的可悲现实。

沉重的税负和贫瘠的现实，碰撞出了反抗的火花。古往今来，巴蜀山区不乏反抗传统。早在康熙年间，东乡一名武生不满官吏任意哄抬银钱标准，千里迢迢告御状。康熙皇帝为此批示：“许每两银子折合 1400 文，永著为令，立碑铭之！”东乡县将康熙御批铸成铁碑，立在县衙门口，接受百姓监督。可叹的是，铁碑终究还是败给了地方官吏的奸猾无赖和加征冲动，很快成为一纸空文。到同治年间，东乡的包税行为已经相当成熟稳定了。全县税收由“捐输局”负责，全县 48 个场镇每场公举一人进局办公，筹划东乡税收，称为“局绅”。每年，知县将税收责之于捐输局，局绅们“垫缴”后议定杂派多少、银钱比例，再取之于民。

话说，东乡陈家坪有一名监生，名叫李金良。李家是乡里数得着的殷实人家，李金良又有功名在身，有心竞争局绅岗位。富户似乎觉得只有跻身局绅行列，才能常保家业。李金良便经常往县城捐输局里跑动，希望迎合局绅得一位置。可是绝大多数现任局绅和李金良一样在意捐输局的位置，所以讨厌李金良这个既有权力格局的“改革者”。同治末年的一天，李金良与某位局绅发生了口角。局绅给了李金良一巴掌。那一声清脆的巴掌声，响彻在东乡的大街小巷，进而深深影响了历史的走向，堪称是改变历史的偶然事件。

李金良将巴掌视为奇耻大辱，一下子从拥护包税制的“改革者”变为了“革命者”。他和哥哥李金都，联络本乡本土同样不得意的地主、富户，向捐输局报仇。捐输局本就是非法机构，李金良决定拿到台面上来依法办事，便以东乡局绅“垫粮浮收”、破坏朝廷税制为由发起诉讼。他清楚包税制是四川许多州县的惯常做法，向四川各级官府起诉，胜诉的可能性微乎其微，干脆直接上北京告御状。可是，李金良又不想吃翻山越岭的苦、不想面对京城衙门的刁难，所以需要找一个既信得过又有一定能力的人抛头露面，作为抱告[①]京控。于是，东乡血案的主角——袁廷蛟，闪亮登场了！

袁廷蛟，东乡袁家坪人，大约生于道光十五年（1835年），是李金良的远房亲戚，按辈分叫李金良舅舅。袁廷蛟家有薄田三四亩，粗通文字，还曾在东乡县衙门充当过白役，也就是编制之外的差役。虽然后来遭到辞退，袁廷蛟毕竟增长了社会阅历，磨炼了胆略，具备了相当的社交能力，非一般的贩夫走卒可比。因此，李金良认可袁廷蛟是既可以信赖又有办事能力的抱告人选。

同治十一年（1872年）八月，37岁的袁廷蛟在东乡部分乡绅的支持下京控，告东乡县局绅垫缴浮收。或许是同治末年的京控案件太多导致朝廷并不重视，也或许是四川的包税势力早已买通了相关衙门，袁廷蛟上诉到步军统领衙门，被以“鲁莽叩阍罪”押解回川，交四川总督处理。时任四川总督吴棠责令杖打李金良一百，枷号三十日；杖打袁廷蛟九十，枷号二十五日，交东乡

① 清朝司法允许原告委托亲属或家人代理出庭，称抱告。选择抱告的原告，通常是行动不便的老者、不便出门的深闺妇女、有官员身份或者功名在身的士绅阶层等。

县发落。当过差役的袁廷蛟，途中寻机逃脱了。东乡县也没有穷追袁廷蛟和李金良的罪责，估计还不想撕破脸皮。

第二年，同治十二年十月，东乡前河部分乡绅也与局绅王宗恩爆发矛盾，加入到李金良的“革命行列”，一同支持袁廷蛟继续诉讼。袁廷蛟便向时任东乡知县长廉状告局绅王宗恩、冉正江、向若璠等 13 人私加捐税。知县长廉认为所控各款都是东乡百姓商议后征收的，而且历年如此，判定袁廷蛟污蔑局绅，驳回指控。之后，袁廷蛟多次赴成都控告。四川总督吴棠都饬令东乡知县查复。局绅势力就推出候任知府、同时也是局绅的张裕康上下运作，贿赂四川省、绥定府、东乡县官员敷衍了事，不认真查办。凡是自身有问题的人，当问题爆发后不是想着去解决问题，反而琢磨解决那个提出问题的人。东乡的局绅们把焦点对准了李金良。王宗恩、冉正江等人找李金良谈判息讼的条件。最终，李金良如愿以偿进入了东乡捐输局，列名局绅的一员。假革命终于变成了革命的对象，李金良自然退出了告状的行列。局绅和李金良等人想当然地认为，离开了乡绅富户的支持，袁廷蛟的诉讼行为也会消解于无形了。

然而，所有人都错看了袁廷蛟!

李金良退出后，袁廷蛟继续艰难地诉讼。他已经不是为了李金良的私利，而是真正把矛头对准了苛捐杂税。事实上，没有了李金良的幕后约束，袁廷蛟迅速将东乡，乃至四川省搅得天翻地覆！首先，袁廷蛟再次向四川总督衙门控诉，明确提出逐层清算税负、永远核定规章的要求。吴棠再次饬令派员查办，又一次在局绅的运作下不了了之。正常法律途径走不通后，袁廷蛟付诸自下而上的实际行动。光绪元年三月，袁廷蛟率 30 多名百姓到局绅向若璠等人家中要求算清历年粮账。向若璠等人态度蛮横，不予理睬。局绅的傲慢，助长了袁廷蛟动员百姓的号召力。于是就出现了开头千人围城的场面。光绪元年五月十九日，袁廷蛟聚集七八百乡亲在东乡城州河南岸观音崖，竖白布大旗，明确提出“粮清民安”的诉求！至此，袁廷蛟和东乡县进入了传世文献的记录视野，密集出现在官府文书之中。分析相关档案文献，秉承客观原则，后人大致可以勾勒出事件的如下发展：

东乡知县长廉向绥定知府易荫芝告急。知府易荫芝先派邻近的太平县（今四川达州万源市）署理知县祝士棻赶赴东乡调停官民矛盾。祝士棻来县后，抚民为主。百姓纷纷表示现行税赋征收不清不楚，只求降低苛捐杂税，减轻负担。局势有所缓和。可是等祝知县进入东乡县城后，局绅们强硬要求上级官府查办暴民，对查账、降税绝口不提。祝士棻调停未有实效。

知府易荫芝随后赶来。易知府也一心缓和百姓情绪，许诺从第二年开始减征捐税，同时答应袁廷蛟等百姓代表和东乡局绅一起到知府衙门清算历年粮账。围城百姓的诉求基本得到满足，大家纷纷散去。从事件发展来看，淳朴百姓们缺乏斗争经验。易荫芝的许诺只是空头支票而已。随着袁廷蛟屡次缺席知府衙门的清算现场，清算工作一拖再拖，没有了下文。易荫芝见东乡围城困局已解，没了迫在眉睫的难题也就不把矛盾放在心上，东乡的问题远远谈不上解决，甚至没有触及根本。

当年秋天，东乡知县长廉接到其他差委离岗，庆符县知县孙定扬署理东乡知县。十月，孙定扬置历史问题于不顾，接受局绅的倡议，东乡的银钱比例再提高 500 文，一两白银的捐税折合成 4700 文铜钱征收。官府并派出丁勇四出催缴。暂时稍熄的火焰，迅速升腾起来，民间炸开了锅！袁廷蛟继续鼓动百姓与局绅清算税账，百姓纷纷加入。

十二月十六日，一个山区寒冷的冬日。袁廷蛟一行人到官渡场的局绅梁天贵家算账。梁天贵安排清账代表当夜宿于场上的文昌宫。半夜，文昌宫发生了火灾。官渡场团练的团首李开邦、吴芳体认为是袁廷蛟等人纵火，鸣锣聚众，捕捉清账代表一行人。袁廷蛟仓皇逃脱，但有 9 名清账代表被李开邦等人砍伤。鲜血不会白流，它将要索取相应的要价。原本就异常紧张的绅民关系，如今再无回旋余地。那场寒冷冬夜的“神秘火灾”，宛如旷野火种，迅速蔓延成熊熊烈焰。转天，袁廷蛟带领上百号人到官渡场寻李开邦报仇，没有发现李开邦就打毁了场上的盐店、花行。局绅与团首李开邦等人报告袁廷蛟“纵火滋事”，知县孙定扬下令本县把总许安国率乡勇百余人前往官渡场追捕袁廷蛟。愤怒的百姓反而将许安国的队伍缴械，夺去了马匹、器械。局面进一步失控。局绅代表张裕康与李开邦等人进一步要求“请兵剿办”，孙定扬同意了。

袁廷蛟打开了潘多拉的魔盒，东乡县积压的各种矛盾纷纷借抗捐清算一事爆发出来。首先是帮会势力闻风而动。四川特产袍哥，袍哥在川东势力强大，一度发挥着“拜官府不如拜码头”的作用。由于袍哥组织流离于朝廷律法之外，官府目之为“会党”，加以打压。官渡场风波发生之后，隔壁县“会匪”头目吴奉山就带人参加了打砸抢活动。考虑到袍哥早已和民众融为一体，且吴奉山的公开口号是“帮助穷苦兄弟们报仇”，袁廷蛟等人难以拒绝，更难以分清谁是真正清算的乡亲、谁是浑水摸鱼的会党。可在局绅和官府眼中，这便是袁廷蛟勾结会匪劫掠村镇。

其次，盐枭马洪仓也来“借花献佛”。四川盛产井盐，私盐贩子走街串巷，历来有之。东乡的盐商自然严厉打击私盐贩子，雇用巡丁，遇到零星盐贩就缉拿送官。盐贩为了自保，逐渐结伙成群，形成盐帮。两派冲突在东乡愈演愈烈，道光初年一度爆发了血腥火并，闹出人命。东乡盐商大多是局绅，比如冉氏兄弟，因此盐枭与盐商的矛盾转移成了与局绅的矛盾。同治八年，马洪仑率领盐贩打毁南坝场冉永兴的盐店；去年（同治十三年）又与盐商冉正儒爆发争斗。袁廷蛟率众围城，盐枭马洪仑马上行动起来。数百盐贩声称要进城“保卫”县衙，其实是因为去年纠纷中，杜姓盐贩被东乡县衙监禁，他们想趁乱救出同伙。

苛捐杂税是导火索，引燃了东乡这个火药桶。黑云压城城欲摧，各种看似相关或不相关的因素纠缠在一处，碰撞、试探，在暗处发挥着化学作用……东乡抗捐事件会不会柳暗花明又一村，在困境中各方找到破解之道，或者是黄沙百战穿金甲，在猜疑中各方厮杀得玉石俱焚呢？

二、勘乱安民还是滥杀无辜

绥定知府易荫芝是在十二月十二日接到孙定扬的禀报的，他烦心透了。

围城事件发生不久，易荫芝便亲赴东乡安抚民众。在他看来，自己已然允诺清算捐税，召集东乡绅士和百姓来知府衙门查账，百姓得知后纷纷散去，事件就此宣告结束。即便之后袁廷蛟没有按期衙门查账，事情没有下文，矛盾继续存在，但这不是知府的责任。易荫芝自认为在东乡事件中已经恪尽职守了，只要把表面上的冲突安抚下去，就是一个合格的知府。敷衍与圆滑，是为官者的必备素质。没想到，矛盾还是在自己任期内爆发了！根据孙定扬的报告：袁廷蛟勾结外匪，烧毁房屋、抢劫店铺，到处滋事，恳请剿办。易荫芝决定快刀斩乱麻，派出绥定驻军千总杨开泰、世职蔡启祥带兵100名赴东乡查办。

光绪二年（1876年）正月初二，杨开泰等正行进在距离官渡场40里的双河口，突然听到一阵竹筒号声，四周民众纷拥而来，手持刀枪、农具将官兵团团围住。杨开泰威吓说："我乃奉命查案的千总，尔等速速散去！"老百姓纹丝不动，七嘴八舌地骂杨开泰等人是假冒官兵，还有人说他们是县里著名局绅王宗恩雇用的私人武装，要去官渡场找乡亲们寻仇！另一个带队军官蔡启祥放下身段，好好解释，百姓们还是不听。杨开泰见老百姓情绪越来越激动，场面滑向失控，主动下令官兵放下武器、脱下号褂，并留下旗帜、马匹，全队空手撤退回城。官兵在此事上保持了克制。

遭到局绅围绕的知县孙定扬，本就恼火乡下乱象，听闻杨开泰一行狼狈而逃，又写了一道呈文，语气进一步加重，而且呈请绥定知府转四川总督发兵剿办。呈文写道：袁廷蛟"抗拒官兵，夺取军火，勾结外匪，聚匪劫掠四乡，聚众三四千围城，县城危在旦夕"！易荫芝痛定思痛，觉得东乡一事已经敷衍遮盖不了了，一边向邻近的川北镇请求援兵，一边将孙定扬的呈文发往成都。

稍晚些的二月，局绅冉正杓、张裕康，团首李开邦、吴芳体等人联名向四川总督控诉袁廷蛟“迭次抗粮阻捐，纠众围城，勾结外匪吴奉山抢劫场市，焚掠乡村”，还自证是受害者，说正月间袁廷蛟、吴奉山等率数千人鸣锣吹筒，将他们的住宅抄毁，“器物、银钱、粮米、账簿等件扫搂一空”，恳请发兵剿办。

四川总督吴棠接报，令记名提督李有恒率所部虎威宝三营2000人，参将雷玉春率所部律武三营1500人，千总谢思友率裕字左营500人，会同东乡附近的川北镇官兵500人进驻东乡戡乱。二月初四，谢思友率部最先抵达东乡，雷正春和川北镇游击金武德随后赶到。十天后，李有恒率湘军系统的2000官兵赶到东乡。他是本次戡乱行动的总指挥，麾下有四处会聚而来的兵马4500人，下令部将刘道宗、李光岳率队分别进驻厂溪、官渡。

李有恒，湖南新化县人，咸丰二年投军，先后在两湖、云贵、四川等省与太平军、回民、苗族等作战，在贵州期间曾率队冲入遭到太平军重围的毕节县城，与官民等昼夜坚守孤城达70余日。20多载戎马生涯，李有恒因功先后获赏花翎、勇号、黄马褂和三代一品封典，累升为记名提督。何谓“记名”提督?

提督是清朝绿营军队最高军职，从一品，主管一省水陆军务。提督以下军职分别是总兵、副将、参将、游击、都司、守备、千总、把总和外委。绿营军队的建制从上到下分别是镇、协、营、讯。镇的长官是总兵，协的长官是副将；营是绿营最主要的作战单位，长官从参将到守备不等，因事而异；讯的长官是千总、把总。在和平时期，一个士兵要成长为提督，异常困难。清朝后期，战争频仍，立功的官兵不在少数，加上封疆大吏滥保荐举，很多将士得以快速升迁。在久战功勋的湘军系统中，参将游击多如牛毛，提督总兵也不在少数。但是军职有限，僧多粥少，许多立功升迁的军官没法获得实职，只能候补。“记名”一词就此出现。李有恒具备了出任提督的资格，朝廷先记下名字，等有空缺职位后再行补授，称为“记名提督”。他的部将刘道宗也是记名提督，雷玉春是记名总兵，谢思友的头衔在不同档案中一会儿是游击一会儿是总兵，都比千总要高。他们在现实中都高官低就，李有恒和雷玉春都率领三个营，类似副将的角色，刘道宗、谢思友率领一个营，实际上是营官的角色。记名军官太多了，又出现了“尽先”名目，意思是出现空缺尽量优先授予的意思。

有官才有俸，仅有空衔没有实职的军官是享受不到相应的待遇的。加上绿营军队日常待遇平常，官兵们的额外收入全靠作战补贴和奖赏——当然也不排斥一些不肖官兵的劫掠行为，所以绿营军队从上到下的“作战欲望”都相当强烈。那么，大兵压境东乡后，又会上演什么样的剧目呢？

最先向世人描述东乡戡乱情形的是四川总督的奏折。四川总督吴棠抱病在身，早在光绪元年十一月就奏请开缺，光绪二年正月正式奉上谕卸任。总督出缺，四川布政使文格暂时护理四川总督。文格于当年三月二十日上奏了李有恒戡乱情况：

袁廷蛟党羽极多，主谋有王盛祥、赵尚仁、赵元作、赵富仁、杨千祥、赵登寅、邓洪熙、马洪仑父子等；替他招募匪徒的有吴奉山、王锡三、张老五、周老牛等，盘踞在黄金口、厂溪、官渡、程家坪、袁家坪、乌嘴寨、尖峰寨、虾耙口一带山寨、山硐。

大兵初到东乡，袁廷蛟党羽假扮百姓，来到各营请求免剿，以为缓兵之计，同时窥探官兵虚实。袁廷蛟同时散播官兵要血洗东乡的谣言恐吓百姓，欺骗不明真相的百姓加入匪党自卫。李有恒会同新任绥定知府王元晋、东乡知县周瀚贴出告示，晓谕乡民只抓首犯袁廷蛟，让乡亲们安心旧业。受胁从的百姓散去大半，其中包括畏罪潜逃的会匪吴奉山。开县官府严密查缉，二月二十八日在开县将吴奉山拿获。吴奉山供认他与袁廷蛟合伙滋事，纠集朋党，意图大举。各营也抓拿了吴奉山匪党，在匪徒王锡三身上搜获会党号片一张，上有“青龙山白虎堂”字样。

二月三十日，驻扎官渡场的虎威宝前营长官刘道宗接到探报，袁廷蛟将率领二三千名匪徒，分作三股，直扑官军营垒。刘道宗会同道员李光岳、提督李凤友分三路迎击，打得匪徒败回山寨，坚闭不出。三月初二，刘道宗又接到情报，袁廷蛟将在第二天进攻官兵营垒。刘道宗当即整军备战，并约友军助剿。第二天，三月初三天明时分，官军遥见山后竖立大红帅旗，袁廷蛟、杨千祥等数千人布满山顶，炮响筒鸣，声震山谷。刘道宗主动出兵，仰攻山梁，李光岳、李凤友等友军接应，三路扑上山顶，激战约三个时辰，匪徒溃败而逃。官军乘胜追击，毙敌数10名，缴获刀矛、枪炮、旗帜数十件。匪徒受伤坠落崖涧者不计其数。日暮收队回营，查点17名官军受炮伤石伤。生擒匪徒7人，都是甘心从逆的凶犯，就地正法。此战堪称"官渡寨子梁大捷"。

大捷后，李有恒协调各营于次日（三月初四）进攻各寨。初四日黎明，前营刘道宗、中营李凤友分别督率部队进攻乌嘴寨、渊篼寨。乌嘴寨匪徒捆绑头目王盛祥献给官军投降。渊篼寨则抗拒官兵，官军攻破头卡，杀死悍匪赵元作二十余人，其余数十匪徒出寨乞降。旋即，官军围攻中河乡的红岩寨，奋力攻破寨门，杀死悍匪赵尚仁等数十人，缴获鸟枪、抬炮、刀矛多件，其余匪徒跪求免死。经过这几场硬仗后，附近各寨闻风胆怯，赴营请罪，纷纷弃寨归家。只有尖峰寨、新寨依仗着地势险要，赵登寅、赵富仁、杨千祥等人盘踞山寨，不时吹筒放炮，顽抗到底。初五，刘道宗、李光岳进攻尖峰寨。各营将士从羊肠鸟道攀缘而上，寨内飞石滚木纷纷落下，官兵们冒险向前，枪炮齐施，攻破险要关卡数处，同时很多官兵受伤。李有恒遥望发现尖峰寨悍匪都聚集在寨前及寨左右，后寨的石蹬天梯几乎无人防守。他命令李光岳督令亲兵，以肩承足艰难爬上后寨，再用火蛋掷烧匪徒窝棚。百长胡享清最先突入寨中，被守门的悍匪砍伤右额。官兵们见状，义愤填膺，振臂高呼，蜂拥而进，攻破尖峰寨，阵斩逆党300余人，包括赵登寅等头目。尖峰寨一战，官兵阵亡1名，受伤30名。攻破尖峰寨后，官军转战新寨，配合李凤友的部队攻打新寨。两部官军奋力仰攻，枪炸火蛋齐施，成功攻占山寨，杀死悍匪徒40余人，生擒2人。官兵受伤4名。

两次大规模作战后，东乡局势基本稳定。官军进入扫荡剩余山寨阶段。

三月初十，雷玉春和律武后营记名提督王照南督队攻破千金硐，杀死悍匪多名，余众投降。南城寨、斑鸡硐各处匪徒纷纷弃械出寨请罪。律武、虎威等营逮捕了袁廷蛟的父母袁公钦、袁李氏。而袁廷蛟诡诈多端，不知所踪。文格最后奏报说，李有恒正会同各军乘胜进剿，务求擒斩袁廷蛟；同时咨请陕西省派军入川协剿，防止袁廷蛟等匪徒跨过川陕交界逃往陕西汉中地区。

文格的奏折，表述清晰，立场鲜明。首先，袁廷蛟聚众占据山寨，对抗官府，还主动进攻官军营垒（扑营），率先挑起战争，是十足的谋反叛逆行为。其次，李有恒等官员劝谕无效，遭到扑营后英勇反击，经历两大战役近十日战斗，终于镇压叛乱稳定局势。最后，主犯袁廷蛟在逃，官军正全力追捕。文格的说法，也得到了陕西巡抚谭钟麟的旁证。

谭钟麟在战斗尚在进行的三月初八，奏报陕西省派遣两营官军跨境协助东乡戡乱，提到了东乡的局势：正月间袁廷蛟以减税为名聚众滋事，经太平知县祝玉棻前往解散，余党不多。但等祝玉棻到了东乡县城，被害的乡绅纷纷请兵剿匪。当时，开县会匪吴奉山纠集数百人，想与袁廷蛟联合，袁廷蛟拒不接纳，说“我辈求减粮价，并非谋逆”，还给了吴奉山一笔钱遣散会党。想不到，吴奉山离开袁廷蛟后竟然抢掠各乡，听到李有恒大军抵达才远逃而去。官军到处张贴告示，解散胁从，宣布只抓袁廷蛟等为首的5个骨干，但始终没有抓住袁廷蛟。之后，战火就降临了东乡。汉中地方官员报告谭钟麟，后者再转述给朝廷。

为彻底安定地方，当务之急是缉拿脱逃的袁廷蛟。文格采取“明纵暗擒”的策略，将李有恒大军撤往成都，只在东乡留驻一个营、在绥定府留驻两个营绥靖。暗地里，府县两级衙门及局绅、团练武装，明岗暗哨、遍布耳目，并通告邻近府县，全力追捕袁廷蛟。抓住袁廷蛟，好判他个谋反大逆的死罪！

四川官府在扫尾收功，东乡的战事即将沾染上历史的尘埃，看似要碾压进历史的车辙了。光绪二年闰五月二十四日，掌广西道监察御史吴镇一道奏折递进了紫禁城，石破天惊，硬生生逼停了历史的车轮！

吴镇是绥定府平昌县（今四川巴中市平昌县）人，咸丰十年进士，由翰林院转任御史台，刚正不阿，不畏权贵，以遇事敢言著称。作为绥定老乡，吴镇始终关注东乡事件。四川省奏报的事件经过，与吴镇耳闻的完全不同。他描述的事件过程如下：

地方官糊涂不作为，一误再误，将普通的民间骚动当作叛乱向省里请兵剿灭。最先抵达的统带武字营长官谢某，听说袁廷蛟已畏罪潜逃、其余百姓耕织如常，就知道并非民变。再看到百姓并无军火器械，反而有数十名长者呈文诉苦，谢某更觉得没有发兵必要，于是带勇回省。而之后统带虎威宝营的李有恒到境后，看到的与谢某相同，却因为部下官兵逼奸民妇、遭到百姓惩治，遂纵兵报复。百姓惊惶失措，纷纷躲进山寨，哭声震野。李有恒借清查袁廷蛟为名，骗入山寨，无论男女老少一律屠杀殆尽，并殃及临近太平县的百姓。更令人发指的是，李有恒的部队对妇女先奸后杀，事后留下数百名相貌出众的女子，船载而去！

东乡事件并非镇压叛乱，而是官军烧杀淫掠的一桩血案！吴镇愤怒指出，袁廷蛟聚众滋事，自然应当严惩，可东乡知县及局绅们也应查明责任，依法审理；绥定知府易荫芝办理不善，轻率清剿，难辞其咎；统兵将官李有恒，先滥杀无辜、祸害乡里，再假冒军功，实属殃民误国的大恶之人。

同一事件，两种截然相反的说法。孰是孰非？况且涉及数以千百计的生灵，关系重大，不容遮掩蒙混。那么，事情的真相到底如何，御史吴镇手里掌握什么证据吗？

三、重审结论引争议

光绪二年七月初的一天，北京宣武门外的一处轿屋门口，一个外地装扮的中年男子，安静地坐在凳子上，看着贩夫走卒在宣武门奔走进出。他似乎在享受白日里难得的闲暇，又好像在静静地等待什么的到来。

突然，几个官员率领一帮凶神恶煞般的差役兵丁，飞跑过来，将闲坐的男子团团围住。为首者质问他：“你可是四川绥定府民人袁廷蛟？”男子没被吓住，反而镇定地回答：“小的正是。”“带走！”顿时有铁索套上袁廷蛟的脖颈，几个差役押起他就走。四川全省正动员千百人全力缉拿的要犯袁廷蛟，就在千里之外，被京城的巡城御史轻松抓到了。本月初五，御史吴镇遣家丁报告巡城御史，说袁廷蛟住在宣武门外某处。后来民间传说，袁廷蛟来京的主要目的，就是通过刚直敢言的同乡御史吴镇告御状，可是没想到吴镇告密出卖了他。又有传说，吴镇此举不是出卖，而是藏有深意。他从袁廷蛟处得知东乡血案实情，捅到了皇帝案头。可在案情查实之前，袁廷蛟始终是叛逆谋反的要犯、四川方面的眼中钉，随时可能死于非命。为了保住袁廷蛟的性命，吴镇便和他演了一出苦肉计，安排袁廷蛟在京城坐牢，避免落入四川方面的魔爪。

话说巡城御史抓获袁廷蛟后，奏报皇上，并按制移交给刑部审讯。刑部尚书随即奏报了审讯概况，并附上了袁廷蛟的供状。如今，东乡事件当事人袁廷蛟的供状，静静地躺在中国第一历史档案馆，以亲历者的视角诉说当年的情形：

> 我是四川东乡县人，今年四十岁，在县属袁家坪地方居住。本县往年征收粮银一两、津贴一两，都有旧章可循。同治三年，贼匪窜扰东乡，本县所属四十八场被王宗恩、向若璠、程有芝、梁天贵、李开邦、吴芷堂、庞春山、王启严等共四十八人贿求县官老爷设立捐输局，每场设绅一名，议定银粮、勒派捐输。他们把每两银子定为二十七八串制钱不等，霸管数年，浮收渔利，从不向我们老百姓清算捐税，也不悬挂清单。
>
> 同治九十年间，学政夏大人挂牌示谕，东乡的文武童生这才知道家乡赋税不敷，有大额捐税没有上缴。全县百姓向局绅王宗恩等

人要求清算捐税，王宗恩藏匿账簿拒绝清算。十一年，百姓到府里、省里各衙门控告，都批示让县衙门清算。王宗恩等人贿赂县官，仍不清算。四十八场捐户商议进京告状。同治十二年八月间，我进京在步军统领衙门呈控，呈内原告列有李金良和我两个人的的名字。步军统领大人将我咨送回四川总督衙门，交发审局审讯。王宗恩得知后，花两千两银子买通李金良的哥哥李金都，改名李进城，让他充当了局绅。

去年五月十九日，我同众捐户进城找王宗恩算账。城内因见我们人多，关闭城门。数日后，绥定知府易老爷来县里查讯，随后下令按旧章交粮，并勒碑永远遵行，要求王宗恩等人与百姓清算钱粮。百姓遵照知府大人的示谕解散了。

到本年正月十二日，我们到丰镇场找王宗恩清算。王宗恩花钱雇用了假差役捉人，诬告百姓。大家都很不安。正月二十八日，太平知县祝老爷来查核，众人禀报祝老爷要求算账，并未聚众滋事。祝老爷也让局绅王宗恩等人清算账目，王宗恩等人藐视不遵，再次贿赂知县孙老爷设计陷害我们。孙老爷随即请兵围剿我们。

二月十九日，谢大人统兵至东乡县，接收百姓呈词六十余张，知道我们不是聚众滋事，于二十八日撤兵回省。在此前后因为防备土匪，各乡操演团练，尖峰寨等地练团，插有团防旗帜，并非竖旗聚众。到三月初三，我们才知道李提督、雷总兵统兵抄杀尖峰寨等处，我们因未见张贴告示晓谕，不知何故？当时，袁家坪各户老弱人口及妇女衣物、银钱谷粮搬往班金硐躲避。李提督兵到，百姓因存有钱谷，没开寨门，但也没有拒敌，李大人纵兵抄杀，先后共抄杀道寨乡堡十二座、硐十八处，连掳带杀约一千余无辜百姓，奸掳妇女二百余人，烧毁民房五百余间，寨硐衣物银钱谷粮抢烧一空，并将我父母妻子拿去，在东乡县监禁，我叔侄弟兄均收卡房。后来，我听说父亲被押身死。我和其他九人赴成都躲避，不料官兵追拿，四人被捕、其他人都逃散了。我于六月二十九日到京，在宣武门外同乡轿屋寄住，听说吴御史老爷是乡亲，向吴老爷呈诉未遇，不料吴老爷家人带着官人将我拿获了。

袁廷蛟的供述，大体与御史吴镇的弹劾相符，同时提供了更准确详细的细节。袁廷蛟最后还总结了几点关键信息：首先，王宗恩等局绅侵吞捐款，贿赂知县请兵剿洗；其次，李有恒、雷玉春纵兵滥杀无辜，奸淫妇女、烧毁民房、抢劫钱粮；最后，也是他着重强调的，东乡百姓并没有造反、没有拒敌，更没有向官军扑营。

供述上报后，中枢鉴于东乡事件所有案卷、人证均在四川省，命令将袁廷蛟押解回四川；催促已经调任四川总督的原湖广总督李瀚章抓紧到任，会同文格“确切查明，据实具奏，不得稍涉回护”。毕竟两方面讲述的事实相差太大，真相究竟如何，确实需要彻彻底底查询、实事求是研判。那么，李瀚章、文格能揭开东乡事件的真相吗?

新任四川总督李瀚章尚未真正埋头彻查东乡事件，便又奉旨回任湖广总督。几个月时间里，两次变动职位。估计，李瀚章的四川总督生涯，基本都浪费在折返于武昌成都之间的艰难旅途中了。在新任总督到任之前，依然是文格护理四川总督，依然由他来主持东乡事件的彻查工作。于是在七月二十八日，文格奏报了复查李有恒出兵东乡的情况。

文格重复了袁廷蛟勾结外匪、抢掠村镇，导致地方官员请兵援剿的事件起因，并指出“调派兵勇，系前督臣吴棠任内之事”。意思是说，决策派兵围剿的是原四川总督吴棠。这一个小内容的增加，凸显文格的心机。吴棠是举人出身的四川总督，而且是在 48 岁之后突然得到擢升，之后坐火箭一般历任布政使、巡抚、总督，历任两广总督、闽浙总督，同治六年调任四川总督后在任近 10 年。清朝后期，进士出身尚且仕途艰难，吴棠一介举人，反而平步青云，而且是在年近半百之际得到重用的，这其中会有什么样的隐情呢？清末官员恽毓鼎在《崇陵传信录》中记载，吴棠的发迹依仗于他是慈禧太后的恩人！

话说当年，时任江苏省清河知县的吴棠听说友人丧船途经清河，让仆人送去赙仪白银300两。仆人阴差阳错把银子送给了安徽宁池太广道惠征的丧船上，让扶柩回乡的惠征家人喜出望外。清代俗语有言：“死知府不如一只活老鼠。”如今，当地官员竟然主动赠赙仪，怎不令人感佩在心？事后，吴棠也将错就错，好人做到底，又专程到船上吊唁惠征。这更加让惠征家人感动落泪，简直视吴棠为天下第一好人了。当年趴在惠征棺柩上哭哭啼啼的女儿，就是如今端坐紫禁城、大权在握的慈禧太后。慈禧发迹后对吴棠不吝嘉奖提拔。一场阴差阳错，换来了吴棠的十年封疆，一世荣华。

这个传说的准确性，已经遭严肃研究否决。主要依据是：惠征去世，与吴棠在清河做官时间不对。但是，慈禧太后对吴棠的赏识和超拔，是真实存在的。吴棠已于光绪二年闰五月病逝于安徽。文格将发兵的责任推给了吴棠，大有拿太后红人当挡箭牌之意。他还强调自己护理督篆之后，考虑“各营统带素未深悉其人，恐于用剿用抚之际未能动合机宜，复委候补知府王元晋、知县周瀚驰赴东乡，会同各营先散胁从，严拿首恶，妥为筹办”，营造了安民抚恤、妥善务实的个人形象。

针对吴镇、袁廷蛟描述的版本，文格一一做了回应。关于“李有恒纵勇奸淫，并掳掠妇女”一事，文格承认在成都已有传闻。早已命令新任绥定知府王元晋密查。王元晋回复说，东乡并无此类传闻，只是三月初破寨后，李有恒所部有散兵游勇抢夺百姓耕牛数十头。李有恒已经将耕牛还给失主，且将抢牛兵丁就地正法。至于妇女被奸被掳之事，李有恒一路回省，府县官员都在河边相送，且百姓观者如云，都没看到有妇女随行。此外，文格认为，如果部队有不法行为，都已经过去两三个月了，也没有见百姓前来揭发控告。况且，李有恒回防后，士绅官民鸣放爆竹欢迎。可见，这是袁廷蛟其党“散布谣言”。

关于军官谢某判断东乡没有民变一事，文格指出谢某就是统率裕字营的游击谢思友。官军初到东乡时，犍为县有土匪聚众滋事，文格调省城官兵前去剿灭，造成省城一带兵力空虚，所以将谢思友一营调回成都，并非谢思友主动撤军。文格当时询问东乡情形，谢称百姓基本解散了，谁知他拔营第三日便发生了乱军扑营事件，可见“谢思友之所见所闻，毫无足据”。

关于破寨后滥杀无辜一事。首先，官军缴获军火器械众多，怎么能说乱民是无辜的？其次，渊篼、红岩、新寨三寨，百姓一开始抗拒，后来投降，不存在滥杀。尖峰寨地势最险，平时没有居民，扑营的暴民被官军击溃后，全股奔入。官军攻入寨门时，守门悍贼率队冲出，将虎威营百长、尽先参将胡享清砍伤。官兵因此愤起，短兵相接，杀伤暴民较多。至于将四寨搜杀无遗，将妇女先辱后杀，以及战后劫掠之说，查属子虚乌有。询问其他前往绥定的官员，也没有听闻。

文格还拿出了“特殊情况特殊对待”的法宝，指出李有恒久历戎行，转战多省，同治三年经前四川总督骆秉章奏留在川有十多年了。如果他平日为人残暴，纵兵肆恶，作为“中兴名臣”的骆秉章驭将严格，岂能留他？想必，吴棠也不会姑息纵容他？在这里，文格多拉了一位朝野公认的能臣干吏给自己做“背书”，接着特意指出如果因为临时剿贼而对李有恒加以“妄杀”之名，恐怕以后各军遇到类似作战，都会担心事后议论、心怀疑惧，只肯观望不肯卖力战斗了！他的潜台词是，如今正是地方不稳戡乱频繁时节，如果处罚了李有恒就可能懈弛了军心。

文格也认为东乡事件演变为流血冲突，终归有人做错了事。原绥定知府易荫芝一味敷衍了事，办事颟顸，不能胜任知府工作，请旨将易荫芝降为通判；原署理东乡知县孙定扬为慎重起见请求地方发兵，并无不妥。只是他和本任东乡知县长廉是否有听任局绅把持税收、盘剥百姓的行为，应将局绅等提省审讯。孙定扬、长廉解职，接受调查。

文格认为浮收捐税的确是四川省一大顽疾。“奴才前在藩司任内，曾经通饬各属不准巧立名目，设局滥派粮捐”，原则上除津贴捐输外其他苛捐杂税一概裁撤。即便是应该保留的项目，也只准减少不准增加。“如有阳奉阴违者，一经查出，官则撤任严参，绅则提省重办。”

统观文格奏折，内容务实，没有回避问题，在坚持先前说法基础上强化了细节。只是，他摇吴棠、骆秉章的大旗，给自己呐喊的行为，多少让后人有点不舒服。而在当年，文格这第二道奏折一经公布，就掀起了言官们的攻击弹劾！

九月初四，掌陕西道监察御史李廷萧上奏，直指文格奏折疑点重重，就差说文格胡说八道了。清朝刚直款的御史几乎都是“杠精”，打嘴仗一流。而诸多真相，往往能在嘴仗中披露出来。李廷萧一共指出文格说法的八大疑点。我们一起来看看杠精御史的风采：

一、文格说东乡县民风刁悍，近年屡次聚众围城。李廷萧就说，教化百姓是地方官职责，你这是说地方官没有尽职尽责吗？东乡屡次发生围城之变，事关重大，为什么之前隐匿不奏？你是在揭发骆秉章、吴棠两位前任失职吗？

二、袁廷蛟围城在上年五月，据寨在本年二月。围城时，派了一个知府弹压了事；到据寨时，却要大兵围剿。按说围城比据寨严重，为何缓急失宜、标准不一呢？太平天国和捻军起义后，民间据寨者甚多，如果将据寨都指为聚众抗拒，天下还有良民吗？

三、袁廷蛟如果真聚众数千，凶悍已极，绝不能让他脱逃漏网，为什么李有恒激战数日，先后攻破十余寨，杀毙匪党数百人，每次单单就漏了袁廷蛟？况且首恶在逃，李有恒就调兵回省，算不算擅离防所呢？愚民无知，不幸丧命兵甲，足以可怜。李有恒回省，为什么府县相送、爆竹相迎，四川官员的爱民之心都哪去了？

四、文格说李有恒从无纵勇滋扰之事，多年来军纪严明，为什么忽然有抢牛数十只之事？如果是散兵游勇所为，那么李有恒是怎么治军的？都让游勇随营生事了还算军纪严明吗？牛都抢了，就没有抢劫其他财物吗？

五、文格说主动撤军的谢思友见闻毫无足据，他就怎么得出与事实完全不符的印象呢？在东乡的官军，除虎威宝三营外，还有律武二营、裕字一营、川北镇兵。为什么匪徒只和虎威宝营激战，律武等营都在袖手旁观吗？况且“用兵莫难于仰攻城寨”，将士必多损伤，为什么受伤者只有一个胡享清？这个伤亡率也太低了吧。

六、文格委派原参与东乡戡乱的知府王元晋复核。王元晋和李有恒共同用兵，岂肯自曝其短？他说李有恒没有搜杀劫掠，就可信吗？

七、袁廷蛟要求清账。知府易荫芝开始也答应着急算账。孙定扬到任后说本年钱粮已完，次年新赋未征，既无粮之可征，何以有清账之事？易荫芝开始答应的，又是算什么账呢？文格第一次说匪徒以减粮为名生事，第二次又说并非因粮激变，自相矛盾，前后不符。

八、对于文格拉吴棠当垫背，李廷萧毫不客气地指出调派兵勇虽然发生在吴棠任内，但是在吴棠卸任以后、李瀚章到任以前，如果有约束不严、查办不实，是谁的责任呢？文格说袁廷蛟等人视围城为常事，是回护孙定扬；又说袁廷蛟勾结土匪，进犯官军，不管真相如何，是他袒护李有恒也；说李有恒是骆秉章任用之人，是借前督为护符，指他人以谢过。

李廷萧总结道：文格复奏各节，欺饰良多。文格本就是原审之人，难免不掩饰遮盖。他建议朝廷专饬新任总督秉公严讯，或另简大员前往查办，务求将东乡事件查个水落石出，做成铁案。

四、丁宝桢出马

光绪二年九月初四，都察院接到了一份联名诉状，给“滥杀无辜”一说提供了重磅筹码。

当时在京的四川籍京官由内阁中书萧宗瑀领头，包括内阁、中书科、翰林院、户部、兵部、刑部、工部等诸多衙门的同乡官员，以及在京的四川籍候选知县、贡士、举人等共计 47 人，联名向都察院呈控李有恒率部洗劫乡土、滥杀无辜。诉状说：

本年春天，东乡县百姓袁廷蛟滋事，四川官府派兵弹压。我们在京接到家乡亲友的信函，以及从四川来京参加科举的同乡所见所闻，都说是李有恒诬杀良民、掳掠妇女。袁廷蛟是因为本县浮派勒收而闹事，知县孙定扬则以勾结土匪为名请兵剿灭。提督李有恒抵达后，百姓还到营呈诉。李有恒意在冒功，竟将呈诉的多名百姓一律捆斩，兵勇又大肆淫掠。百姓在惊恐之下，仓皇躲上山寨。李有恒以搜捕袁廷蛟为名，大肆杀戮。官军所杀所掳之人，确系良民，并无匪徒。官军到官渡场之时，恰好是当地赶集日期。官军竟然将商贾货财一并杀掠，附近庐舍全部焚劫殆尽，掳走妇女，装载多船，由绥定府达县、渠县顺流而去，众目共睹。李有恒的部队沿途张贴印示，谎称与叛军接仗，有阵斩杀毙匪徒无数等语，都是乡亲们耳闻目睹的。

联名诉状是来自官僚集团内部的打抱不平和愤怒指控。诉状粘揭了李有恒沿途散发的告示，其中写有"尖峰各寨搜杀无数"等话，明显与文格宣称的"并无搜杀寨民"矛盾。诉状有理有据，可信度很高；且呈控者身份特殊、人数众多，朝廷不得不重视，要求文格重审东乡事件，全面会集袁廷蛟等相关人员、调集全部卷宗仔细核查，不得再有疏漏。

早在得知京城御史弹劾东乡事件后，文格就清楚此事一时半会儿消停不了。很快刑部又押解袁廷蛟返川，文格更加确定自己即将迎来一场旷日持久的拉锯战。后人已经无法确切知道文格在此事中的真实角色：他到底是一个疏于管理、失察下属为非作歹的昏官，还是一个忠于事实、确信官军没有胡作非为的好领导，抑或随时准备从"护理"四川总督的位置上离开的过客……如今，护理期间爆发的事件发酵得朝野皆知，成了爆炸性新闻，而正式的总督大人又迟迟没有上任，文格只好硬着头皮独自善后。

未雨绸缪，几乎在萧宗瑀等人呈递诉状的同时，文格秘密委派候补知府庆善前往东乡一带查访。庆善改装易服，在东乡及沿途四处密查，不知是个人能力原因还是其他条件限制，得到的有价值的信息不多。在东乡，庆善查出虎威前营有官兵将一户庞姓人家的未满周岁男孩抱走；在曾经激战的尖峰寨，庆善查出有好几位姓赵的百姓被官兵砍伤，但都没有身亡。尖峰寨附近一带，赵、王等姓的多间房屋遭人焚毁。庆善询问原因，有人说是土匪所为，有人说是官兵所为，说法不一。最有价值的信息发生在九月十一日，微服私访的庆善在潼川府城遭遇了李有恒率领部分军队回撤。李有恒住进了福升客栈，庆善发现竟然有女轿同入客栈，偷偷询问店小二，得知是李有恒的 1 个小妾、1 名仆妇和两名使女。十二日，庆善又在太和镇遭遇了同样率领部队回撤的刘道宗。刘道宗住店，不仅携带了 2 名女眷，还有 4 名男女儿童、1 名仆妇和 1 名使女。庆山询问店小二，得知也是刘道宗的家眷。

文格得到庆善的报告，于十月二十一日向朝廷奏报。他认为根据密查的结果，不能判定李有恒等人滥杀无辜，但是朝廷军纪严明，李有恒所部官兵涉嫌抢夺儿童、打伤百姓、烧毁民房，如果查明属实，国法难容。李有恒、刘道宗涉嫌携带女眷随营，实属公然违背军纪，只有将相关将领一同归案审讯，才能查得确情。因此，文格请旨将统带虎威宝营记名提督李有恒、分带虎威前营记名提督刘道宗分别革职，一并交给派查此案的督臣审讯。文格因为之前没有查明这些违法违纪行为，自请处分。

在这里，文格请求将李有恒、刘道宗交给“派查此案的督臣”审讯，是因为朝廷已经任命了正式的四川总督！他就是以勇于任事、刚正担当著称的现任山东巡抚丁宝桢。而文格也升任山东巡抚，被朝廷了调离四川。有人猜测，文格终于离开了四川这个是非之地，又接替了丁宝桢的遗缺，可以和丁宝桢相互遮盖原辖区的问题、狼狈为奸。这是他花银子走了宫廷后门才得的好结果。没有任何证据可以支撑这样的猜测。更大的可能是，文格身处争议的漩涡，迟迟不能得出令人信服的调查结论，朝廷便将其调离事发地，改派更信得过也更有能力的大臣来办案。

丁宝桢是贵州平远（今贵州省织金县）人，是真刀实枪干出来的晚清名臣。他考中进士之时，正值内忧不断、烽烟四起的动荡岁月。丁宝桢捐家产募兵，奋勇与起义军作战，因功快速升迁。有两件事情可以充分表现丁宝桢“勇于任事”的特性。第一件事，同治七年，捻军北上冀中，兵锋直指北京。京畿震动。时任山东巡抚的丁宝桢，率领数千精兵，日夜兼程勤王，迅速出现在北京南边狙击捻军，英勇奋战。此役，统兵将领事后都受到皇帝训斥，只有丁宝桢获得嘉奖，加太子少保衔。第二件事，同治八年，慈禧宠信的太监安德海借采办物资为名出宫，沿大运河南下，一路骚扰地方。沿途官员敢怒不敢言。等安德海进入山东境内，丁宝桢死磕安德海没有正式圣旨，一口咬定他是“私自出宫”，将安德海先斩后奏。慈禧事后抓不住丁宝桢的毛病，相反还要夸奖他维护祖宗成法。此举赢得了群臣一片叫好。如今，敢干事能干事的丁宝桢出任四川总督，能将东乡事件查个水落石出吗？

客观而言，丁宝桢的查办效率并不高。一直拖到大半年后的光绪三年五月底，丁宝桢才简单汇报了一下查案的进度。他说自己会同四川布政使程豫、按察使方濬颐，并调集候补知府彭名湜、易履泰，共同悉心彻查。记名提督李有恒、刘道宗两人归案受审，并函调游击谢思友、总兵雷玉春及现任通判的原绥定知府易荫芝、前任署理绥定知府王元晋、前任署理东乡知县周瀚来成都接受询问。丁宝桢初步的审讯思路是：袁廷蛟借粮滋事是东乡事件的根源，但如今案情重点已经转移为李有恒是否纵兵滥杀无辜。而有没有纵兵滥杀无辜。又必须以袁廷蛟当日有没有武装聚众、有没有主动进攻官军营垒最为关键。为此，丁宝桢委派候补知府熊绍璜、候补知州李传骏前往东乡再次实地调查。同时新授绥定知府志润、署理东乡知县梁融，都是事后到任的官员，丁宝桢认为他们没必要回护之前的好几任，参与调查会相对客观。丁宝桢的全面部署展开后，调查有条不紊地展开：

丁宝桢等人先提讯了东乡的局绅和团首王宗恩、向若璠、吴芳礼、李开邦，以及原先支持袁廷蛟告状的李金良、李金都等人。这些人众口一词，指控袁廷蛟借口减粮聚众闹事，勾结土匪吴奉山等人，烧毁房屋、抢劫资财。

他们都是受害者，财产受到严重损失。在公堂上，李开邦呈上袁廷蛟党羽名册1本，吴芳礼呈上袁廷蛟的一封书信。此外，东乡的秀才何景福、龚少鹤、李春芳等人指控袁廷蛟砸毁并抢劫了监生王成全家；程文纯、赵登科等人指控袁廷蛟一伙围困杨开泰率领的绥定营官兵，抢去军火；陈宪高、艾玉兰等人指控袁廷蛟强迫他们带上七八百人，手执器械，到县城外隔河驻扎，还放枪放炮助威。绥定府传他们到知府衙门算账，袁廷蛟不到；廖吉万、冉时帆等人供称他们之前在捐输局经手银两，都缴官申解，并没有浮收舞弊，相反他们指控袁廷蛟因为京控未遂，聚众抢劫了冉正江的盐店。

东乡县证人的供词，对袁廷蛟非常不利。丁宝桢等人随即审讯了袁廷蛟。袁廷蛟坚持自己是邀约乡亲到县城算粮，知县不肯开城，只好在城外驻扎。光绪元年十二月底，李开邦叫人来请袁廷蛟到官渡场算账，袁廷蛟带30余人就去了，夜宿文昌宫。当夜李开邦放火，反诬袁廷蛟纵火抢劫，带人来捉，杀伤了宋青山等九人。正月初，宋青山查出当夜是太林孝花行出钱雇人抓人，就带领100余人到官渡寻李开邦复仇，找不到李开邦，就砸毁了太林孝花行、冉正江盐店，但没有抢劫财物。袁廷蛟则带人到丰城场找王宗恩算账，也找不到王宗恩，结果族邻把王宗恩的房屋砸毁了。

袁廷蛟对于官军进驻后的情况，是这么描述的：雷玉春入驻虾耙口后，先杀了袁廷蛟的侄女。光绪二年二月二十九日，刘道宗所部进驻官渡场。有百姓来找袁廷蛟，说官兵下乡强抢柴草、奸淫妇女。袁廷蛟就说，要把这些官兵捉拿捆送官府。三月初三，数百名乡亲各拿器械，在官渡的后山梁上点名。团首李开邦就向虎威营诬告说袁廷蛟要带人扑营，刘道宗就派兵主动出击，把王盛祥等人捉去，乘势烧毁房屋上百间。三月初五，官军进一步攻破尖峰寨，杀烧千余户百姓。袁廷蛟还听说李有恒部队的官兵掳去妇女200余名，用船载走，但他没有亲眼目睹。

接着，丁宝桢提审了相关将领。刘道宗说，袁廷蛟三月初三勾结马洪仑等匪徒，共约千余人竖立大旗、鸣炮吹筒，要进攻军营，自己发兵是为了自卫。至于所部抢夺百姓男孩的事，是百长贺元林的胞兄贺喜林住在附近的渠县，来东乡军营看望弟弟。当地一名妇女，贫困无依，情愿出卖儿子。贺喜林就以钱 2000、布 1 匹的价格，买来作为子嗣，带回了渠县。丁宝桢将贺喜林及男孩押来审问，确实是人口买卖，并非抢人。

李有恒坚称自己初到时，以解散百姓为主要策略。聚众的百姓解散了大半，只有袁廷蛟及其死党分踞寨硐，并向官兵扑营。初五，李有恒率军攻尖峰寨，寨中飞石顽抗，官兵多有伤亡，破寨以后难免多有杀戮，但并未屠杀老弱妇孺。坠岩摔死的人倒是有的。之前微服私访的庆善，查出赵姓数人被官兵杀伤，是破寨后双方短兵相接、互有杀伤，并非滥杀无辜。有散兵游勇乘乱抢夺牛马，李有恒已将其就地正法，传令百姓领回牛马。至于庆善在太和镇所遇的女眷，是李有恒的胞弟、候补道李岳恒的家眷。李乐恒从湖南取道川北前往成都，沿途被误认为是李有恒。至于部队沿途散发的印示，其中仅有“攻破尖峰各寨，杀毙无数凶横”的文字，并没有“搜杀”字样。

期间，实地查访的候补知府熊绍璜等人，也报告了调查结果：

袁廷蛟聚众清账，知县长廉闭城不出。知府易荫芝为安民起见，答应减收地丁，统归县官办理，不再设局绅。易荫芝还传各位局绅到知府衙门清算之前的历年账目。老百姓闻讯纷纷散去。但是局绅们赴府报到后，袁廷蛟屡次给限不到，相反还和会匪吴奉山、盐枭马洪仑等人，打砸盐店、花行，抢劫财物。局绅们则在商议第二年捐税时，于 4200 百文兑换 1 两银子的标准之上，加派 500 文。袁廷蛟趁机鼓动百姓，声势大涨。知县孙定扬派军官许安国前往弹压，许安国畏惧百姓人多，中途逃回；知府易荫芝派军官杨开泰前往弹压，杨开泰所部 100 多人遭到上千百姓围困，最后丢弃号衣、旗帜、军械、马匹落荒而逃。孙定扬即以官兵被围下落不明、县城危在旦夕为由请兵援剿。官军抵达东乡后，先出示谕令，只拿首恶。聚众百姓散了大半。

光绪二年二月二十五日，驻扎官渡场的刘道宗派兵抓获匪徒王英祥。袁廷蛟率王姓宗族上百人并邻近百姓数十人于三月初三日携带旗帜器械，在军营后山梁上大声呐喊，要求释放王英祥。刘道宗带兵抄杀上山，袁廷蛟溃败。官兵杀死王姓石匠 1 名，烧毁房屋数 10 间，初十，刘道宗攻寨子梁、乌嘴寨、红岩寨，百姓逃避，只杀赵姓百姓 2 人，烧毁房屋 10 余间。官兵将猪牛大半搜尽。初五尖峰寨一战，百姓遇害或投岩而死约 300 人，一半是老弱妇孺，受伤未死 30 余人，烧毁房屋上百间。初七，雷玉春进攻千家硐，杀伤男女 40 余人，烧毁民房 40 余间，猪羊被抢劫一空。当日，军队将数十名妇女关押在宋姓百姓家中，三天后释放。

刘道宗携带家眷随军，虎威营官兵砍伤赵姓百姓等都均有其事。但装载掳掠的妇女而去，官兵逼奸民妇、滥杀官渡场赶集百姓抢劫货物，及殃及太平县百姓，实无其事。

前期的审讯与查访，至此告一段落。丁宝桢对东乡事件的查问，是事发后最大规模的、最全面的调查。相关人员说法不尽一致，甚至存在截然相反的描述。这到底是因为立场不同导致的不同说法，还是观察视角不同导致的不同结果？

五、李宗羲暗访

但凡勇于任事的人，都是有性格的。圆滑敷衍的人注定不会勇于任事，而敢干事的人注定自信，甚至有些自负；注定坚强，甚至有些偏执。丁宝桢的个性便如此。他从贵州崛起，一靠勇敢镇压地方叛乱，所以对地方骚乱带有天然的反感；二靠大刀阔斧地干事，一旦做出判断后坚决执行。多年的地方工作经历，也让丁宝桢对行政实践有自己的固定观念。这一切，都影响了对东乡事件的判断。

丁宝桢查阅了整整七十卷档案文书，首先看到的便是吴棠当年下令“剿匪”的公文，认为官军是抱着剿匪的初衷前往的东乡。结合绝大多数证人都指认袁廷蛟聚众抢劫，他认定后者纠众、勾匪、围城属实，只是烧抢村镇、抗拒官军的细节存在出入，于是提审袁廷蛟。丁宝桢声色俱厉地质问他：“当日绥定知府已经答应清算捐税，召集大家到衙门算账，你为什么屡次拒不到场？你带人生事，打毁店铺、焚烧房屋，大家众口一词，你有什么话说？你说在官渡场没有向官军扑营，那么刘道宗派兵迎战，到底迎的是谁的仗？至于绥定官兵被围，夺去军械马匹，阖府官兵百姓人所共见，你又有何话说？”丁宝桢严厉讯问之下，袁廷蛟“俯首无词，自甘治罪”。

袁廷蛟罪行清晰后，更大的问题是官军到底有没有滥杀无辜？卷宗中有李有恒到东乡后的安民告示，丁宝桢据此认为李有恒确实是“先礼后兵”，但是迟迟查不出袁廷蛟的踪迹，实属玩忽职守。至于百姓伤亡最多的尖峰寨攻守战，丁宝桢认为官军杀死百姓二百数十人，另有百姓坠崖摔死。原因在于李有恒追击匪徒太急，无知寨民抗拒太强，双方相互仇杀，导致杀伤众多。这不能算是滥杀无辜。至于破寨之后，散兵游勇抢夺牲口；刘道宗携带女眷随营，都暴露出李有恒治军不严，办事草率。李有恒也“无辞置辩”。同时，丁宝桢也审问了雷玉春、刘道宗，他二人也对部队军纪不严，无可置辩。

光绪三年九月初六（事发后一年半），丁宝桢上奏了各方等待多日的调查结果：

东乡事件爆发的根源是东乡县浮收钱粮，而袁廷蛟“身为革役，人素狡猾”，以减粮为借口图谋私利。动乱萌芽之时，知府易荫芝如果能将浮收的地方官撤参，一面认真解散乡民一面捉拿袁廷蛟严惩，本可以平息事态。可惜易荫芝既不认真查明百姓是否已经解散，又不捉拿袁廷蛟惩治，听任他带领百姓沿乡滋扰。知县孙定扬到任后，竟然以匪徒滋事、县城危急等夸大之辞请兵援剿。

前任四川总督吴棠担心匪乱蔓延，派拨官军至4000余人之多，又意图速剿，严檄各营“迅图扫荡”。李有恒等人到东乡后，先以安抚为主，声明只拿首恶，按兵不动。各乡百姓尚无十分惊疑。此时，孙定扬与局绅议派次年捐输，置历史问题于不顾，还要提高银钱兑换比例，加重百姓负担，人心严重不安。孙定扬又进一步在官渡场设捐输局、招募兵勇，要抽场内百姓的商品税充作兵费。愤怒的百姓砸毁团局，局势严重恶化。

等到袁廷蛟官渡扑营事件发生，官兵反击，大败暴民。老百姓都怀疑官兵要“痛剿”，纷纷退避山寨。而大巴山南麓和川东一带山区，自古就有结寨自保的传统，“依山为寨，因岩为硐”，以各寨硐为据点，预先囤积刀枪器械。百姓一感觉危险，就躲入山寨。咸丰年间社会动荡，东乡各地纷纷兴办团练。团练与原有的结寨自保传统结合起来，老百姓就拥有了相当强大的组织、武装能力。事发前的光绪元年四月，恰好有巴县土匪窜扰东乡县，各场寨纷纷动员起来自卫，将土匪打散，之后刀枪旗帜尚存。外来的官军见山寨人声鼎沸、旗甲鲜明，自然怀疑百姓武装顽抗，就用力进攻。“攻者愈急，守者愈固”，典型的“安全困境”场景就爆发于此。官军疑极生忿，杀戮遂至数百人之多。

在丁宝桢看来，东乡事件是一起因为赋税沉重引起的、被狡猾的袁廷蛟所利用的、因为府县官员处理不当而恶化的、官军与百姓相互猜疑而爆发厮杀，最后恶化为数百人死亡的流血事件。丁宝桢关注的要点，不是赋税、不是腐败，而是东乡特殊的社会组织，即农民的高度组织化与军事化。一盘散沙的农民一旦组织化、军事化，再因为资源或权力的分配不公上升为反抗，就可能导致社会秩序的崩溃。历朝历代都防范农民形成固定、半固定的组织（比如帮会、山寨、地下宗教等），更严禁农民组织的军事化。可是当社会动荡之时，朝廷又不得不借助地方力量，允许百姓抱团自卫。清朝后期的地方团练、民团等形式就是例证。其中的度如何把握，就考验地方官府的施政智慧与控制能力了。东乡悲剧的要点，在丁宝桢看来就在于当地农民力量的失控。

依据以上事实，丁宝桢对相关人等的处理意见如下：

袁廷蛟纠众围城、勾匪烧抢、围困官兵抢夺军装马匹、率众扑营，按“谋反”罪斩立决。

东乡知县长廉，不能革除弊政，又在袁廷蛟起事之初不能立刻查办，工作疲软，革职；署理东乡知县孙定扬处置严重失当、刺激百姓，又张皇请剿，致使事件升级为军务，酿成大案。孙定扬革职，从重发往军台效力赎罪。孙定扬声明老母现年八十三岁，自己是独生子，符合“亲老丁单”的免罚条件，申请免于发配；绥定知府易荫芝，做事糊涂、作风不实，因已经降为通判，免于处罚；继任知府王元晋、继任知县周瀚未能禀报袁廷蛟闹粮、带兵将领纵容掳掠等实际情况，工作疏忽，请求交部议处。

记名提督刘道宗、记名总兵雷玉春率部杀伤百姓，属于正常战斗伤亡，但治军不严，且刘道宗携眷随营。刘道宗革职，杖一百，流三千里，从重发往新疆效力赎罪。雷玉春革职，杖八十，发往军台效力赎罪；记名提督李有恒并无滥杀无辜、携眷随营等事，但身为总指挥，不能整饬军务，对部将携眷随营、兵勇军纪涣散情况毫无觉察，属于溺职，革职处分；地方军官许安国、杨开泰、蔡启祥等原本可以将动乱扼杀在萌芽状态，却在带兵查办时，畏众潜逃，并丢弃军火、器械、马匹，懦弱无能到极点，一并革职。

局绅王宗恩、团首吴芳体等人经收的税粮都缴官呈解，并无勒派浮收，且都受袁廷蛟的严重伤害，不另行处罚，无罪释放。

前任四川总督吴棠骤然调动大军，办理并非恰当，交部议处；护理四川总督文格失察部队军纪，交部议处。

丁宝桢基本维持了文格的观点，同时增加了众多细节和判断。奏折递上去后，慈禧太后以“此案重大，人命攸关”为由，交给六部九卿会同审理。东乡事件已经成为了朝野关注焦点，且涉及数以百计的人命，慈禧要求务必公正清楚，做成铁案。丁宝桢的结论下发朝廷各大臣、各衙门后，议论纷纷。赞同者有之，但更多的人提出诸多疑问。尤其是四川籍官员，义愤填膺，斥责丁宝桢陈述并非事实。最终，大多数公卿大臣不予在文书上签字。

只要有人不签字，会审就通过不了。事情又拖了下来。这一拖就拖过了年。光绪四年正月，著名的清流党人、翰林院侍讲张佩纶上奏弹劾丁宝桢轻纵李有恒。张佩纶指出，传闻李有恒事先买通劣绅为自己鸣冤，丁宝桢被蒙在鼓里；也有传闻，丁宝桢派人实地调查，得出的并非实际情况，而是事后粉饰过的。京城里还有人说丁宝桢一开始就对地方骚乱抱有成见；甚至有人说丁宝桢回护文格，是因为他在山东就不干净，需要文格同样替他回护。总之，丁宝桢不具备审明案件的客观性、公正性，张佩纶奏请直接派员专察此案。

二月初一，上谕推翻丁宝桢的结论，启动重审，委派前任两江总督李宗羲查明案情。李宗羲是何许人也？李宗羲是四川开县人，道光二十七年进士，在地方任职期间遭遇太平天国起义，遂积极镇压太平军，敢闯敢干又能干成事，积功升迁至封疆大吏，历任多地巡抚、总督，经验丰富且有清正廉洁的官声。光绪元年，李宗羲因病卸任，在开县老家休养。开县与东乡县相邻。从多方面来衡量，李宗羲都是合适的查案人选。于是，李宗羲继文格、丁宝桢之后，成为第三任查案的朝廷大员。那么，他能挖掘出真相吗？

光绪四年四月初四午后，东乡南关外胡金华的客栈里，来了两个穿着布衣长衫的年轻人，一个约三十岁上下，另一个二十三四岁的模样，前来投宿。一名挑夫挑着行李紧随其后。胡金华殷勤接待，两人自我介绍说是万县人。胡掌柜又询问姓名，一个自称王松圃，一个自称王仲辅，此行是前往东乡县黄金口省墓。当日夜晚，两位年轻人在楼上饮酒，招呼胡金华同饮。三人天南海北地闲聊，很快谈到了两年前袁廷蛟围城一事。二人问胡金华有无看到乱军、有无刀矛器具。胡掌柜略微迟疑，随即将知情之处一一告知。第二天早起，年幼的王仲辅感染风寒，在客栈养病两日。初六日，两个年轻人告别胡金华，朝县城北门走去，说要雇船下河前往黄金口。四天以后，也就是四月初十的下午，两人返回客栈宿夜，向胡金华诉苦说银两用尽，缺少盘缠回家，提出将行李抵押给胡金华借贷几两银子。胡金华看二人相貌端正、衣冠整齐，一口应承了下来，当场借出5000文铜钱，并不要两人的行李。王姓二人答应回家后差人来还，并于第二天雇了两乘轿子，动身返乡去了。

四月二十二日，一个爆炸性消息在东乡县城疯传开来：两江总督李大人驾临！当日晌午，李宗羲一行十数人入住了东乡城内后街的同升客栈。胡金华好生眼红同升客栈，在心里好一阵羡慕嫉妒恨。谁知第二天晚上，有人打着硕大的两江总督部堂灯笼，登门小店拜访，说是总督大人的二少爷、侄少爷来还借款本金 5000 文、外加利钱 200 文。胡金华这才知道十多日前住店的两个年轻人，年轻的是李宗羲的次子、年长的是其侄子。胡金华只收下 5000 文，谢绝了利息。第三日晚上，硕大的灯笼又照耀了胡金华的小店，李家坚持要送利息，胡金华继续谢绝。如此高调的你来我往，顿时宣扬了胡金华的诚信品德。大家皆大欢喜。

同升客栈的掌柜廖化龙细心接待李宗羲一行 11 人。领头花甲之年的老人，高额长眉、气宇轩昂、不怒自威；身后有一二十几岁的年轻人，主动料理一切，他向廖化龙自称是袁宾瑜，是李大人的门生兼亲戚。两人带有挑夫 2 名、轿夫 5 名、跟班 2 名。东乡知县梁融闻讯，迅速赶到，手持名帖恭恭敬敬求见。袁宾瑜领着梁知县到李宗羲客房谈话。此时，袁廷蛟的母亲也闻讯跑来同升客栈，大喊冤枉，要投递呈词。袁宾瑜命跟班拦住不接。袁母悻悻而去。

第二天（四月二十三日），梁知县差人将东乡案件相关卷宗文书，一并送到客栈。李宗羲赴知县衙门礼节性回拜。途中，袁廷蛟母亲拦轿喊冤，呈上状词。李宗羲接收了下来。朝廷大员入驻东乡，县城内外议论沸腾，都认为是彻查袁廷蛟事件而来，向廖化龙打探消息者不在少数。可惜，李宗羲一行保密工作极好，廖化龙并不知晓什么内幕情况。他只是注意到二十三日早饭后袁宾瑜就出城去了，李宗羲则逗留至二十五日早上返回开县。几天后，廖化龙听说袁宾瑜返回过县城，但没见着。不过，总督大人大驾光临，足以让廖掌柜炫耀多时了。

光绪四年六月初六，李宗羲上奏了查访结果。对于事件的前半段，李宗羲与丁宝桢的结论大致相同，认为是官绅通同浮收、袁廷蛟聚众算粮、知县孙定扬冒昧请兵。李宗羲在丁宝桢的调查之上增加了细节，理清了几个重要问题：

第一，东乡税银向来以钱完纳，地丁、津贴、捐输、茶税四项合计，十倍于正税。这还不包括本地特有的斗厘、猪厘等奇葩捐税。地方局绅提前垫银交官，然后加上利息，而且是利滚利地向百姓征收。乡民不堪命，怨声沸腾。

第二，袁廷蛟响应知府易荫芝调解，要去府里算账。局绅们骗他回县里，说先和四乡局绅清算再去府里，导致袁廷蛟违限不到，算粮之举不了了之。袁廷蛟得知后，与局绅矛盾激化。此时，团首李开邦、吴芳体邀请袁廷蛟到官渡场，与局绅梁天贵算账。当夜住在文昌宫。李开邦、吴芳体指使放火，诬告袁廷蛟抢场，并杀伤九人。会匪吴奉山带着数十人闻风而至，扬言替袁廷蛟报仇，其实是乘机抢劫。花行、盐店就是在此时遭到打砸抢。

第三，知县孙定扬听说官渡场滋事，最先是派局绅张裕康带数百名兵勇前去探听情况。老百姓最恨张裕康这样欺压乡亲的劣绅，男女齐占高山同声谩骂。张裕康吓得跑回县城，谎称袁廷蛟叛乱，怂恿孙定扬请兵剿灭。在请兵一事上，局绅们不顾是非、态度积极、怂恿官府，难辞其咎。

大军进驻之后，李宗羲调查认为：李有恒等人借口搜查袁廷蛟，攻破寨硐，滥杀无辜。这个结论与丁宝桢截然相反：

官渡扑营一事，起因是官兵漫无纪律，在乡村抢夺食物，且强奸了赵尚达的儿媳妇。百姓愤而聚团，要讨个说法。恰好此时团首李开邦、吴芳体对入场交易的粮食每斗抽一升捐税，遭到百姓王英祥的反对。李、吴便诬告王英祥为袁廷蛟党羽，官兵将他拘拿营中。王英祥的哥哥王盛祥，带上团练百余人，在官渡场后山梁吹筒喧嚷，要求官兵放人。刘道宗以为百姓要扑营，派兵出战。战火就此点燃！此战中，王盛祥、王英祥兄弟及无辜百姓一人先后被杀，百姓更加恐惧，纷纷躲进山寨，误会进一步加深。

关于尖峰寨战斗，李宗羲访查结果是战场被杀及坠崖而死的一半是老弱妇孺，其中有七十多岁的赵尚和、庞张氏等老人，也有年仅三四岁的王长生、赵富元等小孩。官兵还掠去了寨中的年轻妇女，大部分妇女被家里人用钱赎回，只有赵尚友、赵尚功的妻子，至今没有消息。千金硐攻破后，也存在绑架妇女的情况，艾玉娣、程戌娣、艾李氏、程于氏等八人至今没有消息。有艾芝、程文汉呈词为据。

李有恒破寨之后，又轻信李开邦、吴芳体的指使，继续进攻千金硐。百姓闭硐固守，李有恒就令宋家坪素有善人之名的罗心仁到硐前劝说，承诺只搜袁廷蛟并不滋扰百姓。结果，赚开硐门后，不分老幼，官兵屠杀了四五十人。“先骗开大门，再滥杀无辜”的情况同样发生在小尖峰寨、斑鸡硐、灰包硐、巴壁硐等。此外，官兵借搜索为名，将粮食、衣物、牲畜劫掠一空，烧毁瓦屋数以百计、茅草屋不计其数。

李宗羲还调查出诸多案中案：袁廷蛟算粮之初，盐枭马洪仑率领上百盐贩，浑水摸鱼，将与盐商冉正儒纠纷时遭官府监禁的杜姓盐贩抢走。李有恒大兵驾到后，局绅向若璠、冉正江挟仇，诬告马洪仑是袁廷蛟同党，把袁廷蛟藏匿在寨中，请兵剿办。李有恒发兵攻破雷公、凤头二寨，杀死上百人。马洪仑夫妇服毒自杀，李有恒破寨后，斩马洪仑首级送东乡示众。平时与向若璠有隙、接纳马洪仑的唐乐籍一家，也遭到官兵洗劫。唐家遇害 13 人，财物掳掠一空，向若璠的团丁还轮奸了唐家女眷唐向氏、唐郭氏、唐王氏。有唐乐籍的孙子唐占元控状为凭。李有恒的滥杀不止于东乡，还分派官兵，以捕拿要犯为名到附近各县作恶。被官兵找上门的人家，轻则倾家荡产，重则毙命。李宗羲查出东乡十五甲的李廷鸾、开县道林寺的僧人普集，都死于官兵的滚杠。李宗羲说：“李有恒奉调回省，人心乃定。”可见李有恒所部在东乡祸害之深。

纵观整个事件，李宗羲认为东乡局绅侵蚀捐税多年，而且每次都联名倡议，如果株连过多，影响地方稳定，建议重点惩治劣绅。团首李开邦、吴芳体与局绅向若璠 3 人，是东乡著名痞棍，无恶不作，撒谎请兵，又公报私仇，民怨最深。尖峰寨、千金硐、凤头寨百姓亲眼看到 3 人在阵前向官兵指手画脚，引导官兵抢掠。李宗羲沿途收到百姓控状 10 余份，大多是控告 3 人。李有恒身为统领，不确切查明袁廷蛟踪迹，却妄攻寨硐，杀死数百余人，且军纪败坏，纵容部下奸淫掳掠。李宗羲认为这 4 个人是东乡血案的罪魁祸首，应该严惩不贷。

六、刑部一锤定音

一案两说，到底孰是孰非？

丁宝桢密切关注李宗羲的查访动态。拿到调查结论后，丁宝桢有针对性展开复查。他委派诚实干练之人改装易服，再次前往东乡查访，同时差传李宗羲提到的原告、被告及证人等到成都受审。这一传讯，反而又生波折。

之前向李宗羲呈控的李春发自称是怀疑妄控，反悔撤诉了；原告宋明芳于去年十一月十六日在家病故，妻子宋胡氏说有人假冒亡夫的名字告状；原告监生邓启才查无此人；原告周华贵等是开县人，均传唤不到。在传到成都的原告中，唐占元告向若璠、赵尚益告李开邦两案，原告都没有证据。丁宝桢再三讯问，唐占元、赵尚益都承认是公报私仇的诬告，请求免于追究；原告邓洪熙则声明自己并未告状，是其他人窃名妄控，再三追问之下矢口不移。李宗羲提供诉状中，唯一能够查实的是李仕映、陈应奎告冉正杉等案。原告指控侵吞的津贴捐输经查是两任知县孙定扬、周瀚筹办城防动用了公款。款项用来修城墙、筑炮台，都是应办的公事，与袁廷蛟之事无关。丁宝桢下令由两任知县分别赔缴。原告被告双方都恳请发回东乡自行算清。奇怪的是，李宗羲报告涉及的被告，总共 18 人，一听说丁宝桢提解，都自行来到省城投案。经查大多是在事件中遭害之家，丁宝桢讯问后认为供状确凿，与自己之前的调查相符。

光绪四年（1878 年）九月初，丁宝桢就李宗羲的调查，上奏为自己辩解。他承认自己入川之前就知道东乡事件，只是鉴于“人言无定”，只有实地讯问东乡百姓才能得到实情。丁宝桢也承认在一年多的审讯中，袁廷蛟供词“狡展”，自己主要是依靠事件前后的案卷文书，以及其他人恶证词，“确核卷据，研讯众供”，最终得出的判断。袁廷蛟也“不能狡辩，俯首认罪”。

李宗羲调查提到的“王廷英”，丁宝桢也承认存在，但定性为“土匪”。土匪王廷英纠众抢毁官渡场，局绅等人赴驻扎该场的刘道宗营中求救。官兵将王廷英拿获。袁廷蛟率众围攻军营逼索王廷英，这才拉开了官民战斗的序幕。袁廷蛟败退尖峰寨中，李有恒亲自带队捉拿。尖峰寨既不献出袁廷蛟，又不准官兵进寨查看，还飞石抵击，打伤官兵多人。官兵各营激愤攻寨，最终杀戮数百人。袁廷蛟恃众扑营、踞寨抗拒，谋反确有其事；而李有恒奉命剿匪，在当时局势下不能不带队进攻，实无重罪可科。

丁宝桢尤其指出：李有恒在四川多年，交游广阔。丁宝桢一开始担心调查官员与李有恒碍于交情而有所舞弊，特意挑选了熊绍璜前往东乡实地调查。熊绍璜的家丁此前曾在灌县一带招摇生事，被当时驻扎灌县的李有恒揭发查办。熊绍璜与李有恒因此结下了梁子。丁宝桢认为熊绍璜会认真调查李有恒的劣迹。熊绍璜调查后，揭发了素无嫌隙的刘道宗携眷随营，对向有积怨的李有恒却证明没有滥杀无辜。同时，现任绥定知府志润、东乡知县梁融的报告，也与熊绍璜相同。丁宝桢最后说，刚听说血案传闻时，也感到出奇得愤怒，“本有重处李有恒之成见，实无轻纵李有恒之成见”，但是仔细研究全部案卷和众人口供，才觉得耳闻不如目睹，真相比成见更重要。

丁宝桢坚持己见。东乡血案的两个说法，一个由现任四川总督力挺，一个由前任两江总督坚持。这在原本就议论纷纭的朝野掷下了新的话题。慈禧自然无法钦定谁是谁非，只好正式派遣礼部尚书恩承、侍郎童华为钦差大臣，前往四川查办。这是继文格、丁宝桢、李宗羲之后，第四批负责东乡事件的主审官。

但凡一个案子，更换多轮主审，旷日持久难以定论，就不是简单的“案情复杂”可以概括的了。真正复杂的不是案情，而是案子背后的人和人情。随着审讯次数越来越多，牵涉其中的官员越来越多，案子也越来越复杂。恩承、童华两人不能跳脱出复杂的人情网络，也不具备洞悉种种表述背后真相的能力。相反，根据事后揭发，恩承、童华两人一进入四川境内，就接受地方官员的迎来送往，并收受礼物。其家人狐假虎威，向地方要礼要物。如此钦差，在半年后的光绪五年春天提供了调查结论。恩承、童华认为李有恒虽然不是故意杀人，但不能确切查出袁廷蛟踪迹，轻率攻破尖峰寨等处，导致数百名百姓伤亡；刘道宗掳掠牲畜、携眷随营；雷玉春纵容部下掳掠牲口；孙定扬加派捐钱，仓促请兵，酿成重案；局绅张裕康、冉正杓等人怂恿官府发兵，又加收捐钱，等等。基本上折中了丁宝桢、李宗羲等人的说法，了无新意，最后模糊建议“按律定拟”，属于典型的和稀泥。

光绪五年四月初三，上谕公布恩承版调查结论后，舆论再次失望。多一个版本，就给血案蒙上了多一层纱布。想来朝廷发布一桩和稀泥的案情，也很无奈，不知道如何是好了。当此拖沓敷衍之时，又是清流党人挺身而出，推动案情最终解决。

这一次，国子监司业张之洞出场了。张之洞是同治二年的探花，于同治十二年出任四川学政，光绪五年奉调回京，在东乡血案发生期间就在四川。他应该是对东乡血案有第一手的观察。据说，案发后，张之洞曾到绥定府主持秀才院试。有东乡县的考生不按规定答题，而是在试卷上写了很多东乡血案的文字。张之洞因此对事件有深入的了解。张之洞调回北京后继续留心东乡案的发展。他发现，大家的争论与他的认识有相当的距离。于是，经过短暂犹豫后，书生的正义感推动张之洞接连上书，专论此事。

张之洞曾在光绪继位问题上，旗帜鲜明地赞同慈禧的主张，帮慈禧化解了光绪继位的宗法问题，为慈禧继续垂帘听政制造了舆论。慈禧太后对张之洞颇有好感。而张之洞上书也非常讲艺术，连着上《重案定拟未协折》《陈明重案初起办理各员情形片》和《附陈蜀民困苦情形》三道奏折，步步深入，层层剖析。他先上书说东乡案事关重大，需要慎重处理。已有的调查结论不能服人，建议朝廷重视。在得到慈禧首肯后，张之洞又将矛头对准孙定扬，认为是孙定扬违例苛敛等腐败问题，导致了百姓聚众闹粮，又蓄意诬民为逆请兵进剿，是此案的首恶。恩承等人对孙定扬判罚不当，没有抓住案情的关键。同时起兵之时，文格下令各营“痛加剿洗”，并非专指会匪吴奉山而言，致使李有恒等人以奉札剿杀为借口大开杀戒。不给文格定罪量刑，不足以服李有恒、孙定扬。张之洞建议由刑部直接调查此案。

连续几道奏折触动了慈禧太后。慈禧下定决心要将东乡案彻底了结。朝廷在光绪五年五月二十日发布上谕，准张之洞所奏，命令刑部直接审理东乡案，认真核查所有案卷。同时，已经调任库伦办事大臣的文格开缺来京，接受调查。这一回，慈禧要动真格的了。

期间，李有恒的母亲李易氏京控，为儿子鸣冤，还诬陷李宗羲查办案件时并没有亲自前往，相反李家少爷及其亲戚在东乡招摇撞骗，收受钱物，告状之人大多是冒名顶替。李易氏又状告恩承、童华等承审官员刚愎自用，只搜集对李有恒不利的证词，一心要置自己的儿子于死地。如果放在往常，李易氏这么一闹，不说案情会更加复杂，起码也会拖延审讯的进程。如果处理不当，李宗羲等人还会惹上一身麻烦。如今有了慈禧认真查办的明确意见，李易氏的诬告很快就被查明了。九月底，恩承、童华就上奏说从东乡县传到十八名证人证明李宗羲亲自前往东乡密查，并没有收受贿赂等事。成都将军恒训和四川总督丁宝桢也查明回奏，李宗羲奉命查办案件确系亲往，其子并无受贿、教唆诉讼等事。李易氏诬告的影响迅速消除。

光绪五年六月十日，刑部尚书文煜领衔上奏了案情。几个关键疑问点理清如下：

光绪元年十二月初十日，袁廷蛟派人向官渡场盐店借盐，盐店怕乱民滋事，各出食盐一包。之后，官渡场的人商议捉拿袁廷蛟，吴芳体、李开邦二人就设计，冒用该处监生梁天贵的名帖约袁廷蛟到官渡算账。梁天贵其实不在官渡。袁廷蛟带人到官渡场的当晚，有人夜寒烤火，不慎烧毁猪圈一间。李开邦就扬言袁廷蛟放火，导致了流血冲突，彻底关死了百姓与局绅调停缓和的大门。事后，知县孙定扬派吴芳体、李开邦担任官渡场团首，两人就对来场卖米的百姓每斗抽米一升，称为“团费”，结果在赶集之日导致乡民王英祥带头抗抽，鸣锣聚集数十人将团局旗械拿去。接着又发生了光绪二年正月初三，袁廷蛟带领数百人到官渡场复仇事件，场面一度恶化为打砸抢。

凡此种种，知县孙定扬都只得到了局绅方面的汇报，本人并未亲临现场查问。官渡场事件闹大后，孙定扬派许安国前往弹压，很快又听说许安国遭到围困，又轻率请绥定府派来千总杨开泰、世职蔡启祥带兵镇压。事实上，许安国这一批官兵并没有被围，事后安然无恙返回县城。相反，杨开泰率领的绥定府官兵被百姓包围。百姓怀疑他们是局绅私雇的兵勇，且不听解释，勒令他们留下号衣、旗械、马匹。孙定扬一度计划亲自带兵下乡，结果城中局绅告诉他东路一带暴民众多，且乘虚窥伺县城，孙定扬走到一半赶紧缩回县城。因此他有关东乡乱局的禀报，都是从局绅张裕康、冉正杓等人那里得来的，最终得出了“县城危在旦夕”的结论。事实上，经过绥定知府易荫芝、太平知县祝士棻的劝解，东乡局势本有化解的可能，最终却是四川总督吴棠命令李有恒统率大军进剿。孙定扬难辞其咎。

起初，进驻东乡的官兵小偷小抢，与彪悍的乡民发生争斗。在官民关系僵化、矛盾一触即发的背景下，这些行为很快演变为“官兵剿洗十二甲”的谣言。百姓根据以往传统，纷纷上寨躲避。而官渡场团首吴芳体、李开邦因王英祥不服抽米，公报私仇，向刘道宗谎报王英祥是袁廷蛟党羽，导致王英祥拘拿军营。三月初三，王英祥的哥哥王盛祥率领上百人在官渡大梁上吹筒喧嚷，要索回王英祥。刘道宗抄杀上山，开了第一场杀戒。这就是所谓的“扑营与反击”。之后的交战中，官军无不大胜，陆续杀死一些百姓。高潮发生在初五的尖峰寨战斗。李有恒亲自督战，因为山陡路窄、百姓抵抗，官兵进展不大。最后是李开邦、吴芳体等带领官兵从寨后小路杀进山寨。此战，百姓遇害300多人，一半是老幼妇孺，烧毁附近民房百余间。恶劣的先例一开，官兵的烧杀抢掠行动随之升级，百姓的鸡鸭牛羊都遭了殃，甚至有十几个百姓是在官兵沿路搜查过程中，无缘无故被害的。官兵滥杀无辜行为，确实存在。

盐枭马洪仑案则是案中案。话说，局绅向若璠与凤头寨富户唐乐籍不和。唐乐籍忌惮向若璠的势力，于是投靠马洪仑，借盐贩的声势与向家对抗。马洪仑及盐贩常住凤头寨，以此为贩盐据点。袁廷蛟抗捐后，马洪仑也纠集盐贩浑水摸鱼。官兵进剿后，王照南在向若璠的指引下于三月十三日抵达凤头寨。十七日，马洪仑之子马金堂邀集200余人来救父亲。王照南和陕西总兵刘楚华的部队在雷公寨迎击马金堂，阵斩盐贩数十人。马金堂逃跑，后来在湖北省境内被捕，押送东乡正法。马洪仑闻讯后，于当夜服毒，但未死。十八日，官兵攻破凤头寨，将马洪仑正法，并杀死马洪仑的妻子、雇工和唐乐籍全家。官兵在寨内共杀30余人。向若璠还引导官兵将唐乐籍家产烧毁。刑部调查认为向若璠等局绅、团首贪婪妄为，是事件激化的重要推手。

而袁廷蛟始终踪迹全无，各营四处搜查。哨官胡小臣听说袁廷蛟曾在李廷鸾家住宿，上门搜查。李廷鸾回复说袁廷蛟并未在家住宿。胡小臣用滚杠刑讯李廷鸾，导致后者当场毙命。又有消息说，开县道林寺的僧人普集知道袁廷蛟的消息。游击方荣升就跨县将普集和尚抓获，一开始移送开县衙门。后来，方荣升又向开县知县声称要自行押解回营，将普集带回客栈，第二天普集死在店内。仵作检验认为是先受伤后服毒而死。调查发现，普集和尚平时并非安分守己之人，但游击方荣升也存在刑讯逼供的问题。

查清了基本事实，李有恒的罪责就好鉴定了。李有恒有无妄杀百姓，前提是百姓是否叛乱？首先，百姓并无围城，不存在县城危在旦夕的情况。千总杨开泰等人被围，是因为百姓误以为他们是局绅私雇的武装。如果百姓真的有心围困官兵，为什么事后又缴还了官兵的旗帜军械，官兵又怎么能脱身而回，又怎么能无一人伤亡？况且，蔡启祥回绥定府就报告了百姓并无谋逆之心。第二,百姓并无扑营。如果百姓要主动进攻，会选择官兵立足未稳之时，怎么会在大兵云集、驻扎半月有余再来扑营？况且所有报告都说百姓只是在山梁上喊叫，并未下山。人都没下来，扑营从何谈起？第三，袁廷蛟等人并未踞寨。杀人夺寨，进而盘踞为己有，才称之为踞寨。早先报告袁廷蛟并未杀人，况且数千官兵攻破十余寨、搜遍东乡县，都没有发现袁廷蛟的踪迹。那么，袁廷蛟究竟所踞何寨？何来踞寨之罪？局绅怂恿发兵的时候，还扬言袁廷蛟有军令、传牌、簿据等，但这些东西从何而来已经无从查证了。况且东乡团练正兴，本来就有许多旗帜令牌。同时，四川各地遍布山寨山硐，百姓一有事就避居山寨，无非各居各寨，各保各家。

刑部最终认定袁廷蛟聚众闹粮、抢掠打砸，确实法所难容，但不是叛逆。既然袁廷蛟不是叛逆，“叛党”又从何而来呢？历经 4 年的漫长审讯，袁廷蛟终于卸下了谋反叛逆的大帽子。

七、制衡缺失的恶果

经过将近 4 年的拉锯，历经四任主审官员的审讯，一桩惊天血案，来到了昭雪的前夜。通常最具戏剧性的昭雪场景又会如何上演呢？

丁宝桢调查东乡案得出官兵自卫反击，剿灭匪徒，没有滥杀无辜的结论时，四川布政使程豫、按察使方濬颐都表示过反对。他俩认为，如果说是剿匪，难道东乡满地的百姓，都是匪徒？何至于每日搜杀，连破多座山寨，致使数以百计的无辜良民以及老弱妇孺惨遭屠戮？程豫、方濬颐明确认为李有恒等人“轻视民命，草率冒功，实难辞咎”。但是，强硬的丁宝桢当面要求两人将个人意见删去，在初审和复审时都坚持东乡案是剿匪，并没有轻纵李有恒等将领。

丁宝桢并非昏庸贪腐之人，他为什么要这么做呢？这和他的性格有关。

丁宝桢勇于任事的性格，塑造了他轻视繁文缛节，进而不重视规矩流程，着重追求效率的行事做派。不然，他也杀不了慈禧宠信的安德海。长期处理地方复杂政务，使得丁宝桢完全站在地方官的立场之上考虑问题。比东乡血案稍早的浙江杨乃武小白菜案，是同时期发生的、由地方酿成的冤案。光绪二年，丁宝桢接受四川总督任命、进京接受皇帝召见之时，正是刑部重审杨乃武小白菜案，准备翻案洗冤之时。之前历次审理的浙江地方官员，上自巡抚，下自知县，都要遭到惩处。丁宝桢是强烈反对翻案的主力，有一天跑到刑部咆哮公堂，面斥刑部尚书老迈昏庸。他质疑刑部验尸有误之后，扬言：“这个铁案如果要翻，将来没有人敢做地方官了，也没有人肯为皇上出力办事了。”丁宝桢潜意识中认为地方事务繁多，地方官员工作不易，轻易不要否定甚至干涉地方的结论。这一意识，贯穿在他处理东乡案的始末。丁宝桢的态度，一定程度上也体现了晚清地方官扩张实权的欲望与主张。

固执地站在地方立场考虑问题，丁宝桢确确实实轻纵了李有恒，伤害了无辜的受害者。前任四川总督吴棠命令李有恒“相机剿办”；文格护理总督后，明确修正命令为“吴奉山一股应尽力剿洗，袁廷蛟一股应分别剿抚”，后来根据李有恒报告的情况再次修正为“拣派队伍挨次搜查，如有恃险负隅不开寨门者，破一二处”，目的是震慑不法分子。同时，文格明确要求“约束勇丁，不得乘势打扰”。李有恒显然没有落实好上司的命令，破寨后杀戮众多，就算寨中有附和袁廷蛟的百姓，也罪不至死，何况更多的是扶老携幼相率避祸的良民，更加何罪之有？李有恒之前狡辩，说是在搜索之时，各寨拒绝献出袁廷蛟，又不指明袁廷蛟踪迹，还不准官兵进寨搜查，不得不破寨搜捕。可是，袁廷蛟本来就不在寨中，百姓如何献出，又如何指明踪迹，况且之前官兵军纪不严，百姓耳闻目睹，如果为了保全身家，闭门不纳也在情理之中。而四川省之前的动荡背景和民间普遍存在的民团组织、持有的旗帜军械，在官兵看来就是顽抗，因此奋力进攻，而百姓怀疑官兵要血洗山寨，用力坚守山寨，进一步扩大了悲剧。

官府调查时，那些受伤未死的妇孺老幼，伤痕尚在。这些可怜人事后几乎没有出面诉讼的，主要是担心民告官，官府不会秉公处理，反而将百姓视为袁廷蛟的匪党，遭受株连。即便是敢于告状的，当日在仓促慌乱之间也不知道凶手究竟是何营何人，无法辨认被告。这是事后丁宝桢没有收到诉状的主要原因。

如今，布政使程豫、按察使方濬颐都向刑部陈述了意见[①]。孙定扬、易荫

---

① 程豫是陕西人，拟以四川布政使转任河南巡抚，他以年迈为由告老还乡；方濬颐是安徽人，仕途终于四川按察使，晚年寓居扬州，教书育人，并创办了淮南书局。

芝、向若璠、王宗恩、李开邦、吴芳体、刘楚华、谢思友等人都供认不讳。最后提审李有恒、刘道宗两人，他俩还强词解释，经过再三开导、逐层剖析案情，并拿其他当事人的供词加以佐证，两人虽然理屈词穷，但顽固不肯认罪。

最终，刑部将东乡案认定为是官兵滥杀无辜事件。“袁廷蛟既非叛逆，则众寨民之非逆党自明。寨民既非逆党，则统兵官之妄杀已定。”李有恒为罪魁，孙定扬为祸首，两人都以故意杀人律，拟斩监候，秋后处决。

东乡局绅张裕康、冉正杓作恶乡里，怂恿地方官请兵剿民，败坏局势，依怂恿诬告他人与犯人同罪至死减一等律，杖一百流三千里。因为两人都是候选知府，有官员身份，再加革职、发往新疆充当苦差，永不释回。张裕康已经闻风潜逃，下令四川官府严密通缉。监生李开邦、吴芳体狼狈为奸，抽取苛捐；贡生向若璠，作恶多端，3人都怂恿发兵，酿成巨案，革去功名，流放4000里，发到极边远地区充军，永不释回。

提督刘道宗、提督王照南、总兵雷玉春纵军杀掠，草率冒功，革职，杖一百，流放三千里，发往黑龙江充当苦差。总兵刘楚华放任官兵作恶，且致使唐乐籍全家毙命，革职，杖一百，徒三年再发往军台效力赎罪。游击方荣升将僧人普集打伤后致使其服毒毙命，革职，杖一百，徒三年再发往军台效力赎罪。

继任知府王元晋、知县周瀚无能、溺职，革职。游击黄开泰、参将尹化龙、已革知县长廉、千总杨开泰、世职蔡启祥、已经病故的把总许安国，均免于处罚。

值得叹息的是本案的起源之人袁廷蛟。袁廷蛟起初未必没有私心，但在抗捐过程中转变为了不顾个人安危、一心为民的公心。况且，刑部调查确认他并无叛逆谋反行径。但在官府眼中，袁廷蛟还是聚众闹事、挟制官长的刁民，且对事件恶化升级为大屠杀有不可或缺的影响，因此难逃死罪。刑部本拟将袁廷蛟斩首。不料，丁宝桢比刑部更讨厌地方行政的“刺儿头”，已经将袁廷蛟并其子袁能柏暗杀于成都狱中。人犯已死，免于处罚。

东乡血案最终得到平反，袁廷蛟却没有得到昭雪，没有迎来大团圆的结局。不过，宣汉县乡间至今流传着袁廷蛟抗捐的传说，这是对袁廷蛟最大的肯定与昭雪！

前任四川总督吴棠，没有详查情况就派重兵剿办，因已病故，毋庸再议。护理四川总督文格对李有恒等人罪行未能查出参办在前，又对李有恒等人下达了包含“痛加剿洗”关键词的命令，且对总兵谢思友反映的真实情况置若罔闻，属于办事粗糙草率。现任四川总督丁宝桢对于特旨交办事件，涉嫌轻纵罪犯，且面谕官员将反映的真实情况删去，属于办事不悉心斟酌，始终偏执。文格、丁宝桢因为是封疆大吏，如何处置，奏请圣裁。

光绪五年（1879 年）十月初十，东乡血案正式结案。朝廷批准了刑部的所有判决。另外，丁宝桢轻纵案犯、办事不力，降为四品顶戴，留任四川总督，戴罪立功，以观后效。客观而言，丁宝桢不是贪腐昏庸之人，相反是积极进取的干将。但在审理东乡血案时，他偏执顽固，偏离真相，使得案件沉冤，责任不小。好在降级处分并没有打击他，丁宝桢此后在四川改革盐政、整饬吏治、修理都江堰，政绩依然卓著。光绪十二年丁宝桢死在四川总督的任上，朝廷追赠太子太保，谥号“文诚”。与丁宝桢相比，文格显得昏庸无能，责任更大，被革去库伦办事大臣职务。此后再无他在政坛上的踪影。李宗羲对东乡血案翻案，居功甚伟。光绪六年，朝廷征召他进京。李宗羲因病难以成行，光绪十年病逝。

恩承是奉旨查案的钦差，虽然没有理清案情，但在事后针对四川苛捐杂税倡议削减，直指各地巧立名目横征加派。不久，恩承遭人弹劾入川时失察家人需索，受到革职留任处分。东乡血案至此完结。

东乡血案和江宁刺马案、余杭杨乃武小白菜案并称清朝“同光三大案”。刺马案表现的是清朝官府内部权力矛盾与斗争；杨乃武小白菜案集合了司法腐败和朝廷内部派系斗争，并借助近代媒体和口耳相传，成为最为知名的清朝大案。而发生在西南山区的东乡血案，虽然知名度不如前两者，却折射出了有关社会结构和治理矛盾等方面的丰富历史信息。

中国传统社会的均衡关系，是社会整体在官府、宗族、乡绅、宗教、行会等势力之间保持理想的平衡关系。各方力量各管一方，又相互渗透、相互支持，共同推动传统社会的良性发展。这就好像一个生态系统，各种生物有机结合在一起，共荣共存。可是，东乡县的社会结构过于简单。

东乡县地处川陕边缘，人口成分复杂。原先的土著居民，因为明末清初的战乱，伤亡殆尽，长江中下游的大量移民充实到东乡。到同治年间，东乡土著之民十无一二，湖广客籍约占一半，广东、安徽、江西各省的移民占了剩下的百分之三四十。可以说，东乡是一个移民社会。一个社会，需要稳定持久的发展，才能培育出强大的宗族、行会等势力。在事件中，我们几乎看不到宗族的强大身影。东乡不像东南地区的乡村一样，一村一镇几乎都是同姓族人聚居。复杂的地形和贫瘠的山梁，使得当地社区耕读传统不强，也缺乏支撑书香门第的经济基础。礼教不兴，则给各种旁门左道的流行提供了空间。东乡县是大巴山区白莲教传播的重要地区。但是，白莲教远远没有获得一统地位，佛教、道教等传统宗教在东乡保有一席之地。多种宗教盛行，分散了信众，使得东乡没有形成强大的宗教力量。东乡的老百姓，似乎还处于比较早期的社会阶段，大家散居在山丘沟壑，定期到场寨交易，自得其乐，另一方面是缺乏横向联系，缺乏宗族、宗教力量的依靠，需要独自应对风浪。

官府称东乡县是“五方杂处，无族姓之联络，无礼教之防”。特殊的社会结构使清代的东乡成为难治之区。官府势力最大的合作者就剩乡绅了。清朝山区的县衙门，缺乏强大经济后盾和雄厚的外力输入，势力往往弱小。乡绅阶层就成了处理家乡事务、维持地方安定的主导力量。东乡县衙对乡绅更多的是依靠，仰仗他们来处理地方矛盾、完成钱粮赋税任务。而乡绅既有官府支持，又缺乏其他力量的制约，一枝独大，慢慢膨胀成了奇葩。在东乡案件中，捐输局的成立、包税制的推广、银钱兑换比例的不断提高，都表现了乡绅势力的恶性膨胀。缺乏制约的局绅们，犹如在生态系统中没有天敌的野草，恣意生长，汲取一切养分、遮蔽太阳光芒，最终只能引向整个系统的崩溃。

东乡的社会不是系统崩溃，而是在这之前以内部斗争的形式就爆发了出来。四川方面称“东乡民气刁悍，实为嗜乱之区”，说的是当地百姓的斗争传统。跳脱了种种传统束缚的东乡人，勇于反抗不公。嘉庆年间，白莲教在四川省的首义地点，就是东乡县。文格称东乡“近年来屡次聚众围城，习为故事”，虽然有所夸张，但当地百姓经常奋起抗争，确实是事实。吴棠、文格、李有恒等人进兵围剿，未免没有遏制百姓抗争蔓延的担心。想不到，最终是社会系统中看似散沙一般的普通人的抗争，成为了遏制一枝独大的乡绅最大、也是最后的力量！遗憾的是，这种遏制表现为数以百计无辜生命的丧失。

东乡唯一能对乡绅势力构成制约的其实是官府的公权力。遗憾的是，代表官府的易荫芝也好，孙定扬也罢，即便不是当时官员的下限，也绝不在官员能力素养的平均值之上。易荫芝深得官场敷衍圆滑之道，孙定扬则昏庸无脑，非但不能制约乡绅的胡作非为，反而被局绅牵着鼻子、怂恿得团团转，不仅使得公权力在化解地方矛盾时缺位，而且引入了暴力机器。李有恒等暴力机器的出现，给百姓造成了巨大的伤害。最终平反处置的结果，事实上也沉重打击了乡绅的力量。包括张裕康、向若璠等头面人物在内，东乡乡绅受处置的数以十计。动乱时的打砸抢，事后大规模的追责，没有一方是受益者！

在理想的传统社会结构中，官府充当相对超脱的仲裁者的角色，坚守规则的底线，避免类似东乡事件的“全输”结果。遗憾的是，东乡县、绥定府都没有扮演好这样的角色。张之洞曾在奏折中提议嘉奖原太平知县祝士棻，认为他平和务实有手腕，一度使得东乡局势朝着化解的方向发展。因为史料缺失，不知道祝士棻有无得到褒奖。如果历史可以假设，假设光绪元年是祝士棻处在孙定扬的岗位上，说不定大屠杀是可以避免的。这也说明，官员个体素养对区域发展的重要作用，毕竟官府公权力在传统社会结构中处于核心地位，需要发挥关键作用。

⑬

小白菜案

晚清奇案与洗冤录

一、“毒杀亲夫”与家族京控

同治十二年（1873 年）十月初十，浙江省杭州府余杭县的豆腐店伙计葛品连暴病身亡。死时，葛品连的母亲、妻子毕秀姑和房东三人都在场。葛母亲手为儿子葛品连换了衣服，当时尸身正常，并无异样。夜间，葛品连的尸体口鼻内有淡淡血水流出。葛母遂对儿子的死产生了怀疑，便在十一日黎明叫上地保，赴县衙报案。她在呈词中亦说儿子死因不明，请官府侦查。原告并无涉及任何嫌疑人。余杭知县刘锡彤闻报后，就带上仵作、衙役等，前去查勘尸体。

一行人在去验尸的途中，富有“八卦精神”的县衙的幕僚和衙役们听说死者的妻子是毕秀姑，开始议论起她的传闻来。

毕秀姑，年轻貌美，水灵得很，因为常常穿件绿衣服、围条白裙子，人送绰号“小白菜”。葛品连、毕秀姑夫妇都是最底层的小老百姓，全靠在豆腐坊帮工的微薄收入维持生计，连房子都没有一间，婚后先是租住了本县举人杨乃武的房子。杨乃武夫妇对毕秀姑很好，常邀请毕秀姑同桌吃饭，杨乃武还曾教毕秀姑识字。在男女授受不亲的时代背景和相对封闭单调的社会环境综合作用下，坊间就开始传闻杨乃武与小白菜有私情，说什么“羊（杨）吃白菜”。葛品连个矮貌丑，本来就对年轻美貌的妻子不大放心，听到传闻后信以为真，一度和毕秀姑发生口角打斗，后来干脆搬离了杨家，另外租屋居住。如今，葛品连夫妇搬入新居没几个月，丈夫就暴亡，有人很自然联想到杨乃武与毕秀姑的“绯闻”来。

恰巧，刘锡彤和幕僚、衙役们都很讨厌杨乃武。刘锡彤甚至可以说恨死杨乃武了，决定借机报复，抓住杨乃武若有若无的嫌疑，置他于死地。刘锡彤为什么这么恨杨乃武呢，杨乃武又是怎么得罪官府众人的呢？

杨乃武的女儿在《我父亲杨乃武与小白菜的冤狱真相》一文中回忆："我父亲性情耿直，平日看到地方上不平之事，他总是好管多说，又常把官绅勾结、欺压平民等事编成歌谣。官府说他惯作谤诗，毁谤官府。"

> "余杭仓前镇，距县城十余里，地临苕溪，舟运畅达，当年是漕米集中的地方。百姓完粮，陋规极多，交银子有火耗，交粮米有折耗，量米时还要用脚踢三脚，让米溢出斛外，溢出的米不许农民扫取。受欺的都是一些中小粮户，他们叫苦连天。我父亲代他们交粮米，又代他们写状子，向衙门陈诉粮胥克扣浮收，请求官府剔除钱粮积弊，减轻粮户额外负担。当时余杭县官刘锡彤，为官贪暴，见我父亲写状子告粮吏浮收舞弊，认为是多管闲事。仓前镇收粮官何春芳更反咬我父一口，说我父鼓动农民抗粮不交，代农民包交漕米，从中牟利。刘锡彤根据何春芳的反诉，传我父去讯问。我父据理辩白，刘锡彤说我父吵闹公堂，目无王法，面加斥逐。钱粮之舞弊如故。我父亲愤恨不过，于夜间在县衙照墙上贴上一副对子：'大清双王法，浙省两抚台。'因为大清曾有明令，量米不许用脚踢，抚台也有布告，溢米准由粮户扫取，但余杭却仍是不改。由于此事，县官、胥吏都怨恨我父亲。"

后世有人说杨乃武是余杭县的"讼师"。此说没有确信，但是杨乃武即便不是职业讼师，也在实践中常常出面替老百姓在向官府争取权益，比如居中协调、出谋划策、书写状纸等。因为他有举人功名在身，拥有见官不拜、不受刑罚等特权，杨乃武就用这些特权来为民办事、打抱不平。这是对官府司法权的极大制衡。在清朝地方官眼中，部分"不良生监""包揽词讼"，煽动百姓抵抗政府，是控案纷繁、地方难治的重要原因。清朝对这些地方读书人的争权行为，尤其是生监与百姓联合、生监与生监联合的集体行动，极为厌恶。

杨乃武的所作所为，在知县刘锡彤看来就是挟制官府的"领头羊"，是余杭城的刺儿头。漕粮一事，涉及多少食利者、牵涉多大的利益啊，局外人避犹不及，杨乃武偏偏在这个问题上“奋不顾身”杀进去。他先是批评官府的陋规权力（交银子有火耗，交粮米有折耗，量米时还要用脚踢三脚），后来“变本加厉”地代百姓交粮。因为杨乃武是举人，官府很难从他身上榨取陋规收益。他坚持不缴纳火耗、折耗，不让衙役淋尖踢斛[①]，差役也拿他没办法。最后，“大胆”的杨乃武发展到帮助老百姓告官，要求县衙废黜陋规，一切按法律规定的来办。刘锡彤批评他几句，他竟然敢在衙门口前写“大字报”攻击政府，这不是激化矛盾吗？

上自一把手刘锡彤，下至指望陋规养家糊口的基层差役，都讨厌杨乃武。如今说杨乃武涉案，刘锡彤等人心中反而觉得舒坦。一个案子，现场还没查看，尸体尚未勘验，裁判者的内心就已有倾斜了。

正式验尸时，刘锡彤看到尸身已经开始膨胀，上身作淡青色，肉色红紫，口鼻里血水流入两耳。当时是十月，南方气温还比较高，加上葛品连死前胸闷挣扎，尸身的确有些失常。刘锡彤等人将此认作“服毒身亡”，在验尸报告上写葛品连七窍流血、肌肉发黑。

刘锡彤马上把毕秀姑带回县衙，坐堂审讯。所谓审讯，先是诱供，诱供不成就逼供。刘锡彤先百般劝诱毕秀姑“毒药从何而来”“曾与何人通奸”“是否与杨某有过奸情”，已经把案子认定为杨乃武与毕秀姑合谋毒杀葛品连了。毕秀姑虽然对丈夫“服毒身亡”感到诧异，但也坚持杨乃武除教自己识字读经外，两人并无奸情，更不知道是谁“毒”死了丈夫。马上就有人逼毕秀姑说：“你谋杀亲夫，这个罪名一成立，就要千刀万剐凌迟处死；要想活命，只有说是杨乃武叫你毒死的，你就不用死了。杨乃武是新科举人，也

① 淋尖踢斛：明清官府获取陋规的手段之一。斛是一个类似于大酒杯的容器，上交公粮的时候，先把粮食倒进斛里检查质量，看粮食的成色，要求把斛子倒满，上面还有一个圆锥体状的尖。管事者为多征米谷，故意用脚踢斛，使斛面堆尖撒落，撒出来的粮食不允许老百姓收回，算是损耗。百姓再把斛中余下的粮食拿去称重，无形中多交粮食。

不会被处死的，你放心。”经过一天一夜的引诱催逼后，毕秀姑于第二天“承认”本月初五从杨乃武那里拿来砒霜毒死了葛品连。

刘锡彤随即呈请上司，革去杨乃武的功名，将杨乃武“逮捕归案”。

杨乃武家族毕竟不是寻常百姓人家，在当地拥有一定的社会资源。得到消息的杨家人马上展开了申诉。堂弟杨恭治、妻弟詹善政到县衙申诉，提供了杨乃武强有力的不在场证明：本月杨乃武的丈母娘病逝，杨乃武初五那天在城外南乡老丈人家守灵，并没有外出，不可能在城里交给毕秀姑砒霜。有数以十计的人可以为杨乃武做证。可是，刘锡彤对申诉置之不理，将来人赶出县衙了事，又对杨乃武威吓行刑，逼认杀人情形。

刘锡彤很快完成初审，将案卷呈报杭州府，请知府陈鲁定罪。刘锡彤和陈鲁的关系很好，刘锡彤又亲自到杭州将杨乃武的种种“不法行径”一说，陈鲁也对杨乃武破坏官府权力结构深恶痛绝。复审一开始，他不问案情就严刑逼供，给杨乃武跪钉板、跪火砖、上夹棍。杨乃武几次晕厥，熬刑不过，只得承认给毕秀姑砒霜，毒死了葛品连。陈鲁按律定罪，判“葛毕氏凌迟处死”“杨乃武斩立决”，上报给浙江按察使。

按察使承担终审重任，人命关天本应慎重，但在实践中流于形式，不问案犯与证人，不看证据，翻翻案卷就认为原审无误，照原拟罪名上报巡抚。

浙江巡抚杨昌濬接到死刑案件后，按照规定必须进行全面核查。可他比按察使更忙，也没有时间和精力认真审理。杨昌濬的做法是派了一个候补知县郑锡滜，到余杭去密查。说是“密查”，郑锡滜完全是拿着剧本走流程，大摇大摆到余杭后住在县衙里。知县刘锡彤盛席招待，又贿赂了一笔钱。郑锡滜找了当地衙门安排的几个证人一问，就以“情况属实”回杭交差了。杨昌濬大笔一挥，同意了杨乃武的死刑，呈报刑部核准。

一场“事先认定”的冤案就这么稀里糊涂地经过了四次审讯、走完了县、府、省三级手续，眼看就要成定案了。只要刑部的批复一到，杨乃武就要人头落地了。

幸运的是，朝廷有一套完整的司法纠错制度，杨乃武可以不断上告。一开始，杨乃武对于上诉洗刷冤情是抱有很大的希望。姐姐杨菊贞入狱探监，与杨乃武商量“京控”。杨乃武自拟呈词，历数冤情及严刑逼供屈打成招的经过。“同监的犯人很多，也鼓励我父上控。”“写呈词没有纸笔，有个监视我姑妈探监的狱卒，很同情我父，设法弄来纸笔。我父将呈词拟好，交给我姑妈带出。”

清朝司法不允许女子告状，如果实在要告也必须找个代理人，称为“抱告”。于是，杨菊贞以杨乃武的舅父姚贤瑞作“抱告”，杨乃武的妻子詹彩凤带着刚刚出生的儿子杨荣绪，身背黄榜（冤单），历尽千辛万苦，走了两个多月到达北京，向都察院衙门投递诉状。杨家充满艰难辛酸的“京控”洗冤过程正式启动。

何为“京控”？京控是一种上诉形式。中国古代司法赋予原、被告充分的上诉权利，官司双方对审判不满，可以向更高的审级上诉，直至到北京告状。到北京控诉申冤，就是“京控”。《清史稿·刑法志》定义老百姓“有冤抑赴都察院、通政司或步军统领衙门呈诉者，名曰京控”。在理论上，老百姓向任何案件相关的衙门递交诉状，该衙门都得接收诉状。而京控的最高形式，就是直接闯紫禁城，或者拦截御驾告御状，史称“叩阍”。古代一般称宫门为“阍”，顾名思义，“叩阍”就是直接找上皇帝的家门去。古代官民认为，一个人如果没有天大的冤屈，是不会跋山涉水京控的。皇帝也希望借助京控，及时掌握民间疾苦、地方吏治。所以，上上下下都很看重京控。

随着京控事件的增多，京城衙门的工作量陡增——而且都是疑难事件。同时，很多京控者，为了强调自己的冤屈，常常采取一些非常手段。当街拦驾、散发檄文、说唱戏文扩散冤屈、手举诉状长跪不起等，不一而足。因此，朝廷对此项制度表面允许、内心是抵制的，可又不能废除，只好设置了种种的“软障碍”。

都察院给上诉者设置的一大“软障碍”就是“挑错”。先不管案情是否真有冤枉，都察院先给申诉设置程序上的、文字上的、个人称呼上的乃至纸张尺寸大小上的严苛要求，力争将申诉驳回，拒之门外。一般百姓哪里清楚司法公文的种种门道，很难递上完全符合都察院满意的诉状。那就对不起了，都察院以诉状“不合格”为由，将你赶走。好在杨乃武毕竟是举人出身，经常替百姓写诉状，程序性的刁难难不倒他。他交给杨菊贞递上的诉状，完全合格，让都察院的老爷们挑不出毛病来。

都察院就执行了第二套方案：发审。清朝晚期，绝大多数的京控案件已经到不了御案，直接发回案发地审理。案发省份几乎都维持原判，而且会借机绞尽脑汁为案中漏洞弥缝，使之更为周密详致，让人更难从材料中找到破绽。都察院这么做，既免除了自己的麻烦，又向地方官员示好，客观上把申诉者“卖”给了地方官。

杨菊贞的上诉，都察院的处理意见就是“押解回浙”，交巡抚杨昌濬审理。杨菊贞等人天真地拿着都察院的处理意见，辛辛苦苦返回杭州，到巡抚衙门要求重审。杨昌濬等人见杨乃武一家竟然不服判决，上京城告御状，这还了得。这不是刁民是什么？象征性的重审，变成了对杨乃武的第二轮迫害，“这些问官，恨我姑妈上控，提审时不待我父开口辩冤，即用重刑威吓”。杨乃武、毕秀姑两人再次被打得死去活来，再次对罪行“供认不讳”。浙江省维持原判，向刑部报告。

至此，杨乃武案走完了帝国司法制度的所有环节，没有一点程序上的问题。申诉制度非但没有厘清事实，反而证明了杨乃武“杀夫谋妇”证据确凿、原审得当。

二、法外之力难翻案

狱中的杨乃武申诉无望，痛定思痛，得出了一个结论：法定的司法制度是拯救不了自己的，要想洗冤必须借助“法外之力”。杨乃武不是一般的市井小民，他冥思苦想，让姐姐杨菊贞去找三个人：

第一个人是内阁中书汪树屏。杨乃武和他是同年关系，知道汪树屏祖父担任过内阁大学士，哥哥汪树棠则在都察院做官。第二个人是吴以同。杨乃武和他的关系最亲密，两人既是同学又是同年。吴以同虽然没有官职，但在著名官商、东南首富胡雪岩府上当家庭老师。依托胡雪岩的人际网络，吴以同的衍生权力不可小视。第三个人是夏缙川，是个武举人，和杨乃武关系也不错。夏缙川的堂兄夏同善是浙江有名的才子，进士出身，深得慈禧太后的赏识。夏同善还担任过江苏学政、兵部右侍郎，不过在杨乃武案发时正丁忧在家。

夏同善丁忧期满要回京，胡雪岩为他饯行。吴以同作陪，将杨乃武的冤情向夏同善述说了一遍，夏同善表示同情，答应回京代为斡旋。吴以同又介绍杨菊贞去见胡雪岩，胡雪岩赞助了杨家一笔钱，作为今后申诉和生活的费用。此时，杨乃武的人际关系网络开始发挥作用了。有了这些资源垫底，同治十三年九月，杨菊贞和詹彩凤、“抱告”姚贤瑞三人第二次京控申诉。

到了北京，夏同善介绍杨菊贞拜访了浙江籍的京官30余人，争取到了浙江籍京官的普遍同情，做好了舆论和组织上的准备。然后，夏同善又找到了江苏籍京官翁同龢。翁同龢与夏同善关系亲密，曾一起当过光绪皇帝的侍读。翁同龢友情难却，加之对杨乃武的遭遇也很同情，便答应替杨乃武说话。作为慈禧眼前的红人，他顺利将案件面陈了两宫太后，请求重视此案。至此，杨乃武的案子算是“上达天听”，连皇上、太后都知道了。下面的官员就不能对此案马虎搪塞，胡乱处理了。

翁同龢和浙江籍京官愿意插手此事，其中有真心同情杨乃武的因素，更有权力斗争的需要。翁同龢出身官宦世家、状元及第，身边有一批江苏籍官员唯其马首是瞻，他和浙江籍的京官们一道组成了“江浙帮”。江苏、浙江一带在太平天国运动期间被太平军占领，朝廷借湘军力量镇压了太平天国起义，之后二十多年，出身湘军系统的官员占据了东南各省的要职肥缺，形成错综复杂的关系。江浙一带的官僚士人早就对此不满了。杨乃武案发时，浙江上下就在湘军派系势力范围内。（浙江巡抚杨昌濬便是湖南湘乡人，早年加入湘军，在平定太平天国战争中累功升迁，到达封疆大吏的高位。）杨乃武冤案涉及许多湘系官员，翁同龢正好借此案，敲打敲打他们。如果能够扳倒一批湖南佬，还能用自己人填补空缺。所以江浙官员们开始起劲地在杨乃武案子上做文章。这大大出乎杨乃武的意料之外，他的案子开始从一桩谋杀案变为了一起政治事件。话又说回来，一件小案子如果没有经过层层演化“加内容”，也到不了慈禧的耳边。

所以，当杨菊贞第二次京控递状，要求复审杨乃武案子的时候，状子很快到了慈禧太后的手上。慈禧迫于江浙官员和湘系官员双方的压力，答应了重审的要求，不过指定由杨昌濬负责。她下谕旨叫刑部饬令杨昌濬会同有关衙门亲自审讯，务得实情。

杨昌濬接到命令后，不得不重审。开始，他委派湖州知府许瑶光审问。许瑶光左右为难，既不敢得罪之前审案的一系列官员，又不能不认真审案。认真不是，糊弄也不行。审问时，许瑶光没有动刑，杨乃武、毕秀姑都翻供，当堂呼冤。证据和证人也经不起推敲。许瑶光判断杨乃武是冤枉的，最后决定采取拖延战术，希望能大事化小。他审了两个多月，不敢定案，也没有回复。

江浙籍官员忍不住了，给事中王书瑞奏请另派大员前往浙江审办此案。慈禧太后直接委派新任浙江学政胡瑞澜重审。胡瑞澜知道杨乃武是巡抚杨昌濬定的案子，翻不得，连忙借口自己不熟悉刑狱来推脱委派，奏请另请贤能。慈禧不准。胡瑞澜只好硬着头皮上阵了。杨昌濬得知胡瑞澜重审后，找到胡瑞澜“交流感情”，说杨乃武一案已经浙江各级官员反复审问多次，无偏无枉，不宜变动。他借口胡瑞澜曾说自己不熟悉刑狱，推荐了宁波知府边葆诚、嘉兴知县罗子森、候补知县顾德恒、龚世潼“帮同审理”。边葆诚是杨昌濬的同乡、刘锡彤的姻亲，基本把持了审讯，架空了胡瑞澜。几次审讯都是边葆诚发话讯问，只要见到杨乃武和毕秀姑翻供，他就喝令差役大刑伺候。边葆诚还展开车轮战术，日夜熬审杨乃武和毕秀姑，各种刑具都使用了。杨乃武两腿被夹断，毕秀姑十指拶脱，被铜丝穿入乳头。二人熬刑不过，再次“供认不讳”。画供时，杨乃武已奄奄一息，神志模糊，无法自己画供，由两旁差役拿起他的手，捺上指印。最后，胡瑞澜再次以通奸杀人案，判处杨乃武“斩立决”、毕秀姑“凌迟处死”的结果上奏。

慈禧太后两次谕令重审，都没有翻案成功，湘军派系大小官员都认为杨乃武案将铁案如山，不会再有反复了。江浙官员似乎败下阵来了。

三、提审京城洗刷冤情

江浙京官们总结经验，认为只要杨乃武的案子还在浙江审理，就不会得出公正的结论来。翻案的最好方法是将杨乃武案“提审”，押解到北京来审理。这样，他们才能直接发力。

主意已定，一场新的更大的申诉潮迅速掀起。

夏同善、汪树屏等串联在京的浙江籍官员、翰林、举人，以杨乃武案涉及浙江读书人的脸面相号召，最终征得汪树屏、吴以同、吴玉琨等30多人联名向都察院及刑部控告，揭露杨乃武案虽经府、县、按察、督抚、钦宪七审七决，都是严刑逼供，屈打成招，上下包庇，草菅人命，欺罔朝廷，请求提京彻底审讯，昭示大众，以释群疑。官员联名申诉，在政治体制中是一件大事，都察院不敢处理，马上转呈。刑部侍郎袁保桓、御史边宝泉也奏请将此案提交刑部直接审讯。在京的杨菊贞则反复向各衙门递呈诉状，请求提京审问。

慈禧太后开始犹豫了。她考虑的不是杨乃武是否真的蒙冤，而是将此案提京审讯，本身就是对浙江地方官员的不信任，会打击地方官员的工作积极性，进而挫伤整个湘军派系。加上京城的湘系官员也在暗中活动，以案情明了、罪犯已多次认罪为由，反对提京重审。慈禧一度借口提京重审劳累地方，流露出拒绝奏请的意思。

翁同龢、夏同善和翰林院编修张家骧三人有机会在两宫太后身边，他们就利用一切机会为此案游说，提升到了“此案如不平反，浙江将无一人肯读书上进矣”的高度。慈禧不是在意湘系人马的感情和利益嘛，可如果不提京重审也会伤害浙江所有士人的感情。孰轻孰重？权衡之下，慈禧再下谕旨，命将杨乃武案相关所有人证、物证和案卷提京审问，交由刑部彻底根究。

杨昌濬接到提解人犯的上谕时，大为不满，发了几句牢骚，说“朝廷这么不信任地方，我们以后工作还怎么做”！牢骚归牢骚，他不敢公然违旨，只能将所有人和物，包括葛品连的棺材都押解进京。

朝廷组织了三法司会审。头一天大审可热闹了，刑部尚书桑春荣、皂保主审；都察院、大理寺派人参加会审；不少侍郎、御史和在京的地方督抚、州县官员陪审、观审，其中以江浙和两湖籍的在京官员为多。现场还有外国记者前来采访。此前，杨乃武一案经上海《申报》大肆宣扬，已经成了当时新闻界追逐的热点。众目睽睽之下，所有人员都规规矩矩，不敢有半点差错。杨乃武小白菜案本来就很简单，没有任何杀人证据，很快就审问清楚了，确实没有证据证明杨乃武和毕秀姑毒杀了葛品连。第三天，刑部开棺验尸，司官验、堂官验、仵作验，验得尸骨牙齿及喉骨皆呈黄白色，没有中毒痕迹。刑部官员现场询问了多名有经验的仵作，大家都认为葛品连并非中毒身亡。于是，真相大白。有个法国记者听说验尸结果无毒，跑到关押杨乃武的木笼边大喊：“无毒，无毒。”

案情虽然大白，但离平反还有很长的距离。朝野对杨乃武案争论的幕后焦点不是案情如何如何，而是对浙江地方官员的信任与处置问题。杨乃武和毕秀姑蒙冤了，那造成冤案的数十名官员如何处理呢？京城出现了意见针锋相对的两派势力。“一派以大学士翁同龢、翰林院编修张家骧、夏同善为首。因为翁同龢是江苏人，张家骧、夏同善是浙江人，附和的又以江浙人为最多，所以称为江浙派，又称朝议派，这些人多系言官文臣。另一派是以四川总督丁宝桢为首，附和的多系湖南、湖北人，称两湖派，又称为实力派。因为这一派都是几个封疆大吏，掌握实权。”前者要求严惩，后者要求不处分。

四川总督丁宝桢正在北京，盛气凌人地质问刑部官员，认为刑部审验不足为凭。丁宝桢的依据是葛品连已经死了超过 3 年，毒气早就消失，毒消则骨白，怎么能够凭着骨是黄白色就断定葛品连不是毒死的呢？因此，丁宝桢认为承办此案的浙江各级官员照章办事，没有错误，不应给予任何处分，认为杨、毕二人仍应按照原拟罪名处决。针对丁宝桢的论据，刑部有人指出骨头表面的毒气的确可能消散，但深入骨髓的毒气不会消散，可敲断葛品连的骨头并无发现里面有暗黑色，可见并无中毒迹象。

听说刑部要参革杨昌濬及有关官员，丁宝桢竟然跑到刑部咆哮公堂，当面斥责刑部尚书桑春荣老耄糊涂，并威吓说杨乃武“铁案”如果要翻，将来没有人敢做地方官了，也没有人肯为皇上出力办事了。桑春荣的确年老颟顸，本无主见，凡事明哲保身，被丁宝桢一吓就不敢说话了。另一个尚书皂保（清朝六部各有满、汉一名尚书）早接受了杨昌濬的贿赂，顶着江浙帮的压力，硬是不表态。结果，刑部在真相大白后的几个月里，迟迟拿不出处理意见来。无辜的杨乃武、毕秀姑等人又在监牢里度日如年了好几个月。后来实在拖不下去了，刑部回复了一个奏折。在这个奏折里，我们会发现许多有趣的内容：

首先，刑部承认杨乃武和毕秀姑毒杀葛品连的“证据不足”，原审的确“不当”。对于之前历次审讯的徇私枉法、严刑逼供等事都抹去不提。尤其是睁着眼睛说瞎话，刑部回复说被打断了腿落下终身残疾的杨乃武受的是“皮肉伤”，已经基本痊愈了。

其次，对于最核心的纠错处分内容，刑部认为杨乃武和毕秀姑虽然没有杀人，但两人之前同桌吃饭、一起读书写字，有伤风化，还是要杖责处罚；认为杨昌濬、胡瑞澜等地方官员在此案上有失误，“应当处分”。至于怎么处分，刑部没有说，把皮球踢给了慈禧太后。这真的是一份“骑墙派”公文的范本。

可是别忘了，江浙帮也是朝议帮，清议的本事了得，里面有不少是写奏折骂人的高手。在翁同龢的授意下，御史王昕出面上了一道奏折，弹劾杨昌濬、胡瑞澜等人。他先简略地说了一下杨乃武等人差点儿被诬陷致死，再说这已经严重伤害了浙江官民的感情，后果很严重。当然，这些理由慈禧太后也知道，不足以打动老佛爷。王昕的高明之处在于接下去就说某些封疆大吏“目无朝廷”，对朝廷发牢骚，说怪话。“比如”浙江的杨昌濬就说朝廷提京审讯的谕旨是给地方增加麻烦。这些年来，到北京申诉的案子没有一件翻案成功的。现在正是光绪皇帝登基不久，这种地方分权的倾向很危险，希望太后老佛爷注意。

王昕的这一棒子打得又狠又准。慈禧太后对权力很敏感，对清朝中叶后地方势力坐强的倾向很提防。比如湘军收复江南后，慈禧就空降了一个并不能服众的马新贻担任两江总督，而不是湘系的曾国藩、李鸿章、左宗棠等人，目的就是监督、统率江南的湘系势力。不想，马新贻上任不久就被人莫名其妙地用匕首捅死了，慈禧严旨追查了多次，终究还是一桩糊涂案。不过据说，马新贻死后，有湘军将军聚会庆祝，湘系人马还对刺马的刺客赞赏有加。慈禧已开始提防湘系人马在地方的坐强和跋扈。王昕适时地将杨昌濬等人的草菅人命和拖沓重审，和中央与地方的权力较量联系起来，慈禧是宁可信其有不愿信其无。光绪皇帝刚刚登基，慈禧第二次垂帘听政，正担心天下对其擅权专断不满呢！杨昌濬竟然胆敢“目无朝廷”，正好撞到了慈禧那杆寻找惩戒目标的枪口上。

光绪三年（1877 年）二月，杨乃武案谕旨正式下达。冤案的始作俑者余杭知县刘锡彤革职，发配黑龙江效力；浙江巡抚杨昌濬、浙江学政胡瑞澜、杭州知府陈鲁、宁波知府边葆诚、嘉兴知县罗子森、候补知县顾德恒、龚心潼、锡光等人都革职，相关的官吏、幕僚、仵作和参与伪证的一干人等都统统惩罚。经手的浙江按察使已死，湖州知府许瑶光拖延没有回复，都免于追究责任。此案过后，浙江几十顶顶戴落地，湘系官员为之一空，势力大损。

而无辜的毕秀姑不避嫌疑，致招物议，杖八十；杨乃武不遵礼教，革去举人，杖一百。释放后，杨乃武拖着一双残腿，叩门遍谢为自己鼓与呼的浙江籍京官。有人见了，有人没见。有人原本就不是因为杨乃武这个人而加入与湘军派系的混战的，见不见杨乃武都无所谓了。

杨乃武“出狱后，家产荡然，生活困难，依靠亲友帮助，赎回几亩桑地，以养蚕种桑为生”。平常日子，依然有百姓找杨乃武写状子。杨乃武劫后余生，已经没有了之前的胆气和锋芒，能够推掉不写的尽量不写，实在推不掉的就用水写在板子上让当事人赶紧抄录。目的是不留任何文字，以免再惹祸上身。经过血淋淋的打击，杨乃武虎口逃生后，学会了明哲保身。从这个角度来说，刘锡彤等人虽然没有害死杨乃武，但杀死了一个伸张正义的勇敢灵魂。1914 年 9 月杨乃武因病身亡，时年 74 岁。

毕秀姑出狱后，回到余杭在南门外石门塘准提庵出家为尼，法名慧定。庵里香火很不好，毕秀姑以养猪、养鸡了其残生，死于 1930 年。

后记

放眼历史，贪腐并非某朝某代、某时某地的特产，中国历朝历代都是贪腐的受害者。清朝集中国历代社会与政治发展之大成，既继承了之前的成果，也沾染了贪腐的顽疾。贪污挪用、行贿受贿、徇私枉法，乃至卖官鬻爵等显性贪腐行为广泛存在；利益输送、党同伐异、玩忽职守，乃至敷衍塞责等隐性腐败行为也始终存在，呈现出越到王朝后期越发激烈的特征。反贪，是清朝一以贯之的基本国策。

本书选取的13个案子，主要立足存世的档案文献，力求还原清代反贪大案的来龙去脉。我们从中可以看出清朝反贪态度之坚决、措施之严苛、处理之惨烈。清朝的反贪理念与制度，都是中国历代之最。实践中，上自内阁大学士，下至书吏差役，从动辄申饬到抄家斩首，反贪重拳在清朝历史上屡见不鲜。

本书将贪腐与反贪放在清代政治和社会的大背景中去考察。我们从13个案子中可以看出各类案件诞生和惩办的复杂背景。如《孔门互讦》案折射的是衍圣公世袭制度的好坏评价问题，认为道德在人心，而不在个人;《金乡冒考》和《东乡血案》反映的是清朝后期复杂的社会矛盾。传统社会结构在多重压力的叠加打压下缺乏腾挪空间，呈现出紧绷欲崩之势;《威宁铅厂案》《黄玉林案》对准的是清朝的专营制度。以食盐为代表的经济统制政策不仅无益于经济效益，反而滞抑了经济的发展，滋生了腐败;《蒋洲亏空案》《陈辉祖案》《骚扰驿站》等三个案子都聚焦官场，揭露形形色色的贪官污吏嘴脸;《小白菜案》名声最大，本质起因是杨乃武对地方权力势力格局的破坏，而案子越闹越大则是因为上升到了政治事件的高度。一切贪腐蛀虫的孕育，首先自然是个人内因主导，但也不能忽视制度因素。机械僵化的财政制度、超常负担的官员责任和原始粗糙的管理手段都是贪腐的诱因。

清朝腐败最令人痛心疾首之处在于后期的政治黑暗。政治黑暗是最大的腐败。当事人无一人是大奸大恶之人，进入公门之后尽成贪官污吏；寻常案件并无疑难之处，“照规矩”办事之后不是久拖不决就是冤假错案环生，人人都可能是受害者，事事都可能是大难题，更勿用说干事创业了。蒙蔽双眼、束缚手脚、折磨心志的黑暗才是最大的黑暗。这一点在《兵部失印》《捐纳造假》《国库失窃》等案中都有体现。假官买卖持续多年暗流汹涌，千万白银在国库中不翼而飞，只能用系统性问题来解释了。王朝已然，病入膏肓。最让干事者气短的莫过于《东陵贪腐》案，庆玉贪腐劣迹斑斑，却胡搅蛮缠、反咬他人，临死之前还要拉正直者陪葬。朝野万马齐喑，无人主持公道。黑暗之下，庆玉之流浑水摸鱼，自得其乐，正直之士要陪上身家前途才能去一蠹虫，能不让英雄气短、观者扼腕？

贪腐与反腐倡廉是历朝历代的永恒政治话题。遏制不住的贪腐是埋葬不少王朝的重要原因。

因为篇幅有限，本书案例并未覆盖官员人事、科场舞弊、八旗腐化等所有类型，也没有深入到微观的百姓诉讼来折射宏观景象。因为史料阙如，本书案例主要依靠存世的奏章史书，缺乏全面、第一手的资料，尤其是诸多当事人的真实想法与言行。书中多有个人判断，不一定准确。对本书的缺陷和错误，我承担责任。图书是不完美的艺术，希望能在之后的版次中不断修正完善。

本书案例，除《小白菜案》外，都在央视“法律讲堂”文史版录播过。之前蒙民主与法制出版社不弃，转化为传统图书于2019年出版；如今增补前言和三个案件，并略作条例调整和文字修订，在新华出版社再版。本书的出版，我要感谢“法律讲堂”栏目领导和编导的肯定与支持，尤其是感谢张振华编导的辛勤付出；感谢民主与法制出版社董理编辑，新华出版社徐光副总编辑、刘宏森编辑和其他同人的肯定与辛苦。当然，我更要感谢各位读者的支持。

谢谢大家！

张程

2024年2月于西城